キリスト教の信じ方・伝え方
弁証学入門

A.E.マクグラス　田中従子［訳］

教文館

Originally published in English under the title

Mere Apologetics

by Baker Books, a division of Baker Publishing Group,
Grand Rapids, Michigan, 49516, U.S.A.

Japanese translation rights arranged with BAKER BOOK HOUSE COMPANY
through Japan UNI Agency, Inc., Tokyo

日本語版への序文

キリスト教弁証学についての私の小著の日本語版への序文を書くことができてとても嬉しく思います。私は長年日本の教会やキリスト教団体との関係を大切にしてきましたし、いつかまた日本を訪れる日がくればよいと思っています！

さて、なぜ弁証学がそれほど大事なのでしょうか。キリスト教弁証学には二つの重要な役割があり、アメリカやイギリスのキリスト教においてはその重要性は日ごとに増しています。第一に、弁証学はキリスト者自身が自分の信じていることの中身を理解し、自らの信仰が合理的で人生に関係のあるものだということを理解する手助けとなります。キリスト者に、信仰の核心部分——受肉や三位一体など——が信頼できるものである確証を与えることは重要なのです。多くのキリスト者は、自らの信仰のいくつかの側面について困難を覚えることがありますが、そこで弁証学は彼らの信仰がしっかりとした土台を持っていることを保証するキリスト教ミニストリーの重要な部分を担っているのです。弁証学は、キリスト者が自らの信仰をより良く理解することを助けるのです。

第二に、弁証学はキリスト者がキリスト教信仰の基本的な内容すらあまり理解していないことの多い友人や家族にキリスト教信仰を説明したり、それを擁護したりできるように助けるものです。弁証学はなぜキリスト者が特定の事柄を真理であると信じているのかを説明し、その信仰がいかに人生において変化をもたらすかを説明するのです。キリスト教とは、特定の事柄が正しいとただ信じるだけのものではありません。キリスト教とは、私たちが人生をどのように体験するか、どのように行動するか、そしてどのように希望に生きるかを、その信仰によって形作るようにすることなのです。C・S・ルイスは、キリスト者が自らの信仰に確信を持ち、またその信仰を他の人々に説明することを助けた弁証学の著作家の非常に良い例です。だからこそ、私は本書においてルイスを多く引用しているのです！

この短い著作は、あなたが自分の信仰をより良く理解することを助け、その信仰が私たちの人生の経験とどのように関わるのかをお見せすることを目指しています。本書は、キリスト教信仰が、私たちが身の回りの世界で見ていることや私たちの内的な経験の世界を理解可能にすることを示すさまざまな「接点」や「入り口」をあなたが見出すことを助けるものです。本書が、あなた自身の信仰を深め、また他の人々に信仰について話すためのお役に立てることを願います。

アリスター・マクグラス

オックスフォードにて

はじめに

オックスフォード・キリスト教弁証学センターの同僚と学生たちへ

この本は、弁証学の入門書です。弁証学とは、キリスト教信仰の中の主要なテーマについて、その正当性を主張することと、その正当性をキリスト教的ではない世界に向けて効果的に伝えることに力を注ぐ、キリスト教思想の一分野です。弁証学は、キリスト者が世間一般に存在する考えから逃げ、あたかもそれを無視することができるかのようにふるまうのではなく、それらの思想と正面から取り組むことを勧めています。つまり、弁証学は「信じる人」を「考える人」に、そして「考える人」を「信じる人」にすることを目指しているのです。弁証学は、私たちの理性、想像力、そして何かを深く求める心に関わるものです。弁証学とは、人の心と目と頭とを開くものなのです。優れた弁証家であるG・K・チェスタートン（一八七四―一九三六）はかつて、「心を開くことの目的は、口を開く時と同様に、そこに固いものを入れて再び閉じるためだ」[1]と言いました。弁証学というのは、知的堅固さと豊かな想像力、そして福音の霊的な深みを、世間一般に通じる形で喜び、宣べ伝えるものなのです。

信仰を弁証するということは、世の中に対する保身的で敵対的な反応だと捉えられるべきではありません。弁

（1） G. K. Chesterton, *Autobiography* (New York: Sheed & Ward, 1936), 229.

証とは、キリスト教信仰という宝箱を開き、喜び、世に見せるための素晴らしい機会なのです。弁証学は、信仰者が自らの信仰を深く理解し、教会の外の人たちに説明したり勧めたりすることを助けます。弁証学は、キリスト教信仰の豊かな知性、倫理性、そして想像力と人格の交わりを提示することを目的とします。そしてそれは、信仰者に確信を持たせ、信仰を成長させるというためでもありますが、主には信仰の共同体の外にいる人々がキリスト教の福音の中心にある魅力的なビジョンに気付くことができるようになるためなのです。

本書は、読者に本書の課題と方法論の基本的理解を提示しつつ、最新の弁証学のテーマを紹介するものです。私は本書を記すにあたり、本書が手の届きやすい、興味深い、そして役に立つものであると同時に、あなたのような読者が自分で学びを深めることができる、より高度な資料への手がかりとなるように努めました。本書は包括的な書物ではありませんので、より高度で専門的な書物で補う必要があるでしょう。また、本書は特定の弁証学的立場に立つものでもありません。特定の学派や方法論に縛られるのではなく、全般的な豊かさから知識の恩恵を受けているのです。本書は、読者が弁証学的精神を養うことができるように、そして、どうしたら世の中に福音を説明し、勧めることができるかをより深く探究できるように励まし、その備えをするためのものです。多くの面で、本書のアプローチは二〇世紀最大の弁証家とも言えるC・S・ルイス（一八九八―一九六三）の書物を真似たものです。読者に、課題が何であるかを少しでも知り、それらにキリスト者がどのように対応できるかを知ってもらいたいのです。さて、すべての「はじめに」がそうであるように、私も皆さんがもっと知りたい、もっと学びたいという気持ちになったところでこの文章を閉じたいと思います。ここですべての質問に答えることはできませんからね！

本書の内容はすべて、六年間にわたってさまざまな講演や「キリスト教弁証学入門」という私がオックスフォードのキリスト教弁証学センターで教えている授業で学生たちに提供された、検証済みのものです。それに加えて、オックスフォード大学とバンクーバーにあるリージェント・カレッジのサマースクールのために準備した弁証学の中心的ないくつかのテーマと、教会がどのように世の中が投げかけてくる疑問に積極的かつ力強く取り組むことができるかという内容を付け加えました。ここで、本書をどのように書くかということについて重要な示唆を与えてくれた、学生たちと彼らの感想やアイディア、刺激に感謝をしたいと思います。本書が他の人たちにとって、一方で弁証学が非常に興味深いものであることを知ると同時に、他方でこれがキリスト教信仰の未来にとって必要不可欠であることを知る助けになることを願います。

アリスター・マクグラス

ロンドンのキングス・カレッジにて

二〇一〇年一二月

目次

第五章　キリスト教信仰の合理性　93

第六章　信仰を指し示すもの——弁証学的取り組みのアプローチ　127

第一章　さあ、始めよう――弁証学とは何か？

大宣教命令はすべてのキリスト者に歴史が終わる時まで福音を宣べ伝える特権と責任を与えています。「行って、すべての民をわたしの弟子にしなさい」（マタイによる福音書二八章一九節）。今生きているキリスト者は誰でも、その決定的な瞬間（大宣教命令）に複雑な歴史的経緯を経て連なっています。私たちは皆、時間の彼方まで続く信仰の家系図を持っているのです。時代を越えて、まるで歴史という偉大なリレー競争を走るランナーのように、人々は福音を世代から世代へと引き継いできたのです。そして今、そのバトンは私たちへと手渡されました。今こそ私たちの出番なのです。私たちは、福音を身近な人々や遠くの人々に伝える役目を担っているのです。

そう考えるとわくわくします。例えば、自分たちが全体像の中でどういう位置に置かれているのかが分かりやすくなるからです。しかし多くの人にとっては、右に記したような考えは、難しく聞こえるかもしれません。求められていることが、大きすぎるように見えるからです。本当にそんなことができるのでしょうか。どうしたらそんなに重大な責任を負うことができるのでしょう。大切なことは、いつの時代のキリスト者も、信仰を手渡していくという難しい仕事に圧倒されていたことに気付くことです。私たちは、自分には知恵も、思慮も、力も足りないと思うことでしょう。そしてそう感じるのは当然のことです。しかし、私たちは神が私たちのことを、ありのままの姿で知っていてくださること（詩編一三九編）を深く知らなければなりません。神は、私たちの心に深く秘めていることも、私たちの長所も、そして短所もご存知なのです。そして神は、キリストがそのために命を投げ出された世界に対して、私たちを通して働き、語りかけることがおできになるのです。

聖書の中の一つの大きな主題は、神が人間に何かをするように命じられるときは、それを成し遂げるための賜物も必ず与えてくださるということです。神は、私たちをありのままで知った上で、神からの仕事を成し遂げられるように私たちを備えてくださるのです。ですから、大宣教命令は命令と約束の両方を含んでいます。復活のキリストの弟子たちへの命令は大胆で難しいものです。「行って、すべての民をわたしの弟子にしなさい」（一九節）。しかし、キリストの約束はそれと同じくらいの安心と励ましを与えるものです。「わたしは世の終わりまで、いつもあなたがたと共にいる」（二〇節）。このことを思うと、とても慰められます。私たちは独りではないのです。私たちが最善を尽くしてキリストとは誰か、そしてキリストが私たちのために何を成し遂げてくださったかという福音を伝えようとするとき、復活のキリストが私たちの横に、そして私たちと共にいてくださるのです。

しかし、私たちの信仰の旅路に復活のキリストが伴ってくださり、力づけてくださるということを知っても、それで私たちが福音を勧めたり宣べ伝えたりするときに向き合い、取り組まなければならない多くの疑問が解決されるわけではありません。いったい誰が、キリスト教の福音の感動、喜び、そして不思議を十分に表すことができるでしょうか。私たちはたびたび、そこにある豊かさを言葉で表現することができない自分を見出すのです。神と福音の現実とは、常に私たちの表現能力を超えているものなのです。どうすれば、世の中が投げかけてくる神に関する疑問や、信仰に対する反発に効果的に答えることができるのでしょうか。どうすれば、私たちの身近な人々の希望や恐れに相応しい形で、福音を鮮明に、忠実に、そしてダイナミックに説明し、表現することができるのでしょうか。

キリスト者はどうすれば、自分たちの信仰を、教会の外の人々が理解できる言葉で説明することができるのでしょうか。どのように、キリスト教信仰に関する誤解や嘘に反論すればよいのでしょうか。どうすれば、世の中にキリスト教の福音の真理と魅力と喜びを伝えることができるのでしょう。これらの問いは、新約聖書の時代からキリスト者たちが尋ねてきたものです。そして、伝統的にこれこそが「弁証学」と呼ばれる学問であり、本書の主題なのです。

弁証学の定義

では、いったい弁証学とは何なのでしょうか。教会の最も偉大な神学者の一人であるヒッポのアウグスティヌス（三五四―四三〇）は、聖書解釈者、説教者、そして神の恵みの解説者として広く尊敬されています。そして彼のキリスト教神学の発展への貢献のうち、最も偉大なものの一つは、彼の三位一体の教理についての思想でした。読者の皆さんもこれからお分かりになると思いますが、この教理はたびたび人々に困難を覚えさせるものなのです。しかし、実はアウグスティヌスも「三つのペルソナ（位格、人格、person）、一人の神」という定式に難しさを感じていました。彼は、なぜキリスト者はここで「ペルソナ」という言葉を用いたのかと文句を言ったのです。このような用語は全く役に立たない。絶対にもっと適切な用語があったはず。しかし最終的にアウグスティヌスも、結局これよりも良い言葉を見つけることはできないと思い、教会はただ今まで通り「ペルソナ」という言葉を使い続けなければならないだろうという結論に至ったのです。

「弁証学（apologetics）」という言葉を使うとき、私も同じような気持ちになります。この言葉があまり便利だとは思えないからです。ほとんどの人にとって、この言葉は「自分が悪かったと謝ること（apologize）」ということを連想させます。私はもちろん、教会が謝らなければならないこともたくさんあるとは思っています。しかし、それは弁証学の仕事ではありません。そしてそれだけでなく、「弁証学（apologetics）」という言葉は、まるで複数形のように聞こえるのですが、実はこれは単数なのです（ハサミ［scissors］の場合と同じように）。ですから、キリスト教著作家たちは長い間これに代わる用語を探し続けてきましたが、どれも定着しませんでした。そこで、もうこの「弁証学（apologetics）」という言葉を使い続けるほかないのです。でも、たとえ用語を変えることができないとしても、そこに秘められた意味の深さだけはきちんと理解しておきたいと思います。
「弁証学（apologetics）」という言葉の意味は、その語源であるギリシア語のアポロギア（apologia）の意味を理解すると分かりやすくなるでしょう。アポロギアとは「弁明／弁証」のことです。つまり、裁判で被告の無実を論証することや、議論や信条の正しさを提示することを指しているのです。この単語は、弁証学の重要さを示す古典的な聖書箇所として挙げられることの多い、ペトロの手紙一、三章一五節に見出すことができます。

心の中でキリストを主とあがめなさい。あなたがたの抱いている希望について説明［ロゴス］を要求する人には、いつでも弁明［アポロギア］できるように備えていなさい。それも、穏やかに、敬意をもって、正しい良心で、弁明するようにしなさい。

これは、その文脈全体の中で読まれるべき重要な箇所です。ペトロの手紙一は、小アジア（現在のトルコ）として知られる、ローマ帝国の一地方にいるキリスト者に向けて書かれました。ペトロは、迫害の危険にさらされている彼らに、確信と安心を差し出しているのです。そこでペトロは、批判や疑問を投げかけてくる人々に、優しさと敬意を持って自らの信仰の基盤と内容を説明するようにと励ましています。
明らかにペトロは、キリスト教の思想が誤解され誤って伝えられていることを前提として、手紙の読者にそれを正すように――ただし礼儀正しく配慮をもって――と勧めています。ペトロにとって弁証学とは、優しさと敬意を持って真理を弁証することなのです。弁証学の目的は、教会の外の人々を敵視したり辱めたりすることではなく、キリスト教信仰の現実、信頼性、そして自らとの関連性に対して人々の目を開く助けをすることなのです。したがって、そこで宣べ伝えられているメッセージと、宣べ伝えている人の態度が不釣り合いであったり、矛盾したりしていてはならないのです。私たちは、親しみやすく、親切で、礼儀正しくなくてはなりません。もし福音が受け入れられにくいとすれば、その理由は、福音そのものの性質や内容であるべきで、福音の宣べ伝えられ方が原因になってはいけないのです。(1) 福音が誰かの気分を害することと、福音を弁明する者が外部の人々に対して言葉の選択を誤ったり、攻撃的で軽蔑的な態度を取ることによって人を怒らせるのとでは訳が違うということです。

キリスト者は教会の最初期から、この勧めを真摯に受け止めてきました。新約聖書そのものにも、主に使徒言行録に、さまざまな人々に向けてキリスト教信仰を説明し、勧め、弁明する箇所が含まれています。例えば、ペトロのペンテコステの日の有名な説教は、ナザレのイエスこそがイスラエルの望みの成就であることを論じています(使徒言行録二章)。同様に有名な、アテネの哲学者に向けてのパウロの説教も、ナザレのイエスこそが知恵を求める人類の長きにわたる探究の終点であることを論じています(使徒言行録一七章)。

このような取り組みは、教会の歴史を通じて続けられてきました。初期のキリスト教著作家たちは、プラトン主義と取り組むことに特に気を配っていました。彼らはどのようにして、プラトン主義的な思考に慣れ親しんでいる人々に、福音の真理と力を伝えることができたのでしょうか。その過程には、可能性と困難を洗い出し、可能性は利用し、困難は消し去るという作業が含まれました。しかし、プラトン主義は中世初期には流行らなくなります。一三世紀から一六世紀初頭にかけては、アリストテレスがほとんどの西洋の大学で好まれる哲学者となったのです。するとまた、キリスト教弁証家たちはこの挑戦を受けて立ちました。彼らはアリストテレス哲学に

---

(1) スイスの偉大な神学者であるエーミル・ブルンナー(一八八九—一九六六)は、福音は当然ながら現代人にとっては「物議をかもす」ものであることを指摘している。その原因は、現代の人間の本性や運命についての現代的神話に反する、原罪の教理などであった。以下を参照。Emil Brunner, *The Scandal of Christianity* (Philadelphia: Westminster Press, 1946).

よって突き付けられた問題、例えば世界が永遠であるというアリストテレス哲学の思想などを見出しました。そしてそのような思想が信仰への道筋を開くことをも見出したのです。このような作業は、私たちが新たな知的、社会的な課題や機会に遭遇する中で続いています。そのような中で、社会の変化によって生じる困難を前に圧倒されてしまうと、そこにある新たな機会を見逃してしまうことがよくあるのです。

キリスト教弁証学の基本的なテーマ

以上に記したような可能性を考慮する前に、もう少し弁証学の性質について考える必要があります。弁証学とはどのような問題に取り組むものなのでしょうか。弁証学は、私たちが福音を宣べ伝えたり届けたりするときにどのように役に立つのでしょうか。過去と現在の弁証家たちが直面した三つの仕事を、同様に三つの項目にまとめることができるでしょう。それらは、弁証すること、勧めること、そして翻訳することです。

弁証すること

ここでは、弁証家は信仰を妨げる障害が何であるかを特定します。それらの障害は、誤解や嘘によって生じているのではないか。もしそうであるならば、それらは正されなければなりません。あるいはそれらの障害は、キリスト教の真理主張そのものから生じる難しさなのか。もしそうであるならば、それらはしっかりと指摘されなければなりません。ここで重要なことは、弁証とは基本的に何かに対する反応であるということです。誰かが何か問題を抱えてやって来るとします。それに対して、私たちは応えなければならないのです。幸いなことに、そこでは素晴らしい対応をすることができるのですが、弁証家はそれらが何であるかを知り、そして理解していなければなりません。正直な疑問が誠実に投げかけられるとき、正直な答えが力強く、しかし丁寧に返されなければばならないのです。

しかし、人々は皆それぞれに異なる疑問や問題や関心を抱えています。その結果、弁証家はまず自らが向き合う聞き手を知らなければなりません。人々がキリスト教の福音について感じる難しさはいったい何なのか。弁証家が、ただ弁証学についての本を読むだけではなく、実際に弁証学に取り組むときに気付く最初のことの一つは、聞き手は多種多様であるということです。人はそれぞれに信仰について固有な難しさを抱えており、それらは一般化されたステレオタイプにまとめられるべきではありません。

それらの難しさは、多くの場合、信仰や何かキリスト教の中心的教義についての証拠に関する疑問にまつわる知的なものです。しかし、すべての難しさが皆この分類に入るとは限らないことも知っておかなければなりません。時に問題はより根深く、知的理解に関する問題であるというよりは、実存的な、自らをそこにかけることができるのかという問題なのです。フランスの弁証家であるブレーズ・パスカル（一六二三―六二）は、いみじくも次のように言いました。「心は自らの理屈（reason）を持っており、理性（reason）はそれについて何も知らない」。弁証家は、信仰の妨げとなるものを、それがどのようなものであれ洗い出し、それを乗り越えることができるための助けとなる応えを差し出すのです。

ですから、弁証家はキリスト者に「考える弟子」として成長するように促します。信仰についての他の人たちの質問に答える前に、私たちは自分でそれらの疑問に答えを出しておかなければならないのです。キリストは私たちに、心と精神と思い（mind）を尽くして神を愛するようにと弟子たちを招きます（マタイによる福音書二二章三七節）。パウロも、生き方を変えていただくことの一環として、心（mind）を新たにすることについて語っています（ローマの信徒への手紙一二章二節）。キリスト者になるということは、自らの信仰について深く考え、自らが抱いている疑問についての答えを形作っていくということなのです。弁証学とは、キリスト教信仰のより深く、より突っ込んだところへと進んでいくことで、そこにある豊かさを発見することなのです。したがって、弁証学は私たち自身が自らの信仰の正当性と豊かさを知るためにも有益なものです。しかしそれと同じくらい重要なのは、弁証学が、私たちが他の人々の抱いている疑問に取り組むことができるようにしてくれることなのです。

このことに加えて、信仰についての疑問を抱いているのは教会の外の人々だけではないということを知ることも大切です。多くのキリスト者が、自らの信仰について難しさを感じ、信仰を失わないための説明や方法を探しているのです。ですから、弁証学は一義的には世の中一般を相手にするものですが、キリスト者であっても信仰を保つために助けを必要としている人々がいることは決して忘れてはなりません。なぜ神は苦しみを存在させるのか。三位一体をどのように理解したらよいのか。私のペットは死んだら天国に行くのか。これらの弁証学的疑問は、牧師なら誰でも耳にしたことがあるでしょう。そして、これらは答えられなければならない疑問なのです。幸い、これらには聖書と取り組んできた長いキリスト教の伝統に根差した答えが存在します。

キリスト者はこれらの疑問や気がかりを理解していることを示し、それらを軽くあしらったり、簡単に拒否したりしてしまわないことが肝心です。私たちはそれらの問いに、気遣いと共感をもって取り組み、それらに難しさを感じる人の立場になって考えなければなりません。なぜそれが問題になるのか。あなたは、彼らが気付いていない何に気付いたのか。あなたはどうしたら、問題が解決されるような視点を彼らに与えることができるのか。あるいはこの問題が、実は彼らが人生の他の部分においては当たり前に受け入れていることだと示すことができるのか。ここで大切なのは、相手を軽蔑したりせずに、丁寧に心に寄り添うことです。弁証学とは、議論や分析であると同時に、私たちの態度や性格の問題でもあるのです。福音を擁護する際に、自らが保身的になる必要はないのです。

勧めること

ここでは、弁証家は福音の真理と人生への関連性が聞き手に分かるようにします。その聞き手というのは、一人の人かもしれませんし、大きなグループの人々かもしれません。いずれの場合にしても、弁証家はキリスト教信仰の不思議と素晴らしさのすべてが聞き手に理解され、受け入れられるように努めます。福音は、聞き手に関連して語られる必要はありません。問題は、どのようにすれば聞き手が自分との関連性をつかむための助けをすることができるかということです。例えば、聞き手が共感できるような譬え、比喩、あるいは物語をうまく用いることなどができるでしょう。

このように弁証学には、イエス・キリストの魅力を余すところなく伝え、なぜこのお方について真剣に考える必要があるのかを信仰の外にある人々が分かるようにするという、とても積極的な面があるのです。キリストご自身が、天の国を高価な真珠に譬えたことがありました。「天の国は次のようにたとえられる。商人が良い真珠を探している。高価な真珠を一つ見つけると、出かけて行って持ち物をすっかり売り払い、それを買う」（マタイによる福音書一三章四五―四六節）。商人は、真珠についてよく知っていました。商人には、この特定の真珠が特別に美しく、自分の持ち物すべてを売り払う価値のあるものだということが分かったのです。

これから見ていきますが、このような弁証学の作業をする古典的な方法の一つは、キリスト教は理性的に説得力があるということを示すことです。キリスト教は他の思想よりも理に適っているのです。しかし、福音の魅力を人間の理性にのみ限定しないということは非常に重要です。人間の心の問題はどうなるのでしょうか。福音書は何度も、人々がナザレのイエスに惹かれた理由は、イエスが彼らの人生を変えることができるということに人々が気付いたからだという様子を描き出しています。弁証学にとって議論というものは重要ですが、そこには限界もあるのです。今日キリスト教信仰に惹かれる人の多くは、キリスト教が自分の人生を変えることができると信じているので、キリスト教に惹かれるのです。その人たちが判断の基準にしているのは、「これは真実か？」ということよりも「これでうまくいくのか？」ということなのです。

私たちの仕事は、キリスト教信仰が他に比べようのないほどエキサイティングで素晴らしいものであることに人々が気付けるように手助けすることなのです。つまり、人々が信仰の魅力を理解できるようにするということです。神学は私たちがキリスト教信仰の個々の要素を識別し、理解することを可能にしてくれます。それはまるで、誰かが宝箱を開けて、宝石や真珠や貴金属を一つずつ取り出し、他の人がそれらをそれぞれ個別に見、楽しむことができるように高く掲げているかのようです。それはあたかも、ダイヤモンドを光にかざして、それぞれの断面をきらめかせ、その美しさと輝かしさとが存分に味わえるようにするかのようなものなのです。

翻訳すること

ここでは、弁証家はキリスト教信仰の中心的な思想やテーマは聞き手の多くにとっては馴染みの薄いものであることに注意を払います。それらは、親しみのある分かりやすいイメージや言葉、そして物語などを用いて説明されなければなりません。C・S・ルイスがこの技の匠であるという評価はもっともで、私たちは彼がその重要性を説いた言葉に耳を傾けるべきでしょう。

私たちは聞き手の言語を学ばなければなりません。そして、最初に言わせていただきますが、「凡人」が何を理解でき、何を理解できないかなどをあらかじめ決めつけることは何の役にも立ちません。これは経験によって理解されなければならないのです……。あなたの神学のすべては現地の言葉に翻訳されなければなりません。私が辿り着いた結論としては、もしあなたが自分の考えを一般的な言葉に置き換えることができなければ、あなたの考えは混乱しているということです。自分が何を言わんとしているのかを本当に理解できているかを試す一番の方法は、翻訳をする能力なのです。(2)

ここで問題となっているのは、伝統的なキリスト教的用語やコンセプトを理解しないかもしれない人々に、どうしたら信仰に忠実でありつつ効果的にキリスト教信仰を伝えることができるのかということです。私たちは、キリスト教の福音の深い魅力を、世の中が理解できる言語とイメージを用いて示し、説明できるようにならなければならないのです。キリストが譬えを用いて神の国について語られたのは偶然ではありません。キリストは、深い霊的真理を伝えるために、当時のパレスチナの田舎文化にとって馴染み深かった言語と譬えを用いて語られたのです。

では、例えば贖罪や救済といった、キリスト教信仰の核となるような思想を世間一般の言葉で語るにはどのようにすればよいのでしょうか。聖書的な言葉が、現代人の心に響くには、説明と解釈が必要です。譬えを用いれば、そのことがはっきりとするでしょう。パウロは、「わたしたちは信仰によって義とされた（justified）のだから、私たちの主イエス・キリストによって神との間に平和を得て」（ローマの信徒への手紙五章一節）いると記しています。これは、明らかにキリスト教の福音の核心を突いた宣言です。しかし、この言葉は現代の聞き手には理解されず、人々はパウロの「義とする（justification）」ということについての考えを次の二通りに誤解することでしょう。(3)

1　「義とする（justification）」とは、自らの威厳あるいは、「私は自分の行動の正当性を同僚に示した（provided a justification）」という場合などの「正しさ」の擁護。つまり、自分たちが正しいということを示すことである。

（2）　C. S. Lewis, "Christian Apologetics," *C. S. Lewis: Essay Collection* (London: HarperCollins, 2000), 153, 155.

（3）　〔訳注〕ここでのマクグラスの英語での議論は、日本語には当てはまらないものである。日本語の場合「義とする」という言い回しは全く一般的ではないので、「正義」を意味していると誤解されるか、全く理解されないかのどちらかではないだろうか。

2　「義とする（justification）」とは、パソコンで文書を作成する際に、文字を右揃えにすること。つまり、でこぼこになっている文字を整列させることである。

これらはいずれも、パウロがローマの信徒への手紙五章一節で言わんとしていることを的確に示しているとは言えません。それどころか、これらの定義はおそらく人々をパウロの意図を誤解する方向へと導いてしまうでしょう。したがって、パウロの義認に関する思想は、彼の真意に忠実でありながら、現代の人々が理解できる形で説明されなければならないのです。例えば、まず神との関係が「正常化」するということについて語り始めることで、このことを説明するということもできるでしょう。そうすれば、「義とする（justification）」というコンセプトに含まれる、人格的な関係という側面にも法的な側面にも思いをめぐらすことができるからです。

ここまで述べてきましたことで、弁証学が三つのテーマに関わるものであることが明らかになりました。それぞれのテーマが、私たちの個人の信仰を深め、そして私たちのキリスト者としての証しに新たなクオリティを提供してくれるのです。

1　福音に対する反論や難しさを洗い出し、それに応え、信仰への妨げを乗り越える助けをすること。
2　キリスト教信仰の心を震わせるような素晴らしさを伝え、信仰が人間が置かれている状況を変えることができるということを理解させること。
3　キリスト教信仰の核となる思想を、教会の外の人々が理解できる言葉に翻訳すること。

本書を進めるにしたがって、これらの問題をより掘り下げていくことになりますが、ここでは次に弁証学が伝道にどのように関係するかを論じなければなりません。

弁証学と伝道

これまでに述べてきたことから、キリスト教弁証学とは、社会や民族などの集団、あるいは個人が抱いている「究極の疑問」と、真剣にそして継続的に取り組み、それらの疑問にキリスト教信仰が意義ある答えを出すことができることを示すものだということが分かります。世界の苦しみの中で、神はどこにいるのか。神への信仰とは合理的か。弁証学は、伝道のための道を備えるのです。ちょうど、洗礼者ヨハネがナザレのイエスの到来のために道を備えたように。

それに対して伝道というものは、キリスト教信仰の社会的妥当性を示す試み以上のものです。弁証学にキリストへの信仰に続く道を整える役目があるとすれば、伝道は人々を福音へと招くものなのです。弁証学はキリスト教に対する同意を得ることを目指しますが、伝道はキリスト教に人生をかけることを促すものなのです。デイヴィッド・ボッシュの、非常に影響力があり広く受け入れられている「伝道」の定義もそのことを適切に指摘しています。

伝道とは、キリストを信じない者に、彼による救いを宣べ伝え、悔い改めと回心を呼びかけ、罪の赦しを告げ、地上におけるキリストの教会の生きた会員となり、聖霊の力によって他の人々に仕える生活を始めるように招くことである。[4]

これと同じアプローチを発展させると、弁証学とはキリストにおける救いの妥当性を構築することを目指していると言えるでしょう。例えば、社会の歴史をもとにして、人類の堕落と罪深さを知的に論じたり、人が霊的な次元への憧れを持っていることを根拠にして、それが、人間が神から離れ、本来の運命から逸れていることを示すサインだと論じることもできるでしょう。したがって、弁証学の仕事とは、ちょうど誰かが石やブロックを通り道からどけるようにして、キリストの到来のための道を備えることなのです。

弁証学と伝道の境目ははっきりしているわけではありません。しかし、両者を区別することは有益です。弁証とは対話ですが、伝道は招きです。[5]キリスト教信仰についての弁証学的な対話というものは、容易に信仰への招きにつながりますが、弁証学は誤解を取り除き、思想を説明し、信仰が個人とどう関係があるかを探ることに重点を置いています。弁証学とは、人々に、世界には別の世界へと開けるドア、相手がその存在すら知らなかったドアがあると説得するものです。そして伝道とは、人々がそのドアを開け、その先にある世界へと入っていくことを助けることなのです。

伝道とは大雑把な意味で「誰かをキリスト者になるように招く」ことだと言えるでしょう。その場合、弁証学とはその招きに対する良い反応を得るために道を開くことだと考えることができます。あるいは、伝道とは誰かにパンを差し出すことだと言うことができます。その場合、弁証学とはその人に食べるためのパンが存在すること、そしてそれは食べるによいものであることを理解させることになります。

この点をより明確にするために、譬えを挙げたいと思います。ナザレのイエスはよく、神の国を宴に譬えました（ルカによる福音書一四章一五―二四節）。弁証学とは、そのような宴が本当に催されるということを人々に説明することだと捉えることができます。弁証学は、その宴で何が供されるかを人々に考えさせます――どんな食べ物やどんな飲み物か。そこに招待されるとしたら、どれほど素晴らしいことでしょうか！ もしこれが本当だったら、どんなに素晴らしいか！ ブレーズ・パスカルはかつて、私たちは「善い人たちにそれ（キリスト教信仰）が真実であることを願わせ、そのあとで、それが真実であることを示す」必要があると言いました。パスカルの言わんとしていることは、私たちは人々がキリスト教信仰の約束しているものを欲するようにと導くべきだということです。その上で、それが実際に真実であり本当であることを示すのです。人は何かを欲しいと思えば、それについて知ろうとするものです。[6]

伝道はそれとは異なります。伝道は、個人的な招待状を送るようなものです。「あなたは宴に招待されていますよ！ ぜひ来てください！」。弁証学は、この招きの基礎を築きます。伝道は実際に招くのです。これらは両方、教会の使命にとって欠かせないものです。弁証学は、福音が妥当であることと欲すべきものであることを理論づけ、宣べ伝えます。伝道は、そこに参与して、その益を享受するように人々を呼び集めるのです。弁証学は伝道と同義ではありませんし、伝道抜きには不十分なものです。しかし、それでもキリスト者の共同体が社会と関わる中で、またキリスト者の信仰を励まし成長させるために、弁証学は独自で重要な役割を持っているのです。

（4） David Bosch, *Transforming Mission: Paradigm Shifts in the Theology of Mission* (Maryknoll, NY: Orbis Books, 1991), 11.〔デイヴィッド・ボッシュ『宣教のパラダイム転換 上――聖書の時代から宗教改革まで』東京ミッション研究所訳（新教出版社、一九九九年）、一一頁。〕

（5） このことについての有益な考察は、以下を参照。John G. Stackhouse, *Humble Apologetics: Defending the Faith Today* (Oxford: Oxford University Press, 2002), 131-205.

（6） Blaise Pascal, *Pensées* (Mineola, NY: Dover Publications, 2003), 52.〔パスカル『パンセ』前田陽一、由木康訳（中公文庫、二〇一〇年）、一三六頁。〕

ところが、弁証学には問題となり得る事柄も存在し、それも指摘しておかなければなりません。道具というものはすべて、その長所と短所を知るために調整されなければならないのです。それがどのような場合にはうまく働き、どのような場合には失敗しやすいのかを知らなければなりません。ですから、この問題を次の項目で扱いたいと思います。

弁証学の限界

弁証学は、それが正しく理解され、正しく用いられたなら、教会のミニストリーにとってこの上ない重要性を持つことになります。弁証学は、普通の信仰者の質を高め、新たな知的深みをもたらすことができ、友人などから投げかけられる彼らの信仰についての問いに自分で答えられるように備えることができます。また、弁証学は福音の宣教の道備えとして、社会との架け橋にもなります。しかし、弁証学は容易に誤解され、また誤って用いられることがあるのです。

弁証学が目指すことの一つとして、キリスト教信仰の鍵となる思想を世間が理解できる枠組みに翻訳するということがあります。例えば、聖書的な用語――「義認」のような――は、それを誤解する恐れのある世俗の社会に対しては翻訳が必要になります。しかし、鍵となる福音の思想を「文化翻訳」する作業は、人々がキリスト教信仰が何であるかを理解する手助けとして非常に重要である一方、二つの望ましくない結果を生み出すこともあります。

第一に、キリスト教思想を社会一般の言葉に置き換えるという作業は、キリスト教思想を一般社会にあるそれと似たようなものへと貶めてしまう可能性が大いにあります。例えば、イエス・キリストを人類と神との間の仲保者として理解することはよいことで、キリストをこのように表現することの正当性は新約聖書によって保障されています。このような表現は、キリスト教の立場から、キリストの重要性を指摘するために有効なのです。しかし、現代の西洋社会は「仲保者（mediator）」という言葉を職業として理解します。この用語は、紛争解決に精通しており、二つの立場の争いを整理することを依頼される人を指すのです。ですから、キリストを仲保者として語ることは、例えばキリストを仲裁人と捉えるなど、キリストの役割を現代社会によるその用語の理解に狭めて理解するリスクがあるのです。私たちは、キリストやキリスト教の福音を社会が理解できるものへと引き下げないように気を付けなければなりません。弁証学は、キリスト教特有のアイデンティティを失わせることへとつながりかねないのです。

もちろん、このようなことは、弁証学が現代社会への架け橋を築こうとしているということを明確にさせることで避けることができます。結局、福音とは西洋社会の常識に引き下げられ得るものでもなければ、そうされるべきでもないのです。福音の真理と人々との関連性とは、世間一般に通じる譬えや、価値観や、物語を賢明に選び用いることによってうまく伝えられるものです。しかし、福音はそれらのものと同じではありません。話の中で、「これは例えばこういうことに似ています……」と言うことはできますが、最終的には、福音は私たちが福音を伝えるための経路として用いるどのような社会的要素をも超越し、またそれらを変容させるものであることを覚えておかなくてはならないのです。それらは福音のための媒体であり経路なのであり、それら自体が福音なのではありません。

第二に、弁証学は、必要なことは信仰の妥当性を証明することだけであるという印象を与えるリスクを負っています。だからこそ、伝道を強調することが大切になってきます。マルティン・ルターの書物に見出される譬えを用いるなら、信仰とは海を渡って島へと向かうボートに乗るようなものなのです。弁証学は、ボートが存在すると信じることの妥当性を証明し、それに乗って移動することが安全であろうことを説き、水平線の向こうに島が存在することを論証することはできます。しかし、必要なのはそのボートに乗って実際に島まで移動することなのです。信仰とは、神に自らを捧げることであり、ただ単に神の存在を信じることではありません。繰り返しになりますが、このような問題も、弁証学と伝道がキリスト教の宣教において共に不可欠であり、かつ互いに関連したパートナーであることを意識することで避けることができるでしょう。

次に向けて

この最初の章においては、キリスト教弁証学の主要なテーマについて考察しました。キリスト教信仰を現代社会に関連付けるには何をしたらよいのでしょうか。本書の随所で触れていきます通り、最善の方法は、私たち自身が本当の意味でキリスト教信仰を理解し、その知的、人格的、美的、想像力豊かな、そして倫理的魅力を味わうということです。味わうべきものは、山ほどあるのです！

同時に、私たちが福音を宣べ伝え、説明し、勧めている社会的文脈というものについて考える必要もあります。人々は社会的な空白地帯で生きているわけではないのです。人々は特定の状況の中で生きており、多くの場合少なくともいくらかの思想や価値観をそこから吸収しているのです。そこで次の章では、弁証学の中の社会や文化の役割について考察したいと思います。

さらなる学びのために

Craig, William Lane. *Reasonable Faith: Christian Truth and Apologetics*, 3rd ed. Wheaton: Crossway, 2008.
Kreeft, Peter, and Ronald K. Tacelli. *Handbook of Catholic Apologetics: Reasoned Answers to Questions of Faith*. San Francisco: Ignatius Press, 2009.

Markos, Louis. *Apologetics for the Twenty-First Century*. Wheaton: Crossway, 2010.
Peters, James R. *The Logic of the Heart: Augustine, Pascal, and the Rationality of Faith*. Grand Rapids: Baker Academic, 2009.
Sire, James W. *A Little Primer on Humble Apologetics*. Downers Grove, IL: InterVarsity, 2006.
Sproul, R. C. *Defending Your Faith: An Introduction to Apologetics*. Wheaton: Crossway, 2003.
Stackhouse, John G. *Humble Apologetics: Defending the Faith Today*. Oxford: Oxford University Press, 2002.
Taylor, James E. *Introducing Apologetics: Cultivating Christian Commitment*. Grand Rapids: Baker Academic, 2006.

第二章　弁証学と現代社会——近代からポストモダン

弁証学は常に特定の社会の文脈の中に置かれています。中国やインドへ行った宣教師たちは、西ヨーロッパで成功した弁証学の方法がアジアでは有効ではないということに、すぐ気付かされました。その土地特有の社会的気質や思考のパターンに合った方法を構築する必要があったのです。一つの文脈で非常に効果的だった方法が、別の社会的環境においてはあまり効果的でないどころか、逆効果である場合もあるのです。

弁証学と近代

西洋においてだいたい一七五〇年から一九六〇年頃に主流であった社会的環境は、一般的に「近代」と呼ばれます。この時代は、世界にはこの世の奥深いところにある構造にアクセスすることができる、全時代のすべての人に共通の、普遍的な人間の理性が存在するという信念によって形作られていました。理性こそが命の不思議を解く鍵であり、そこでは議論をすることが説得のツールとみなされていました。その時代の社会においては、理性的な議論こそが信頼できるツールだったのです。そこでキリスト教弁証家たちは、このような発展の重要性にすぐに気が付きました。キリスト教信仰を理性的に擁護することが最も重要になったのです。

近代社会と取り組んだキリスト教著作家たちが用いた弁証学の方法は、信仰の論理的で理性的な基盤を説明することにフォーカスしていました。真実な信仰の内容は、正しい前提の上に成り立っており、逆にその前提は論理の理性的な法則に則ったものということです。ですから、弁証学は基本的に人間の理性に訴える、論理的な議論であると理解されていました。このようなアプローチには、多くの強みがあったものの、信仰の人格的交わりという側面や、想像力、実存的な側面などは顧みられることがありませんでした。既に記したように、フランスの哲学者でありキリスト教弁証家であったブレーズ・パスカルが、このように過剰な理性への偏りについて愚痴をこぼしていたことは有名です。人間の心の問題はどうなるのか。パスカルは、心は信じるために独自の理由を持っていると言いました。そしてその理由を理性は理解することができないのです。

理性主義の影響がキリスト教弁証学にもたらした重要な結果の一つは、キリスト教思想の中で「非理性的」あるいは「非論理的」とみなされた部分――例えば三位一体論など――がすべて軽視されるようになったということです。一八世紀や一九世紀のキリスト教弁証家の中で三位一体論などを擁護した人は稀でした。彼らは、そのような思想は当時支配的だった厳密な理性主義の前に重荷のように感じられたのです。三位一体の教義の神学的重要性が再認識され、そこにある土台の堅固さと一貫性に対する新たな確信が生じたのは、第一次世界大戦以降のことでした。第一次世界大戦の不合理さというものが、啓蒙主義的理性主義の安易な前提を打ち壊したのです。

それでも、キリスト教弁証家はおおよそ理性主義の挑戦に対してはうまく対応し、「時代の精神」と響き合う新たな弁証学的アプローチを築き上げました。この時代には、いくつかの画期的な弁証学的著作が生み出されたのです。エドワード・ジョン・カーネル（一九一九―六七）の著作は、キリスト教信仰を福音派的な理論で擁護するものの古典的著作となりました。(1) しかし、時が過ぎるにつれ、このような著作を用いることが二つの理由によって問題になってきたのです。

1　時代はそれぞれに、キリスト教信仰に対して独自の問題を抱え批判を繰り広げます。カーネルや当時の他の弁証家たちが重要視していた問題の多くは、今日あまり重要とは考えられていないのです。実際、弁証学の古い著作を読むことは、あたかももはや関係のない著作家たちの名前や論争によって彩られた思い出の旅路を歩いているように感じられるのです。

2　多くの近代的弁証家たちは、「信頼できる信仰の土台として理性的議論に訴える」といった、当時の社会的文脈において聞き手に響くはずだと彼らが信じた方法を用いました。これから記すように、有能な弁証家の証しは、その人がどれだけ特定の聞き手と向き合えるかということです。しかし現代では、理性が最も重要であることを前提とする近代の考え方は疑問視されており、それゆえに理性主義を土台とし、それに訴える弁証学のアプローチというのも難しくなってきているのです。

ここでの問題の一つは、弁証学への理性的なアプローチは、キリスト教を理性的に理解できるように見せようとするあまり、キリスト教信仰の内の神秘的な要素を軽視する傾向があるということです。しかしキリスト教の福音は、人間の理性が自分でそれを見出す能力をはるかに超えた、神から与えられたことを表すものです。弁証家は、特定の論敵との論争に勝とうとするあまり、時に相手の前提を受け入れてしまうことがあります。巧妙な戦術は、かえって重荷にもなりやすいものなのです。つまり、理性主義に応える仕方の弁証学の陥りやすい危険は、福音を理性的な社会へと押し出すのではなく、かえって理性主義をキリスト教の内に取り入れてしまうということなのです。

（1） Edward John Carnell, *An Introduction to Christian Apologetics* (Grand Rapids: Eerdmans, 1948). この著作の分析は Kenneth C. Harper, "Edward John Carnell: An Evaluation of His Apologetics," *Journal of the Evangelical Theological Society* 20 (1977), 133-46.

ポストモダンの台頭

二一世紀初頭、西洋のキリスト教は二〇世紀半ばの弁証家たちが知っていたよりも複雑で多様な社会的文脈に直面することになります。個人とキリスト教共同体は、ポストモダンの世界に住んでいるのです。一九五〇年代から一九六〇年代初頭には非常によく機能していたと思われた弁証学的アプローチは、もはや新しい世代の社会的気質とは合致しなくなっているのです。

「ポストモダニズム」という用語は、一九七一年頃に初めて登場しました。この用語はもともと新しい建築様式を指すものでしたが、すぐに思想の分野に用いられるようになりました。ポストモダニズムは、近代(モダン)というものは失敗であり、訂正が必要であるという、当時広がりを見せていた社会的信念を指すようになったのです。この感覚は当初、人間の想像力と取り組むことに失敗した「近代芸術」に対するものでしたが、すぐに、工業化や都市化のような進歩を当然のことと安易に信じた末に生じたさまざまな社会問題に対する批判へとつながっていきました。ここで一つ重要なことは、このような潮流は自らを「反近代」として意図的に形成したわけではないということです。ポストモダニズムとは、近代を全面的に拒否しているわけではなく、それを標榜する人々からは、近代と古典的伝統からの最善のものを組み合わせ、その上で両者の好ましくない部分を取り除く試みとして見られていたのです。

ポストモダニズムは、その知的な深みのなさ、特にその折衷主義が厳しく批判されています。いったい誰が、過去や現在から何を選び取るかを決めるというのか。これに対して、ポストモダンの著作家たちは、この運動は社会と思想を過去の洞察を用いながら、しかしそれに囚われることなく前進させる試みであると主張します。ポストモダンの著作家たちの主な関心の一つは、近代社会に典型的で現在では知的・社会的に人を拘束するものとみなされている、マルクス主義のような巨大な「全体主義的構図」と闘うことなのです。これからすぐに記すように、このような「斉一説（uniformitarianism）」に対する批判は、キリスト教弁証学にとって非常な重要性を持っています。

では、私たちはこのような社会的変化にどのように対応すればよいのでしょうか。まず最初にすべきことは、このような潮流が歴史に占める割合を正しく感じ取ることかもしれません。教会の歴史に思いをめぐらすことで、この変化を正しく位置づけることができるようになります。人はどの時代にあっても、自分たちが歴史の決定的瞬間に立ち会っていると感じるものです。五世紀初頭に執筆活動をしていたヒッポのアウグスティヌスは、彼の時代の多くの人々が、キリスト教がローマ帝国からの支持を受け、安全を保障されていた古き良き時代を懐かしんでいたと記しました。そしてその七〇〇年後のクレルヴォーのベルナルドゥスは、当時の多くの人々がアウグスティヌスの時代に対して憧憬の念を抱いていたと記したのです。そしてまた、多くの一六世紀の著作家たちが、クレルヴォーのベルナルドゥスが生きた時代に自分たちも生きていたならどれほど良かったことかと記しているのです。あの頃は良かった！　私たちは、過去には物事が今より良い状態だったと思いやすいものなのです。しかし過去というものは、特に現在において疎外感を感じ、居場所がないと感じている人々からは、理想化され美化されやすいことを覚えておかなければなりません。

しかし私たちの役割は、昔を懐かしむことではなく、過去の弁証学的アプローチが有益な場合には（その場合が多いのです）それらを用いて、今日の課題に取り組むことなのです。弁証学とは、いつも社会の文脈の変化の中で行われるものなのです。福音自体は変わることはありません。しかし、それについての疑問や、福音が直面する課題は社会的背景により大きく異なるのです。近代化の波は社会を襲い、そして今はその波も収まってきています。そして今、支配的なのはポストモダニズムです。しかし、世代が変われば、またその様相が大きく変わってくる可能性もあるのです。

キリスト教弁証家はポストモダニズムの台頭によって焦りを感じる必要はありません。キリスト教信仰には、その挑戦を受けて立つためのリソースが十分に備わっているからです。ただそれらのリソースのいくつかは、近代の世界観の中では適切ではないと思われていたので、何世代にもわたって用いられることがありませんでした。ポストモダニズムの台頭は、もちろんキリスト教弁証学に紛れもない課題を突き付けてきます。しかし、それと同時に、紛れもないチャンスをも提供してくれるのも事実なのです。また、この新たな社会的風潮が、教会にさまざまなことに関する重大な再考を強いてくることも明らかです。このように福音を説教することが、本当に一番良い方法なのだろうか。このような語り方は、昔の世界観に根差したもので、近代という時代と共に過ぎ去っていくものなのではないか。

多くの西洋の若い世代の弁証家は、キリスト教は近代（一七五〇―一九六〇年頃に支配的であったヨーロッパの歴史の一時代）の構造に深く組み込まれてきたと感じています。そしてポストモダンの台頭は、このような過程を振り返る良い機会を提供するのです。昔の著作家たちが、神学的必然であると考えていたことが、実は単に社会的に好都合であったとか、歴史に左右されていただけということもあるかもしれないのです。

では、私たちは変化し続ける社会的状況の中で、どのようにキリスト教の福音を説明し、擁護し、伝えていけばよいのでしょうか。私自身は、ポストモダニズムは実際は知的に擁護することも継続させることも難しいと確信していますが、それでもこれが世の中一般の考え方を形作っているという事実は受け止めています。私たちは、私たちが人々がいるべきだと思う場所ではなく、人々が今実際にいる場所で彼らと関わらなければなりません。いずれにせよ、私はポストモダニズムは以下に記す通り、福音を説教し宣べ伝えるための新たな機会を与えてくれると信じているのです。

古い世代の弁証家の中には、ポストモダンの文脈において福音を宣べ伝える最善の方法は、人々を近代へと連れ戻すことだと考えている人々がいました。これは、正しくもなければ可能でもないことです。本書において、私は近代もポストモダンも擁護もしませんし、批判もしません。それらは単純に世の中の「ありのままの姿」なのであり、それは歴史のめぐり合わせによって生じたもので、双方に長所と脆弱性があるのが当然なのです。ポストモダンはもちろんさまざまな挑戦を突き付けてきます。しかし、それらの挑戦は教会が受けて立つことができるものであり、教会はそこから益すら受けることができると思うのです。

弁証学とポストモダン

さて、これまで記してきた「ポストモダニズム」の中心的なテーマとはいったい何なのでしょうか。教会がポストモダンの世界に生き、またそこで証しを立てるためにはどうすればいいかを考える際、まず学問的知見から、詳細にポストモダニズムの出現を歴史的に考察し、その哲学的ルーツを探り、社会に対する影響を観察し、同時に結局は「ポストモダニズム」という言葉の意味自体が流動的であり曖昧であることを示唆するということが、ある意味で教会の伝統となっています。しかし、的確な説明が難しかったとしても、一世代前の西洋社会において何か重大なことが起きたことは確かなのです。

ポストモダニズムの最も特徴的な側面というのは、物事には唯一の正しい考え方があり、唯一の正しい行いがあるという考え――これを「斉一説」と呼ぶこととしましょう――を否定したことにあると言えるでしょう。ポストモダンの著作家たちは、斉一説的な姿勢こそが、彼らが斉一説の受け入れがたい公の一側面であると考えるナチズムやスターリニズムの根底にあると考えます。一律化への要求は、人々があらかじめ定められた一つの型に強制的にはめられる抑圧へとつながると捉えられるのです。ある先駆的なポストモダン哲学者の言い回しを借りるならば、「他者（the other）」は執拗に「同一（the same）」へと押し込められるのです。

ポストモダニズムとは、ポストモダニズムが抑圧的であると判断する考え方に対する反発であると考えることができるでしょう。それらの考え方に代えて、社会の風潮は多様性を喜び、固く制限的で抑圧的な世界観を支持するものを抑え込もうとする考え方を発展させたのです。ポストモダニズムは第一に、すべてを一つの同じ考え方に揃えようとした近代（モダニズム）に反発します。このような近代の姿は、他者を支配し操ろうとすることだと見られ、それは世界の理解について多様性を認めようとしない、知的・社会的スターリニズムの一つの形態であると考えられたのです。ポストモダニズムは、人間の自由とは、そのような支配的な「メタナラティブ」を正確に指摘し、それに挑戦し、そして最終的にはそれを破壊することによって得られると示唆しているのです。

しかし、ポストモダニズム自体もひとしきり独自のメタナラティブを抱えており、それらは決して批判から自由でないことも指摘しておかなければなりません。事実、そのようなメタナラティブは、少なくとも西洋社会の一部では支配的な「正統的教え」になっており、ポストモダニズムが提唱する現実の「全体像」に同意しない人々の間に根本的な疑問を生じさせているのです。例えば、ある相対主義者が一つのトピックについての見解はすべて、たとえそれらが明らかに両立しないものであっても、同等に妥当であると言うとします。しかしこのような立場自体が究極的には、ある現実の理解（「現実のナラティブ」あるいはメタナラティブとも言えます）に根差しており、そのナラティブは、現実というものが（少なくとも理論上は）公共の経験と議論に開かれているという別のナラティブと、はっきりと、そして明確に対立するのです。

実に、ポストモダニズムが結局のところ何であるのかを定義することは、簡単なことではありません。ポストモダンの主要な解説者は、それぞれに異なる見解を示しているのです。事実、ポストモダニズムとは本質的に、そして必然的にいかなる定義をも受け付けないものだと言う人々もいるのです。ですから、私たちができることはと言えば、ポストモダニズムの何らかの説明やその概要を語ることぐらいなのです。そこで、以下に、イリノイ州にあるホイートン大学で教鞭を執る代表的な福音派の神学者であるケビン・ヴァンフーザーの記した、ポストモダニズムの主要なテーマについて理解を深めるために役立つ鋭い解説をベースにして記してみましょう。(2)

ヴァンフーザーはポストモダンという複雑な現象は、それが古い考え方に対して掲げる四つの批判によってまとめられるとしています。

1 理性。ヴァンフーザーは、ポストモダンの著作家たちは、議論によって理性を働かせるという近代的な方法を疑問視していると記します。近代は、一つの普遍的理性が存在すると信じていましたが、ポストモダンは多くのさまざまな合理性が存在すると主張するのです。「彼らは普遍的理性という考えを否定する。理性とは文脈に左右される相対的なものなのである」。

2 真理。ヴァンフーザーによると、ポストモダンは、真理が抑圧や既得権益を正当化するために利用されてきた経緯から、真理という思想自体に懐疑的です。この立場からすると、真理とは「権力のある立場にいる者が、自らの自然界や社会の理解とまとめ方を永続させるために強制した物語」なのです。

3 歴史。近代の著作家たちが、歴史の中に普遍的な法則を見出そうとしたのに対し、ポストモダンは「普遍的な歴史を語ろうとする物語に対して懐疑的」であるとヴァンフーザーは言います。キリスト教弁証家の立場からすると、これは、ナザレのイエスの物語のうちに普遍的な重要性を見出そうとするいかなる試みも、今日の社会では鋭い疑いの目を向けられることがあるということです。

4 自己。以上のことに引き続いて、ヴァンフーザーはポストモダンが「自らの歴史を語り直す一つの真実な方法」があるといういかなる考えも否定し、それゆえに「自己のアイデンティティを語る真実の方法は存在しない」という結論に至っていると指摘しています。個人を理解する方法は、それがどのようなものであって

（2） Kevin Vanhoozer, "Theology and the Condition of Postmodernity," in *The Cambridge Companion to Postmodern Theology*, ed. Kevin Vanhoozer (Cambridge: Cambridge University Press, 2003), 3-24.

も部分的であり変更可能であるということです。人間のアイデンティティに関する問題に、普遍的な答えなど存在しないというのです。

ヴァンフーザーの分析は、古い弁証学のアプローチがポストモダンの文脈において遭遇するだろう人々の躓きや疑問を洗い出す助けとなるので重要です。そしてさらに二つの点を理解する必要があるでしょう。

1　ポストモダンとは、何が「正しい」あるいは「真実である」ということを定義するものであると考えられてはならないということ。これは、ある特定の価値観や信念によって形作られた、社会の風潮なのです。近代と同じように、ポストモダンも本質的に世俗的な視点であり、反キリスト教でもなければキリスト教を支持するものでもありません。ポストモダンとは、ただ私たちが弁証学を行わなければならない文脈を表現するだけのものなのです。

2　私たちが「伝統的」であると表現する弁証学のアプローチの多くは、実は割と新しいもので、近代という文脈への対応策でした。近代と取り組もうとした弁証家たちは、何よりも理性を第一に置く近代的な前提に対応することに特化したアプローチを編み出したのです。

私たちが気付かなければならないのは、私たちには一方でキリスト教の福音に忠実でありつつ、他方で私たち自身が生きる社会的状況に対応した弁証学のアプローチを作り上げることができるということです。そうすることによって、私たちは弁証学が対峙している社会の変化に対応しながら、「伝統的弁証学」の手法を繰り返すことになるのです。理性主義を古臭く、抑圧的だと考える二一世紀の人々に対して信仰を擁護するために、一八世紀の理性主義に対応するために構築されたアプローチを用いることは、ただただ不可能なのです。

例えば、ポストモダンは、論理的な議論というものに頼ることを問題だと考えます。しかし、物語やイメージというものには非常に惹かれるのです。さらに、ポストモダンは、論理的な議論によって証明される真理よりも、実際にそれに基づいて生きることができる真理というものに関心があります。このことから、信仰に基づいた生活の弁証学的意義を強調する「受肉した弁証学（incarnational apologetics）」が近年非常に影響力を持ってきていることの理由を理解することができるでしょう。後述するように、このような挑戦には、新しい弁証学的アプローチを構築するのではなく、理性主義の台頭によって滅ぼされてしまったかのように見えるより古いアプローチを復活させることで簡単に立ち向かうことができるのです。

これから示します通り、ポストモダンの台頭は、私たちが用いる弁証学のアプローチに変更を余儀なくするかもしれませんが、キリスト教弁証学の役割や知的土台を無効にすることはないのです。基本的な原理は、これまでと何も変わることはありません。

1　キリスト教の福音を理解する。
2　自分が弁証学をする文脈を理解する。
3　福音に忠実な弁証学的アプローチを築き上げ、社会的な文脈との「窓口」あるいは「共通基盤」を開拓する。

本書のアプローチ

弁証学を行う方法はいろいろあります。本によっては、キリスト教信仰に関するさまざまな反論や疑問を扱う「ケース・スタディ」のアプローチを用いることもあります。それぞれのケースが吟味され、そして答えが示されます。また別の本は、信仰に関する歴史的・理性的な証明に訴えます。あるいは、この世界は神を抜きにして理解することができないと主張する本もあります。本書は、特定の弁証学的学派を反映するものではなく、さまざまな問題について考えるにあたり、最良の弁証家たちの言葉に耳を傾けながら、読者が弁証学的に考えることができるように手助けをすることを目指すものです。

本書の基本的なアプローチは、以下のステップにまとめることができます。それぞれのステップは、後でより詳細に論じられることになります。ただ現時点では、シンプルにそれらを紹介するに留まることとします。

(1)信仰を理解する

初めに、キリスト教信仰についてのしっかりとした理解を持つことが必要になります。ただし、この福音についての知識は、弁証学に集中するものでなければなりません。信仰の主要なテーマが、人々にどのように関係し、彼らの経験や思想と関わることができるかを考えなければならないのです。これはつまり、信仰に対する「部外者の視点」を取り入れるということです。キリスト者が自分たちの中で議論するような事柄に集中するのではなく、信仰のない人が、いったいどのように福音の中心的な側面に反応するかを考えるのです。

例えば、聖書学者は「放蕩息子の譬えは、ナザレのイエスとユダヤ教の関係を私たちが理解する際にどのような助けになるか?」という質問をするかもしれません。しかし弁証家はかなり異なる質問をするのです。「この譬えは、信仰のない人々の世界にどう関係するだろうか?」。弁証家は、信仰にまつわる思想、物語、そしてイメージが、日々の生活にどのように関わるのかを考えなければならないのです。

(2)聞き手を理解する

二つ目に、弁証の相手となる聞き手を理解することが重要です。彼らはいったい誰なのでしょうか。私自身の経験から言いますと、聞き手というのは新約聖書の時代と同じく、それぞれに大きく異なります。ユダヤ人に対してペトロが取ったアプローチ（使徒言行録二章）と、ギリシア人の聞き手に対してパウロが取ったアプローチ（使徒言行録一七章）の大きな違いを比べてみてください。同じ福音が、かなり異なる仕方で、異なる集団に属する人々に相応しい形で勧められ、伝えられているのです。それぞれの聞き手が、答えを必要とする特有の疑問、反論、そして困難を抱えており、しかし同時に、それぞれが特有の「窓口」あるいは信仰への扉を持っているのです。

分かりやすい例をいくつか挙げてみましょう。私たちの聞き手のキリスト教信仰についての知識のレベルはさまざまです。ある人々は、聖書について何も知らず、自分には関係のないことだと思っています。別の人々は、例えば詩編二三編一節の「主は羊飼い」というような聖句を覚えており、それに愛着を感じています。聞き手というのは、異なる社会的な場所に属してもいます。ある人々は、非常に近代的な視点を持っているでしょうが、別の人々はポストモダン的な考え方をします。古典的な文学を愛する人もいれば、最新のテレビ番組について話すことを好む人々もいます。非常に抽象的な考え方をする人々もいれば、イメージや物語に基づいて考える人々もいます。そしてこのようなそれぞれの場合において、私たちはキリスト教信仰を聞き手の経験と知識に響く形で、より良く伝えることができるかを考えなければならないのです。

(3)明確に伝える

三つ目に、私たちは聞き手が理解できる言葉に私たちの信仰を翻訳しなければなりません。これは、聖書翻訳をめぐる大論争を見るとよく分かることだと思います。聖書翻訳をめぐる論争は、現代人に聖書のメッセージを「伝える」ことに私たちの意識を集中させるからです。C・S・ルイスがいみじくも述べたように、「私たちの仕事は、時間に囚われないもの（昨日も今日も明日も変わらないもの――ヘブライ人への手紙一三章八節）を、自分たちの時代に特化した言語で提示する」[3]ことなのです。時間に囚われることのない福音の真理を、私たちの聞き手に合わせた言葉とイメージを用いて語ること。これが、私たちに与えられた責任であり、光栄な務めなのです。つまり、弁証家というのは、信仰のリアリティを現地の社会のために翻訳する人のことなのです。

(4)接点を探す

四つ目に、私たちは既に人類の社会と経験とに根差している福音と、聞き手の接点を見極めなければなりません。神はご自分に関する証言を、歴史の中、社会の中、そして人間の経験の中に残さずにはおかれませんでした（使徒言行録一四章一七節）。私たちの仕事は、その証言（それが自然の中に見られるにしろ、社会や道徳規範の中に見られるにしろ）を見極め、キリスト教の福音を宣べ伝えるための接点として用いることなのです。

(5)福音の全体を示す

五つ目に、私たちは自分の好みや、自分が個人的によいと思うことに限定して信仰について語ることによって、キリスト教信仰の魅力を貧しくしてしまわないように気を付けなければなりません。C・S・ルイスは、弁証家は「キリスト教のメッセージ」と「個人の意見」を綿密に区別しなければならないことを強調しました。もしこの区別をすることを怠ったならば、聞き手に伝えられているのは、もはやキリスト教の福音ではなく、福音の中で、たまたま自分たちが重要だと思ったり、興味深いと思ったりした部分ということになってしまいます。ルイスによれば、私たちが個人的に好きであったり受け入れられたりすることだけに集中するという誘惑は、単純に福音を貧しいものにしてしまうのです。そこでは結局、私たちはキリストを前面に押し出さなければならないのに、自分たち自身を前面に押し出してしまっているのです。

しかし、キリスト教信仰が私たちの生き方に与える影響というものは、それ自体が弁証学的に重要でもあります。なぜでしょう。なぜなら、そこで福音には存在を生まれ変わらせる力があるということが証明されるからです。ルイスが言いたいことは、私たちはキリスト教をただ個人的な好みに基づいて伝えることを避け、代わりに、福音が人間の存在の最も深いところ――心、精神、そして魂――に触れることができることを示さなければならないということなのです。

また、私たちはキリスト教の魅力を伝える方法を制限することで、その魅力を不必要に抑え込まないようにしなければなりません。西洋のキリスト教の大半は、キリスト教の中心的な主題ばかりに注目し、弁証家とはキリスト教の真理の宣言を論理的に擁護する人だと考えています。このこと自体は、確かに間違ってはいないということははっきり申し上げましょう。ただし、それがすべてではないのです。私たちはより深い次元に行かなければなりません。聖書は、イメージや物語、そしてさまざまなアイディアを用いてその中心にあるメッセージを届けようとしているのです。例えば、ナザレのイエスは神の国という偉大なテーマを伝えるために、譬え話を用いられました。それらの物語は、聞き手の心に主要な思想を植え付けたのです。どうすれば、同じようなことを今日の私たちもすることができるでしょうか。

⑹とにかく実践を

六つ目に、弁証学というのはただの理論ではありません。実践こそが重要なのです。私たちは、弁証学的な思想やアプローチを毎日の生活の中に応用しなければなりません――会話や議論、インタビューなど、とにかく他の人々と関わる際にです。弁証学というのは、科学であり芸術なのです。知識だけが重要なのではなく、知恵が必要になります。まるでそれは、医療に精通した、有能で経験豊富な医療従事者のようです。その人は、その知

---

(3) Lewis, "Christian Apologetics," *C. S. Lewis: Essay Collection* (London: HarperCollins, 2000), 151.

識を実践に移さなければなりません。つまり、患者とどう関わるか——どのように何が本当に問題なのかを伝えるのか、医学の専門用語をどのように普段の言葉で伝えるのか、そしてそれらにどのように対応するのかを説明する——を学ばなければならないのです。

これらの六つのテーマは、続く章でキリスト教弁証学の主要なテーマやアプローチについて論じる際に扱います。

次に向けて

ここまでで、弁証学についてのいくつかの初歩的な問題を概観してきました。これで、より深い議論を進めるための準備ができました。ここから、これらのテーマをより丁寧に見ていくことになります。まず、キリスト教弁証学が拠り所とする、深い神学的基盤について考えることとしましょう。

さらなる学びのために

Allen, Diogenes. *Christian Belief in a Postmodern World: The Ful Wealth of Conviction*. Louisville: Westminster John Knox, 1989.

Craig, William Lane. *Reasonable Faith: Christian Truth and Apologetics*, 3rd ed. Wheaton: Crossway, 2008.

Middleton, J. Richard, and Brian J. Welsh. *Truth Is Stranger Than It Used to Be: Biblical Faith in a Postmodern Age*. Downers Grove, IL: InterVarsity, 1995.

Newbigin, Lesslie. *Truth to Tell: The Gospel as Public Truth*. Grand Rapids: Eerdmans, 1991.

Sire, James W. *Naming the Elephant: Worldview as a Concept*. Downers Grove, IL: InterVarsity, 2004.

Vanhoozer, Kevin J., ed., *The Cambridge Companion to Postmodern Theology*. Cambridge: Cambridge University Press, 2003.

第三章　弁証学の神学的土台

弁証学というものは、誰かをキリスト教に改宗させるためのテクニックの寄せ集めではありません。論争に勝つための議論のテンプレートのようなものでもありません。弁証学とは、人々が神の栄光を知り、そこへと向かうようにする神の御業に参与する意欲の問題なのです。エイブリィ・ダレスが悲しみを込めて述べたことがあるように、弁証家というのは、しばしば「良い仕方にしろ駄目な仕方にしろ、人々を議論によって教会に引きずり込もうとする、攻撃的で常に機会をうかがっている人」[1]だと思われてしまいがちです。

このような偏見がどうして生まれてくるのかは容易に想像できます。そして、このような態度がいかに危険であるかも一目瞭然です。弁証学の真髄は、自分が望む結論へと議論を操作するために、決まった技術を暗記したり習得したりすることではないのです。キリスト教信仰によって自らが動かされ、私たちの心と精神とにキリスト教の思想、テーマや価値観が深く刻まれるということこそが、弁証学の真髄なのです。

弁証学というのは、何かの思想を単に機械的に繰り返すということとはほど遠いものです。弁証学とは、私たちの信仰の現実を深く、そして熱心に自らに染み渡らせた結果生まれてくる答えをもって、人々の疑問や関心に自然な形で応えることなのです。弁証学の最善の形というのは、キリスト教の福音に特徴的な、現実に関する豊かな洞察という立場からなされるものです。この洞察は、人類の本質に非常に現実的な示唆を与えることができ

(1) Avery Dulles, *A History of Apologetics*, 3rd ed. (San Francisco: Ignatius Press, 2005), xix.

ます。私たちの抱える問題は何なのか。私たちに必要なものは何なのか。それらの必要はどうすれば満たされるのか。これらそれぞれの疑問は、物事の本質に関するキリスト教的理解から、力強い答えを与えられることができるのです。

本書が強調するように、一方で信仰の偉大な真理について長く、懸命に、そして祈りつつ考えること、そして他方で私たちが語る相手がどのような人々であるかについて思いめぐらすことに代わる方法はありません。ですから、この章では、キリスト教信仰の主要なテーマに関する神学的考察が、質の良い弁証学にどのように貢献できるかを見ていきたいと思います。

事柄を文脈の内に置く

私たちの考えを適切な文脈の内に置くために、福音書に記されているナザレのイエスの宣教活動の最初期の出来事の一つを思い起こしてみたいと思います。

> イエスは、ガリラヤ湖のほとりを歩いておられたとき、シモンとシモンの兄弟アンデレが湖で網を打っているのをご覧になった。彼らは漁師だった。イエスは、「わたしについて来なさい。人間をとる漁師にしよう」と言われた。二人はすぐに網を捨てて従った。
>
> （マルコによる福音書一章一六―一八節）

これは、詳細と示唆に富んだ素晴らしい物語です。例えば、ここではイエスが漁師に話しかけられたことが分かります。当時のユダヤ教の文書は、モーセの律法を守ることを事実上不可能にするような仕事に就いていた人々について多くのことを記しています。特に標的にされて（否定的な）コメントが付されている職業が二つあり、それらは大工と漁師でした。大工は葬儀屋も兼ねており、いつも死体と接していましたし、漁師は、捕まえた魚の中から清い魚と穢れた魚を分ける仕事をしていたからです。これらの職業はいずれも、どんな穢れたものに触れることも禁じていた厳格なユダヤ教の祭儀的な清めの掟に従うことが不可能だったのです。しかし、イエスはまさにそのような、ユダヤ教的宗教生活の末端で漂っていた漁師たちに声をかけられたのです。これは、キリスト教の福音がいかに、社会が無力で無価値とみなす人々も含むすべての人に届くものであるのかを力強く示す出来事です。

このことは重要な点です。しかし実は、弁証学的観点から言えば、これが最も重要な点というわけではありません。私たちが尋ねなければならない弁証学的問いは次の通りなのです。何がシモンとアンデレにすべてを捨ててイエスに従わせたのか。イエスはここで、神の存在についての説得力ある議論を展開しているでしょうか。彼らに向かって、ご自分が旧約聖書の預言の成就であることを説明しているでしょうか。答えはノーです。あるのは、イエスご自身の内にある、人の心をつかむ何かなのです。シモンとアンデレの反応は、即時的で直観的なものでした。マルコの書き方は、存在自体が同意を余儀なくさせるような全く抵抗しがたいお方の姿を印象付けているのです。

ガリラヤ湖の畔で起きた、このナザレのイエスと最初の弟子たちの出会いの物語は非常に馴染み深いものではありますが、私たちはこれを弁証学的な課題を頭に置いて読まなければなりません。そうすれば、弁証学というものを適切に位置づけやすくなるでしょう。この物語はまず、議論というものは私たちの作戦のほんの一部分に過ぎないことを思い起こさせてくれます。私たちの務めというのは、多くの面で、人々をキリストへと導き、生ける神を発見することへと導くことだと言えます。しかし、弁証学は誰かを改宗させるためのものではありませんし、改宗させることもできません。ただ、弁証学は神との出会いを阻む障害を取りのけたり、キリストを見ることができるための窓を開いたりして、人々を正しい方向へと差し向けることはできます。弁証学は、人々を福音の重要さに気付かせるためのものなのです。ですから、弁証学は指し示し、説明し、ドアを開け、障害を取り除くのです。しかし、人々を改宗させるのは弁証学そのものではなく、神と復活のキリストの偉大なリアリティなのです。

この重要な点を説明するために、最初の弟子たちの召命についての別の物語に目を向けましょう。

フィリポはナタナエルに出会って言った。「わたしたちは、モーセが律法に記し、預言者たちも書いている方に出会った。それはナザレの人で、ヨセフの子イエスだ」。するとナタナエルが、「ナザレから何か良いものが出るだろうか」と言ったので、フィリポは、「来て、見なさい」と言った。

（ヨハネによる福音書一章四五—四六節）

フィリポはナザレのイエスに出会い、このお方こそ彼が待ち望んでいたお方であると確信しました。そこでナタナエルに、このお方こそイスラエルの希望の成就であることを説得しようとします。ナタナエルは明らかに懐疑的で、反論をします。そんな人が本当にナザレなどから出てくることができるだろうか。しかし、フィリポはこの反論に論理的な議論で立ち向かおうとはせず、ナタナエルをナザレのイエスと会うようにと招き、自分で結論を出すようにと言うのです。

さて、ここでフィリポはナタナエルに細かい議論をもって答えることもできました。例えば、イエスの出身地がナザレであることは、聖書の預言の成就であると論じることもできたはずです。あるいは、自分とアンデレとペトロがナザレのイエスに従い、このお方こそがイスラエルの希望の成就だと思った理由を並べ立てることもできたでしょう。しかし、フィリポは「出会い」というものが「議論」よりも優れていることを学んだのです。問題を解決するためのより直接的で適切な方法があるときに、ナタナエルと議論をして何の得があるでしょう。そこでフィリポは「来て、見なさい」と言うのです。

イエスと出会い、その言葉を聞くことによって、ナタナエルも自らの結論に辿り着きます。「ラビ、あなたは神の子です。あなたはイスラエルの王です」（ヨハネによる福音書一章四九節）。ここに、人々にナザレのイエスを指し示すことの重要さが表れています。私たちも、フィリポのように、イエスについて何をそんなに拒みがたく魅力的だと感じたかを説明することはできます。しかし結局は、最終的な説得は私たちの証言によるのではなく、その人自身が復活のキリストと出会うことによってなされるのです。

これこそが重要な点です。よく耳にすることは、弁証学というのは人々にキリスト教信仰の真理を説得することだということです。そしてそこにはある真理があります。しかし、それが真理のすべてではありません。議論というものには深刻な限界があるのです。仮に誰かにある思想が正しいと説得することができたとしても、それがその人の人生を変えることになるでしょうか。フィリポはいみじくも、ナタナエルを変えることができるのは議論や思想などでもなく、イエスとの人格的な出会いであると悟っていたのです。フィリポは、イエスを擁護する議論を展開するのではありません。彼は、イエスを指し示すのです。この物語は、キリスト者の証しの優れたモデルと言えるのではないでしょうか。議論や説明に頼るのではなく、人類の望みの成就であり憧れの頂点にあると私たちが確信するイエスを人々に指し示し、彼ら自身がイエスと出会えるようにするということです。

しかし物語は続き、弁証学的なポイントをさらに指摘することができます。数日経って、イエスは弟子たちと一緒にカナで婚礼に出席されました。そこでイエスは「しるし」を行います。水をぶどう酒に変えたのです。このしるしは弟子たちに大きなインパクトを与えました。福音書の物語が次のように伝えています。「イエスは、この最初のしるしをガリラヤのカナで行って、その栄光を現された。それで、弟子たちはイエスを信じた」（ヨハネによる福音書二章一一節）。ここでは、信仰というものがキリストの栄光の啓示の結果として見られています。このようなことは、論理的議論をはるかに超えるものです。信仰とは、キリストの威厳、栄光、そして不思議さの実現に対する反応なのです。このことの最も印象的な例は、キリストが本当に死から甦らせられたことが分かった時に「わたしの主、わたしの神よ」（ヨハネによる福音書二〇章二八節）と言ってキリストを信じたトマスの物語だと言えるかもしれません。

このように、弁証学の性質についてのこれまでの簡単な議論を見ても、弁証学というものが非常に神学的な側面を持っていることが分かります。そこで、先に進んでいく前に、このことをより掘り下げることが相応しいかと思います。

第一に、ヨハネによる福音書に記されていた通り、信仰が神の栄光が啓示されることによって生じたことから、改宗が人間の知恵や理論によって起こるものではなく、根本的には神によって起こっていることが分かります。これは新約聖書に繰り返されるテーマでもあります。パウロのコリントでの説教は、人間の知恵によるものではありませんでした。「それは、あなたがたが人の知恵によってではなく、神の力によって信じるようになるためでした」（コリントの信徒への手紙一、二章五節）。信仰とは単なる考え方の変換ではないのです。信仰とは、生ける神と出会うことによって自らが変えられることなのです。

第二に、新約聖書は人間の本性を、罪によって傷つけられ、ダメージを受けさせられたものとして描き出します。ですから、人は物事をありのままに見ることはできないのです。「この世の神が、信じようとはしないこの人々の心の目をくらまし、神の似姿であるキリストの栄光に関する福音の光が見えないようにしたのです」（コリントの信徒への手紙二、四章四節）。議論は見えない目を癒すことはできません。それは、証拠の掻き集めでも、雄弁さでも、魅力的な個人的証言でも同じことです。見えない目は、「癒される」ことを必要としています。そして、その癒しを実現することがおできになるのは神だけなのです。神だけが、見えない目を開くことがおできになり、人生の現実を見ることができるようにしてくださるのです。したがって、弁証学とは神の恵みと神の癒しと刷新の力に頼るものなのです。これは、私たちにできることではないのです。このことを知ることで、弁証学を適切に位置づけることができるのです！

第三に、この神学的視点によって、弁証学の仕事も正しい文脈に置かれることができます。私たちは、人々を信仰へと導く中で、自分が重要ながらも限られた役割を担っていることを知っています。人を改宗させるのは神です。私たちには、神がその御業をなさるところまで人々を案内するという光栄な仕事が与えられているのです。私たちは、癒しの源を指し示します。癒すのは神です。私たちは赦しの力を証言します。赦すのは神です。私たちは、神がいかに私たちの人生を変化させ、良い方へと変えてくださったかを説明します。人生に関わり、変えてくださるのは神です。私たちはこのプロセスの中でリアルで光栄な役割を与えられていますが、私たちだけでその仕事をするようにとはされていないのです。弁証学は常に、復活のキリストの御力とご臨在のもとで取り組まれるものなのです。

一つの譬えが、この決定的に重要な点をさらに明らかにしてくれるでしょう。あなたが数年前に敗血症を患ったと想像してみてください。いくつかの症状が表れて、自分が深刻な病気であることに気が付きました。有能な医師が、何が問題であるかを教えてくれました。そして治療方法が見つかりました。ペニシリンです。薬は早急に使用されて、数日後にあなたは回復に向かっていました。これは、想像するに難くないシナリオであり、あなたが話を膨らませて書き直すこともできるでしょう。

ここで重大な問いがあります。あなたを癒したのは医師だったのでしょうか。ある意味ではそうです。しかし、別の意味では違います。医師は、問題が何であるかを指摘し、そしてそれを治すには何をすればよいかを教えてくれました。しかし、実際にあなたを癒したのはペニシリンです。医師の診断は問題が何であるかを明らかにしました。しかし、ペニシリンが発見される前であれば、この症状はただ一つのことを意味していました。それは死に他なりません。当時は、あなたを救う手立ては何もなかったのです。問題を指摘するだけでは、あなたを癒すことはできません。治療法が必要だったのです。

このような譬えは、弁証学がどのように機能するのかを分かりやすく示してくれ、より大きな枠組みの中での私たちの位置づけも明らかにしてくれます。この医学的な譬えを用いるならば、弁証学は人の本性が傷つけられ、損傷しており、壊れていて、堕落していること、さらにはそれが神の恵みによって癒されることができることを説明するものです。弁証家は、さまざまな方法を用いて人類の本性に問題があるという思想を説明し、伝え、弁明することができるのです。同時に、私たちはさまざまな方法を用いて治療方法があることを説明し、伝え、弁明することもできます。しかし、弁証学そのものが癒しをもたらすわけではありません。弁証学はただ、どこで治療方法を見出すことができるのかを指し示すだけなのです。

そのような治療法が存在することを証明する素晴らしい議論を提示することはできるでしょう。この治療方法を見出すことによって、人生が一変した人々の個人的な証言を示すこともできます。しかし結局は、人々は治療方法を見出し、それを受け取り、その治療方法が機能するように任せることによってしか癒されることができないのです。私たちは、人々が自らの病に気付くことができるように助け、どうしたら癒されることができるかを伝える重要な役割を実際に果たすことができるでしょう。私たち抜きには、彼らは治療方法を見つけることができないかもしれません。しかし、実際の癒しのプロセスは、私たちの言葉ではなく、ペニシリンの力によって起こるのです。

弁証学と現実についての神学的見解

弁証学は、キリスト教信仰の幅広い知性と霊的な豊かさの価値を深く認めることに根差しています。弁証家の仕事は、キリスト教信仰を魅力的にしたり、世の中に合わせたりしようとすることではありません。むしろ、私たちは人々がキリスト教信仰の力、自分たちとの関連性、そしてそこにある説得力を理解し、発見することを手助けするようにと召されているのです。弁証家は、どのようにしたらキリスト教に固有な真理、美しさ、そして善さを理解してもらうことができるのかを考えるように命じられているのです。

また別の譬えを用いると、このポイントが分かりやすくなるでしょう。あなたが山の上に立って友達と一緒に景色を楽しんでいるところを想像してください。あなたはそこに何度も行ったことがあるので、その景色はなじみ深いものです。しかし、あなたの友達はそこに来たことがありません。見えるものすべてが彼女にとって新しいものです。眼下には、遠くまで風景が広がっています。あなたには森も、川も、野原も、そして村々も見えています。あなたは村々を指さし、そこにある歴史の話を友達に聞かせます。あなたは彼女に川を見せ、古くからある森のことを教えます。そして、あなたは知らなければ見逃してしまいがちな小さな滝も指さします。友達は、景色を楽しんでいます。しかし覚えておくべきことは、その景色の美しさや歴史はあなたが創造したものではないということです。あなたはただ、既にそこにあったけれど、その友達が知らなかったり気が付かなかったりしたものを、彼女がより良く味わうことができるよう助けただけです。

弁証学とは、キリスト教信仰の論理性や想像的な力、倫理的深みを作り出すものではありません。弁証学は、それらを指し示し、人々がそれらそのものをはっきりと見て、味わうことができるようにするものなのです。そうであるならば、弁証家はキリスト教信仰の深みと知識の豊かな理解を体得できなければなりませんし、そのように努めなければなりません。しかし、それで十分ではありません。もう一つ重要なことは、部外者の視点を持つことです。私たちは、どうすればキリスト教信仰の壮大なテーマが、キリスト教の用語や習慣に馴染みのない人々に対して弁明され、説明されることができるかを理解しなければならないのです。そしてさらに重要と言えるのは、そのようなテーマが人々とどう関係があるのかを考えなければなりません。そうすれば、人々はそれらが自分とどのように関係するのかを理解し、そこにある人を変えることのできる力を分かることができるでしょう。

では、キリスト教信仰の力と深みを神学的分析によってどのように知ることができるのでしょうか。まず、弁証学における神学の重要性を理解するために役立つと多くの人が思った譬えに目を向けてみたいと思います。私がこの譬えを初めて使い始めたのは、一九八〇年代後半でしたが、これを多くの人が取り入れ（時には応用して！）くれていることに励まされる思いです。それはプリズムの譬えです。

一六六六年にイギリスの数学者であり物理学者であったアイザック・ニュートンが、ケンブリッジのトリニティ・カレッジにある自分の研究室である発見をしました。白い光の光線がガラスのプリズムを通ると、七つの虹色――赤、オレンジ、黄、緑、青、紺、そして紫――に分かれるということです。[2] ニュートンは、虹の色が表れる時も、雨粒が白い太陽の光を構成する色を分解するという、同じようなプロセスが起こっていることに気が付きました。それぞれの色は白い光線の中に既に存在していました。しかし、一つ一つの存在は明らかではなかったのです。プリズムが色を分解させたので、一つ一つの色が見えるようになり、認識されるようになりました。

これは単純な譬えです、しかし、これによって力強い指摘をすることができます。キリスト教の福音は――白い光の光線のように――豊かで複雑な現実であり、さまざまな要素によって構成されているのです。それらは、それぞれ個別に扱われ、認識される価値のあるものです。神学的分析とは、キリスト教の宣教の中に含まれるそのような個別の要素を指摘し、その弁証学的可能性を定め、適切に使用することなのです。

この点をより明らかにするために、神学的分析を一つ取り上げ、それを弁証学的に用いてみましょう。まず簡単な問いを出したいと思います。キリストの十字架の意味は何だったのでしょうか。この問いは神学的にも重要ですが、弁証学的にも同様に重要です。人はそれぞれ異なる必要や関心を持っています。福音の一つの側面がある人々とうまくかみ合うこともあれば、他の側面が別の人々に相応しいこともあるのです。

成功した一つの例——十字架の神学的分析

途方もなく豊かで複雑な十字架のメッセージを数行にまとめることは不可能です。神学の喜びの一つは、私たちがキリストの十字架のような、キリスト教のメッセージに込められたさまざまな偉大なテーマの完全な意味について、深く（思う存分！）考える機会を与えてくれることです。[3] しかし、そのメッセージの中で、ある一定の側面を指摘することができることを覚えておくのは重要です。そして、それらの側面はそれぞれに特定の人々に対して訴えるものがあるのです。キリストの十字架についてのキリスト教の宣教のさまざまな側面は、それぞれに、教会の外にいる特定の集団の人々に響くのです。

このセクションの目的のために、キリストの十字架に結び付けられている四つの重要なテーマを取り上げたいと思います。これらの四つはすべて、キリストの死の意味についての新約聖書の証言と、後代のキリスト教神学の伝統においてこの出来事から広がる意味について思索された中で、重要な意味を持っています。

（2） Richard S. Westfall, *The Life of Isaac Newton* (Cambridge: Cambridge University Press, 1993), 73-75.

（3） 重要で代表的な議論は、以下を参照。Colin E. Gunton, *The Actuality of Atonement: A Study of Metaphor, Rationality, and the Christian Tradition* (Grand Rapids: Eerdmans, 1989); Charles E. Hill and Frank A. James, eds., *The Glory of the Atonement: Biblical, Historical & Practical Perspectives* (Downers Grove, IL: InterVarsity, 2004); Peter Schmiechen, *Saving Power: Theories of Atonement and Forms of the Church* (Grand Rapids: Eerdmans, 2005); and Thomas F. Torrance, *Atonement: The Person and Work of Christ* (Downers Grove, IL: InterVarsity, 2009).

1　キリストの十字架は人の罪の赦しの土台である。
2　キリストの十字架と復活は罪と死に対する勝利を勝ち取った。
3　十字架は傷つき壊れた人類に癒しをもたらす。
4　十字架は神の愛を人類に示している。

他のテーマもこのリストに付け足されることはできますが、ここでの私の意図は、十字架についての神学的分析を網羅することではなく、このようにテーマを指摘することが弁証学の実践において重要であることを示すことなのです。ただまず、弁証学的な意義について論じる前に、四つそれぞれの神学的ポイントについて簡単に説明したいと思います。

(1)キリストの十字架は人の罪の赦しの土台である

このテーマについて考えるにあたり、相応しい出発点は、「キリストが……わたしたちの罪のために死んだ」(コリントの信徒への手紙一、一五章三節)というパウロの宣言でしょう。これはただ、キリストの死という野蛮で残忍な歴史的事実が非常に重要だというだけのことではありません。その出来事が、私たちにとって何を意味しているのかが重要なのです。イエスが死なれたということは歴史です。イエスが私たちの罪の赦しのために死なれたというのが福音です。パウロにとって十字架は、救い、赦し、そして死に対する勝利を意味していました。ですから、「十字架のメッセージ」はただイエスが十字架につけられたという単純な事実に限られたものではなく、この出来事が私たちにとって何を意味しているかというところまで含んでいるのです。それは、私たちが生きるようになるためのものでした。イエスは、罪人が赦されるために、罪人として数えられたのです。

赦しについては神学的にもっと多くのことを言うことができます。ただ、本書は弁証学の本であり、神学の書物ではありません。ここでの私たちの関心は、第三者の視点に集中することにあるのです。キリストの死を通して、リアルな罪がリアルに赦されるという可能性があるという宣言は、キリスト教信仰の外にある人々にどのように関わってくるのでしょうか。この神学的真理は、どのように人々の不安や希望にしっかりと結び付くことができるでしょう。ここで、どうすれば十字架のこの側面が、誰かが福音の現実を見出すための糸口となることができるかを考えて、弁証学的に考えることを学ばなければなりません。どうすれば、この赦しというコンセプトを、神への架け橋として用いることができるのでしょう。

コネクションを作る一つの方法は、多くの人の関心事である、人間の罪悪感の問題に注目するものです。哲学者のイマヌエル・カントは、罪悪感が多くの人々が道徳的行いをすることを阻んでいると述べました。ここにはある真理があるかもしれませんが、これよりも深い指摘がなされなければならないでしょう。ある人々は、自分たちが犯してしまったこと――あるいは場合によっては、自分たちに対して犯されたこと――について、深い罪悪感にさいなまれていて、その問題が解決するまではまともに生きることができないと感じています。彼らは、いったいどうすれば問題を解決することができるのだろうと思っているのです。

この罪悪感の問題は、言うまでもなく、英文学の中でも最も有名なジョン・バニヤンの『天路歴程（*The Pilgrim's Progress*）』〔池谷敏雄訳（新教出版社、一九七六年）〕の中心的な主題です。バニヤンは、巡礼者が「罪の重荷」を背負っているせいで跪かざるを得ず、普通に歩くことができずに苦しむ様子を描き出しています。しかしついに、巡礼者は十字架のもとにその重荷を置いて、初めて普通に歩くことができるようになるのです。これが、多くの人が経験する感覚です。彼らは罪悪感の重荷を背負っており、しっかりと赦されるまでは、まともに生き始めることすらできないと気付いていているのです。

もちろん、「罪」という言葉は現在では多くの人にとって難しい言葉です。しかし、このような現象が最近起こったことだと思わないようにしましょう。一九四五年に既にC・S・ルイスは、近代社会において「罪の意識はほぼ完全に失われている」と嘆いているのです。弁証家は、「何か世界に問題が起これば、それはすべて誰か他の人のせいであると信じるように育てられてきた人々」[4]と向き合わなければなりません。罪という言葉は——弁証家が用いる他の言葉と同じように——説明を要するのです。[5]

(2) キリストの十字架と復活は罪と死に対する勝利を勝ち取った

福音の一つの大きなテーマは、イエス・キリストの十字架が私たちを死の恐怖から救い出してくれるということです。キリストは死者の中から復活させられ、キリストを信じる者はいつの日かその復活に与り、キリストと共に永遠に生きることになります。だから、死はもはや私たちが恐れなければならないものではないのです。キリスト者は、勝利の代価の重さを思い起こして感謝し、またその現実を喜んで、イースターにおいてこのことを盛大に祝います。このような希望のメッセージは、苦しみや死を前にして、誰にとっても非常に重要になります。しかしこのメッセージは、死への恐れのあまり夜中に目を覚ましてしまうような人々にとっては、特別に関係があるものです。西洋社会に属する多くの人々は、単純に、人が死ぬという現実に向かい合うことができないか、そうしようとせずに過ごしています。この問題と向き合わずに毎日を過ごせればよいと思っているのです。しかし、現実から逃げることはできません。私たちは、物事のあるがままの姿に向き合わなければならないのです。

西洋の人々が人の死の現実に向かい合うことを避けようとすることについての古典的な研究は、ピューリッツァー賞を受賞したアーネスト・ベッカーの『死の拒絶（*The Denial of Death*）』〔今防人訳（平凡社、一九八九年）〕という書物です。ベッカーは、多くの西洋人はまるで自分が不死身であるかのように装い、自らが死すべき存在であることを否定しようとしていると論じました。死の問題は、あまりにも難しく、またあまりにも考えるに苦しいテーマなのです。そこで、この問題は脇に置かれ、無視されます——しかし、それが消えてなくなったわけではありません。

十字架は、私たちを死の恐怖から自由にし、虚構に生きる必要もなくしてくれます。十字架は、自分が置かれている世界の状況について恐れたり心配したりする私たちの傾向に対する力強い解毒剤なのです。十字架は、死の棘がもはや十字架によって抜かれ、復活によって勝利が与えられていることを知ることで、死に対して、静かで落ち着いた確信をもって臨むことができるようにしてくれます。ヘブライ人への手紙はこの点を強調し、イエスは「死をつかさどるもの、つまり悪魔を御自分の死によって滅ぼし、死の恐怖のために一生涯、奴隷の状態にあった者たちを解放なさるために」（ヘブライ人への手紙二章一四―一五節）死なれたのだと言っています。

ところで、今記したアプローチは、「死は滅ぼされたことにしましょう。死の力は破られたことにしましょう。あたかも死が私たちの生涯にとって何の問題もないかのように生きましょう」と勧めるものではないことには注意してください。そのような生き方は、人生の厳しい現実に目を閉ざして、ファンタジーの見せかけの世界に住むようなものです――おとぎ話の世界やダンジョンズ&ドラゴンズのアーケードゲームの世界に足を踏み入れるかのように。そうではないのです！　このアプローチは、それとは非常に異なることを言っています。このアプローチは次のように言っているのです。「イエス・キリストの十字架と復活によって死の力は破られました。キリストを通して、私たちには勝利が与えられています。そして、この知識は私たちを変えるべきものです。この知識は、私たちの考え方や生き方を変えるべきなのです。私たちはもう死を恐れなくてもよいのです。なぜなら、十字架の上でキリストが死に立ち向かい勝利されたからです」。これは、極端で豊かな人間の想像力が生み出したまやかしの世界とはわけが違います。これこそがリアルな福音の世界なのであり、この世界が神ご自身から与

（4）　Lewis, "Christian Apologetics," *C. S. Lewis: Essay Collection* (London: HarperCollins, 2000), 152-53.

（5）　弁証家に多くの役に立つアプローチや譬えを与えてくれる、素晴らしい導入用の本としては、以下を参照。Cornelius Plantinga, *Not the Way It's Supposed to Be: A Breviary of Sin* (Grand Rapids: Eerdmans, 1995).

えられ、保障されているのです。

このアプローチは、死の恐怖を知っていて、それから解放されたいと願っている人には特に弁証学的な影響力が強いものです。多くの人が、死を恐れるあまりに、命に到達することができませんでした。キリスト教の福音は、この問題に真っ向から向き合います。もう現実から逃げなくてもよいのです。

⑶十字架は傷つき壊れた人類に癒しをもたらす

聖書の中心的なテーマの一つは、神が壊れた世界を癒し、傷ついた人々を治してくださるということです。預言者たちはこの癒しへの希望を強調し、神を医者や「義の太陽」に譬え、「その翼にはいやす力がある」（マラキ書三章二〇節）と述べています。ナザレのイエスの癒しの業は、このテーマを拡張して、神が仲介を通して被造物を刷新されることを指し示していると言えます。

そしてこのテーマは、十字架に集中することでより強調されており、新約聖書は十字架をイザヤ書の預言にある「苦難の僕」の成就として扱っています。

彼が担ったのはわたしたちの病
彼が負ったのはわたしたちの痛みであったのに
わたしたちは思っていた
神の手にかかり、打たれたから
彼は苦しんでいるのだ、と。
彼が刺し貫かれたのは
わたしたちの背きのためであり

彼が打ち砕かれたのは
わたしたちの咎のためであった。
彼の受けた懲らしめによって
　わたしたちに平和が与えられ
彼の受けた傷によって、わたしたちはいやされた。

（イザヤ書五三章四―五節）

十字架につけられたキリストの傷と苦しみは、このようにより深い光の中で理解されています。ある意味で、キリストは他の人々が癒されるために、痛みや苦難を受けられたのです。

初代のキリスト教著作家たちは、このテーマの弁証学的重要性に気が付いていました。一世紀の終わり頃、アンティオキアのイグナティオスは、「不死の薬」について語っています――福音を、人間の命に関わる病を癒す薬に譬えて、死をもはや恐れなくてよいことを説いているのです。五世紀には、ヒッポのアウグスティヌスが教会とは病院のようなものだと言いました――良い医者の下で薬を与えられながら治療を受けている、多くの怪我人や病人で溢れているということです。同じテーマが、力強く、そして印象的に黒人霊歌でも取り上げられています。[6]

ギレアドには傷薬がある
傷ついた人を治すための

(6)〔訳注〕この黒人霊歌は『教会福音讃美歌』四二九番「ギレアデの乳香」である。本書では、英語を訳者が直訳した。

天国には十分な力がある
罪に病む魂を癒すための

さて、ではこのテーマは弁証学的にどのように用いることができるのでしょうか。このテーマは、社会の風潮や一般の人々の希望や関心にどのように訴えるのでしょう。多くの人々が、社会は破れが多いと感じており、自分たちも傷つき破れていると感じています。これは、物事が正しい状態にないという深い感情が、力強くそして意義深く表現されていることだと言えます。物事は、あるべき姿を取り戻さなければならないのです。しかし、その癒しはどこで見出すことができるのでしょうか。

ここで、キリスト教信仰との強力な関係を作り出すことができます。そしてそれは象徴的に、つまりイメージを用いて行うことができます。一般的な、十字架の上で傷つき、苦しむキリストの姿というのは、正しく解釈されれば、神が苦しむ者と共にいてくださり、刷新と再興の可能性を物語っているのです。また、同じことは知的に行うこともできます。つまり、キリストは変化をもたらすために人類の悲しみと痛みの谷へと下られたと説明するのです。新約聖書の新しいエルサレムの幻が、悲しみと痛みが過ぎ去ったことを強調しているのは、ただの偶然ではありません。新しい秩序の中では、悲しみや痛みは存在しないのです。神が「彼らの目の涙をことごとくぬぐい取ってくださる。もはや死はなく、もはや悲しみも嘆きも労苦もない」（ヨハネの黙示録二一章四節）と記されている通りです。

⑷十字架は神の愛を人類に示している

キリスト教信仰の中心には、私たちを愛してくださる信頼できる神への信仰があります。それだけでなく、神は人類へのその愛を、十字架上でのキリストの死の内に、またそれを通して世に示されるのです。「わたしたちがまだ罪人であったとき、キリストがわたしたちのために死んでくださったことにより、神はわたしたちに対する愛を示されました」（ローマの信徒への手紙五章八節）。神の愛のすべてが、この十字架によって啓示されているのです。イエスは、罪人に対する神の慈しみに満ちた愛を私たちに理解させ、確信させるために死なれ（ヨハネによる福音書三章一六節）、私たちを神の下へと連れ帰ってくださるのです。人によっては、自分たちは神に愛されるにはあまりにも罪に汚れてしまっていると考えている場合もあります。しかし新約聖書は非常に異なる見解を示し、キリストにおける神の愛からは、何も私たちを離すことができないと断言しているのです（ローマの信徒への手紙八章三一―三九節）。

キリスト教信仰は、神の愛は行動を通して啓示され確かなものにされていると宣言しています。「神は愛」（ヨハネの手紙一、四章八節）であるということは確かです。しかしこの言葉は、神とは人間の愛の真の理想の姿であるという普遍的な真理を意味していると、容易に誤解されてしまうことがあります。そのような説明はキリスト教の神の説明として相応しくありません。聖書は神を、迷い出た羊を探しに行って、見つけると喜んで運んで帰る羊飼いとして描き出しています（ルカによる福音書一五章四―七節）。このような神の姿が最もよく表れているのがキリストの十字架であり、神はそこでご自身の愛を示されるために働いておられるのです。「神は、独り子を世にお遣わしになりました。その方によって、わたしたちが生きるようになるためです。ここに、神の愛がわたしたちの内に示されました」（ヨハネの手紙一、四章九節）。実際の行いというものは、私たちがいつも実感しているように、言葉よりも多くを語るものなのです。神は躍動的な方であり、生きておられ、行動されるお方で、私たちへのご自身の愛を完全に示すために行動を起こされる方なのです。

ではこのような神学的洞察を、どのように弁証学的に用いることができるでしょう。今の世の中の状態に対して、このことはどう訴えるのでしょうか。誰でも、大事な存在でありたいものです。私たちは皆、「居場所」を必要としています――自分が愛され、肯定され、成長し花開くことができる場所です。家族、友達、さまざまな共同体がそのようなサポートを提供する可能性を持っています。しかし、多くの人々が人生の旅路を歩む中でたびたび孤独を感じ、巨大な宇宙の中でいかに人間の命が小さく取るに足らないものであるかという考えに圧倒されています。いったい誰が、私などのことを気にかけてくれるだろうか。

神の愛というテーマは、共にいてくださり、私たちのことを気にかけてくださる神について語ります。私たちは、神にとって非常に大事な存在なのです。神は、私たち一人一人の名前を知っておられます。詩編の詩人が、星空を見ながら考え、次のように述べています。

あなたの天を、あなたの指の業を
　わたしは仰ぎます。
月も、星も、あなたが配置なさったもの。
そのあなたが御心に留めてくださるとは
　人間は何ものなのでしょう。
人の子は何ものなのでしょう
　あなたが顧みてくださるとは。
神に僅かに劣るものとして人を造り
なお、栄光と威光を冠としていただかせ……

（詩編八編四―六節）

この力強い言葉は、キリストの十字架のメッセージによって深められ、強められています。キリストの十字架は、万物を造られた神が私たちを贖うためにその被造物の内に入られたことを語っているのです。神は私たち一人一人を「御心に留めてくださる」ので、キリストは私たち一人一人のために死んでくださったのです。神はすべてを私たちに与えてくださいました。C・S・ルイスが述べたように、キリスト者は「われわれが善人だから神がわれわれを愛してくれたのだ、とは考えず、神はわれわれを愛するがゆえに、われわれを善人にしてくださるに違いない」[7]と考えるのです。

次に向けて

この章では、キリスト教の福音の中心的なテーマを用いることで、どのように聞き手とのコネクションを作ることができるかを見てきました。同じような考え方は、繰り返し用いることができます。大切なことは、福音を人々の人生に関連付けることです。神学は、個人との接点を見出し、人々が信仰の喜びを見つける手助けをしてくれます。しかしこれは、福音をただ一つの点だけに絞ってしまうということではありません！ これはただ、私たちが語りかけている相手に最も関係が深そうな福音の側面を見つけ出すということです。福音の他の側面はまたおいおい語られることでしょう。私たちは、それぞれの聞き手に合わせた出発点を見つけなければならないのです。そして、神学はそれぞれの場合に合わせて、どこが一番相応しい出発点なのかを見極める助けをしてくれるのです。

次の章では、私たちが語りかける相手に注目したいと思います。相手が誰かということが、私たちが弁証学を実践する際にどのように影響するのでしょうか。

（7） C. S. Lewis, *Mere Christianity* (London: HarperCollins, 2002), 63.〔C・S・ルイス『C・S・ルイス宗教著作集4 キリスト教の精髄』柳生直行訳（新教出版社、一九七七年）、一一二頁。〕

さらなる学びのために

Allen, Diogenes. *Christian Belief in a Postmodern World: The Full Wealth of Conviction*. Louisville: Westminster John Knox, 1989.

Grenz, Stanley J., and William C. Placher. *Essentials of Christian Theology*. Louisville: Westminster John Knox, 2003.

McGrath, Alister E. *Christian Theology: An Introduction*, 5th ed. Oxford: Wiley-Blackwell, 2011.〔A・E・マクグラス『キリスト教神学入門』神代真砂実訳（教文館、二〇〇二年）。〕

Sire, James W. *A Little Primer on Humble Apologetics*. Downers Grove, IL: InterVarsity, 2006.

Sproul, R. C. *Defending Your Faith: An Introduction to Apologetics*. Wheaton: Crossway, 2003.

第四章　聞き手の重要性——可能性と問題

私たちは、十字架のメッセージができる限り効果的に宣べ伝えられるように努めなければなりません。このことは、福音と人々との接点はどこにあるのかを探ることを意味します。どうすれば、人々のかゆいところに手を届かせることができるのでしょうか。ここで少し専門用語を使いたいと思いますが、福音の宣教というのは受容体中心（receptor-oriented）でなければなりません。つまり、福音は聞き手の側にある機会を捉えて宣べ伝えられなければならないということです。弁証学という学問がキリスト教の神学的な分析に部分的に関わっているのと同じように、弁証学の業というものは、キリスト教の教えのそれぞれの要素を、聞き手に対して想像力豊かでクリエイティブな仕方で実践することとも関係しているのです。

では、聞き手がどういう人々かということは、私たちの弁証学的アプローチにどのように影響するのでしょうか。もちろん私たちは、すべての人に結局は同じ福音を届けようとしていることは間違いありません。ではなぜ、福音の本質と重要さについていつも同じ提示の仕方をしてはいけないのでしょうか。それならば弁証家の仕事はずいぶん楽になります。しかし、少し考えれば、そのような単純なアプローチを受け入れることはできないことが分かります。これから見ていきますように、新約聖書自体もさまざまな弁証学的議論と、人々との関わり方のスタイルを展開しており、そこでは明らかに特定の聞き手が想定されて、意識的に接点が作られているのです。

贖いということの可視的な力強いイメージとして、パウロが養子の譬えを用いた例を見てみましょう。(1) パウロは明らかに、彼の手紙の読者たちにとって養子のイメージが馴染み深いものであり、その譬えがどのようにキリストの死と復活の結果を鮮明にするかを読者が理解することを予期してこの譬えを用いています。しかし養子というコンセプトはユダヤ教の律法にはありませんし、許されてもいませんでした。それは、ギリシア－ローマ世界の人々にとって一般的だった法律的コンセプトだったのです。当然ながら、パウロはこのイメージをローマや他のギリシア－ローマ世界の地方にある教会――エフェソの町やガラテヤ地方(2)――に宛てて用いています。新約聖書の著者たちは誰も、このイメージをユダヤ人の読者に宛てては用いていません。

福音派の弁証家のほとんどは、自分の弁証学的戦略の基盤にパウロの手紙、特にローマの信徒への手紙を据えており、このこと自体は間違っていません。しかし、パウロの手紙はキリスト者――つまり、既に信仰を持っていて、指導や励まし、そして導きが必要な人々――に対して書かれているのです。関心を寄せているだけの未信者や求道者に宛てて書かれてはいないのです。もちろん、パウロはそのような人々の関心も胸に収めており、彼の手紙のいくつかの部分では、特定のキリスト者の行いが求道者に対して悪い印象を与えるのではないかと案じています。例えば、コリントの信徒への手紙一では、もしコリントの教会の礼拝で起こっていると噂されていることをベースに求道者が福音について考えるとしたら、いったいどうなってしまうのか！　と心配しているのです。

新約聖書の中で、聞き手を求道者と想定しているのは、福音書と使徒言行録です。福音書は、イエスと個人との出会いを記しています。それらの記録は、私たちが社会に対してイエス・キリストというお方とその働きをどのように示すのがベストかを考える際に確かに有益です。しかしこの章での私の関心は、パウロや他の主要な初期のキリスト者たち、特にペトロが用いた弁証学的アプローチや説教などを多く記している使徒言行録にあります。そこにこそ、明確に弁証学的な性質を持った資料が見出されるのです。連続する説教や出来事の中で、パウロや他の人々はさまざまな社会的集団の思想や関心と直接向き合っています。そして、使徒言行録の中で（そして、初代の教会の歴史の中で）明らかになるように、それらの集団から初代教会の一部分となる人々が現れ、教会の伝道においても重要な役割を果たすようになりました。

使徒言行録の中にあるこれらの弁証学的アプローチは、弁証学の確かに聖書的な方法についての示唆を与えてくれますし、初代教会の成長にとって非常に重要な役割を果たした特定の集団と関わるための戦略も示してくれます。これから、使徒言行録の中で鍵となる説教でパウロとペトロが展開した幅広い弁証学的戦略に目を向けたいと思いますが、そこで彼らは三つの重要な集団――ユダヤ人、ギリシア人、ローマ人――の人々の関心に直接向き合っています。それぞれにおいて、人々の関心もそれに対するアプローチも異なりますが、しかしそれぞれの場合に、同じ福音が擁護されています。その福音は、特定の集団にイエス・キリストの良い知らせを伝えるには、どのような仕方が相応しいかという思索に基づき、異なる仕方で伝えられ宣言されているのです。ではまず、使徒言行録二章のペンテコステにおけるペトロの有名な説教で、福音がどのようにユダヤ人の前で擁護され、また勧められているのかを調べてみましょう。

（1）James C. Walters, "Paul, Adoption, and Inheritance," *Paul in the Greco-Roman World*, ed. J. Paul Sampley (Harrisburg, PA: Trinity Press International, 2003), 42-76.

（2）以下を参照。ローマの信徒への手紙八章一五、二三節、九章四節、ガラテヤの信徒への手紙四章五節、エフェソの信徒への手紙一章五節。

ユダヤ人に対する弁証学――ペトロのペンテコステ説教（使徒言行録二章）

キリスト教の起源はユダヤ教にあります。そして、初期のキリスト教著作家たちがぶつかった大きな問題は、キリスト教とユダヤ教の関係についての疑問でした。イエス・キリストはイスラエルにどのように関係するのか。イエス・キリストの生涯、死、そして復活によって始められた新しい時代と、神のユダヤ人に対する扱いとの間には、どれだけの連続性と非連続性があるのか。

キリスト者たち自身はいつも、自分たちはユダヤ教徒の連続性の中にあることを明言してきました。「アブラハム、イサク、ヤコブの神」は「イエス・キリストの神」と同じ存在なのです。初期キリスト教はユダヤ教の中から興り、その流れにある初代の改宗者たちはほとんどユダヤ人でした。新約聖書には、たびたびキリスト者たちが会堂で説教していたことが記されています。ユダヤ教とキリスト教はあまりに似ていたので、ローマの権力者たちなどの部外者たちは、キリスト教を独自のアイデンティティを持った新たな運動としてではなく、ユダヤ教のセクトとみなしていたほどです。ではそのような中で、福音はどのようにユダヤ人に説明されたら良かったのでしょうか。確かなことは、イエスが誰であるのか、特にイスラエルの人々に対するイエスの地位に関する問題が、一つの中心的な問題であったということです。

ここで分析したいのは、ペンテコステの日に語られたペトロの有名な説教です（使徒言行録二章一四―四〇節）[3]。ルカ（彼の名が冠された福音書と使徒言行録を両方記したと広く信じられている）は、ペトロの説教の聞き手が誰であるかということを明示しています。彼らは、「天下のあらゆる国から帰ってきた、信心深いユダヤ人」（使徒言行録二章五節）でした。そして、この説教の大部分を占める内容は、イエスの到来――より厳密にはナザレのイエスの復活と聖霊の付与も含む、救済における神の業すべて――は、旧約聖書の預言を成就するものであるということです。この説教の基本的な構造は以下のようになっています。

セクション１（二章一四―二一節）　ペンテコステの日に起きた出来事を旧約聖書の預言に照らして置く。つまり、ユダヤ人の聞き手の目前で展開された素晴らしい出来事の数々は、旧約聖書における神の民に対する神の約束に照らしてのみ理解されることができるのだ――約束は今、成し遂げられたのだ、と。

セクション２（二章二二―二八節）　ナザレのイエスが高められたことの、旧約聖書の望みに照らした宣言。ここでもまた、旧約聖書とイエスの到来の連続性が示されている。常に預言の言葉に訴えるという、異邦人の聞き手にとってはあまり意味のなかった方法が、信心深いユダヤ人にとっては大きな意味を持っていた。

セクション３（二章二九―三六節）　ナザレのイエスが高められたことの宣言と、その神学的解釈。「あなたがたが十字架につけて殺したイエス」が「主……またメシア」にされた。

セクション４（二章三七―四〇節）　救いの益を得るための悔い改めへの招き。

まず心に留めておくべきことは、ペトロの弁証学はユダヤ人の聞き手にとって重要かつ理解しやすいテーマに直接関係しているということです。ユダヤ教において重要だったこと（そして今も重要なこと！）は、メシアの到来への希望でした。ペトロはここで、弁証学的に重要な三つのことをしています。第一に、ペトロはイエスがイスラエル特有の希望に当てはまることを示します。第二に、ペトロは聞き手にとって重みのある特定の権威（こ

（３）　古典的な研究である、以下を参照。Robert F. Zehnle, *Peter's Pentecost Discourse: Tradition and Lucan Reinterpretation in Peter's Speeches of Acts 2 and 3* (Nashville: Abingdon, 1971). 少し古い文献ではあるが、これは未だにテクストそのものとその根底にある戦略に関する重要な分析である。

こでは旧約聖書の預言の言葉）に訴えます。第三に、ペトロは聞き手が受け入れやすく理解しやすい言葉と語彙をもって語っています。特に、ペトロがイエスを「主……メシア」と呼んでいることに注意してください。これら二つの専門用語については何も説明されていませんし、説明の必要もないのです。どちらの思想もペトロの聞き手にとっては馴染みの深いものでしたし、どちらも彼らにとって重要なものでした。ペトロのメッセージにおいて何が新しかったかと言えば、彼がキリストの復活こそがイエスを主でありメシアであると認める根拠であると強く主張したことです。

ここで、弁証学における解釈の重要さが強調されなければなりません。ペトロはここで、ただイエスの復活の史実性を主張しているわけではないのです。ペトロは、この出来事の特定の解釈を示しているのです。キリスト教弁証家の武器庫の中で、歴史に訴えるということは独自で重要な要素です。この方法は身内に対して、信仰の土台となる偉大な歴史的事実についての福音書の証言の信頼性を確かなものにすることができます。

しかし、部外者に対してはどうでしょうか。信仰の外にある人たちに対して、歴史的証拠に訴えることはどのような役割を果たすのでしょう。それをすることで、人々は信仰を持つようになるでしょうか。もちろん、歴史的証拠に訴えることは、重要な役目を担ってはいます。これによって、無神論者がたびたび記している、新約聖書は歴史的根拠を欠く「創作」だという批判に対抗し、信仰へのこの深刻な妨げを最小限にすることができます。キリスト教の成り立ちに関する歴史的事実を強調することで、キリスト教というのは単なる願望充足の一種であるとあやふやな根拠に基づいて主張する人々に対して、力強く異議を唱えることになります。キリスト教信仰は、ナザレのイエスの歴史への応答として生まれてきた部分があるからです。

しかし、歴史的弁証学には弱点もあります。歴史的弁証学は出来事の細部にこだわります。しかし、福音とは出来事の「解釈」に関わることです。歴史的弁証学は「これは本当に起こったのか？」という問いを立てます。しかし、人生の大きな問いというものは、出来事そのものだけでなく、出来事の意味を問題としているのです。つまり、ある出来事の「人々に認識されている重要性」こそが、その出来事に歴史的永続性を持たせると言っても過言ではないでしょう。

この点は重要ですので、掘り下げていく必要があります。より良い理解のために、ローマの有名な兵士であり政治家であったユリウス・カエサルの人生における決定的な瞬間について考えてみたいと思います。カエサルは紀元前四九年に、ガリア（現在のフランス）からイタリアに軍隊を南下させました。途中で、川を渡らなければなりませんでした――ルビコン川です。当時の史料によれば、その川は特に広くも深くもないものでした。この川を越えることは、物理的にはそう難しくはなかったのです。ですから、ルビコン川を越えること自体は、歴史的な重要性を持ってはいませんでした。

しかし、ルビコン川というのは政治的なしるしであり、ローマの議会が直接統治する領土の最北の境界線だったのです。この国際的な境界線を許可なく、しかも軍隊を引き連れて渡るということはすなわち、カエサルによるローマへの宣戦布告を意味していたのです。ですから、ルビコン川越えというのは、これが歴史上最も有名な内乱の始まりを決定付けたものであるために重要なのです。しかし、当時の状況を理解している人だけが、その時カエサルが為したことを見て、その本当の意味を知ることができるのです。何も知らない人が見れば、そこにはただ特に目立つこともない川を軍隊が越えている姿が見えただけでしょう。人々は毎週川を越えているのです。たとえそれをしているのが軍隊だったとしても、それ自体に特別なことは何もありません。そのようなことをするのは、軍隊の訓練の標準的なメニューでもあったからです。しかし、特定の川を、歴史上の特定の時に越えたことによって、その行為は宣戦布告となったのです。

ですから、私たちも何が起こったのかということだけでなく、その出来事がどのように解釈されるべきなのかも論じなければなりません。その出来事に特定の意味を与える文脈を明確にしなければならないのです。その際の原則というのは、カエサルがルビコン川を渡ったことを読み解くにしても、ナザレのイエスが十字架上で死に、甦ったことを読み解くにしても同じことです。その出来事の歴史的な重要性が決定されなければならないのです。そしてこのプロセスこそが、新約聖書の中、特にパウロの手紙の中で行われているのです。そしてこの時点で、ただ何が起こったかを論じることに専念する純粋な歴史的弁証学というものがうまく機能しなくなってきます。出来事は、解釈によって補填されなければなりません。パウロがローマの信徒に宛てて書いた手紙にあるように、キリストは「わたしたちの罪のために死に渡され、わたしたちが義とされるために復活させられたのです」（ローマの信徒への手紙四章二五節）。ここで、いかにパウロが歴史的事実（キリストは死に渡され、甦らされた）と神学的解釈（その出来事は私たちの赦しと義認のために起こった）を滑らかにつなぎ合わせているかに注目してください。

では、ペトロの説教は今日どのような重要性を持っているのでしょうか。この説教は、イエスという人物が神と選ばれた民との関係の集大成を意味しているということについて、説得力のある議論を展開できる可能性を示してくれています。ペトロが主張するように、イエスの復活は、彼が「主でありメシア」であるという結論へとつながるヒントの最たるものなのです。優れた弁証学というのは、ただ歴史的事実を実証することではありません。私たちは、単にイエスが十字架で死んで、復活したということを証明しようとしているのではないのです。私たちは、それらの出来事の意味を、罪に落ち、さまよっている世界に届けたいのです。

しかし、優れた弁証学というのは、単に霊的な洞察――例えば、キリスト教信仰が人類の最も深い必要を満たすことができるなど――を主張することでもありません。これらの洞察は、歴史的な出来事の内に、それらを通して与えられているのです。それらの出来事が正しく理解されるならば、そこにある深い霊的な意味も理解されるというものです。ですから、その出来事とその意味とは同時に与えられており、だからこそ同時に宣べ伝えられなければならないのです。それをどのようにしたらよいかについて、ペトロのペンテコステでの説教は重要なヒントを与えてくれているのです。

ギリシア人に対する弁証学――パウロのアテネでの説教（使徒言行録一七章）

新約聖書の中で、福音を宣べ伝える際の最も重要な聞き手の一つとして挙げられるのは「ギリシア人」です。パウロはコリントの信徒へ向けた最初の手紙の中で、「ユダヤ人」と並んで「ギリシア人」を確かな重要性を持った確固たる集団として挙げています（コリントの信徒への手紙一、一章二二節）。また使徒言行録の一部は、明らかに古代ギリシアの修辞学や思想、そして習慣にいくらか精通したものであることが分かります(4)。

初期におけるキリスト教と古代哲学の思想との接点で最も重要なものは、プラトンのアカデメイアの所在地であった、ギリシアのアテネにおけるパウロの演説に見出すことができます。アテネはペリクレスの時代の古代ギリシアにおいては、政治と文化の中心でしたが、パウロがそこを訪ねた時には、既に衰退の一途を辿っていました。アテネは過去の栄光と重要性をほとんど失って、ローマ帝国の中の一地方都市程度に成り下がっていたのです。ギリシアは、愚かにもローマの内乱における敗者を支持したことによって、深刻な躓きに直面していました。しかし、アテネには象徴的な重要性がありました。たとえ、現実がそこに意図されたイメージにそぐわないものであったとしても、です。ですからもし、キリスト教がその町に根を下ろそうとするならば、そこにある偉大な哲学的遺産に向き合わざるをえないのです。そこでパウロは進み出て、その挑戦を受けたのでした。

ルカによれば、パウロはアテネの人々への説教を、生ける神というテーマから次第に議論を進め、アテネの宗

（4） 以下を参照。W. S. Kurz, "Hellenistic Rhetoric in the Christological Proofs of Luke-Acts," *Catholic Biblical Quarterly* 42 (1980), 171-95.

教家や哲学者の興味に沿って自身の神学的説明の輪郭を描き出しています。[5] パウロは、個人の内にある「神的ものを感じる心」をキリスト教信仰との接点として、そこに訴えているのです。そうすることで、パウロはギリシア的な神についての既存の概念に寄り添いつつも、それを越えるキリスト教の福音を示しているのです。パウロは明らかに、ストア哲学を弁証学的に用いることができる可能性を理解し、福音をストア派的な関心と響き合うものとして描き、しかし同時に、人間が知ることができる範囲はストア派が提示するよりも広いものであることを示しているのです。ギリシア人が知らない、あるいは知ることができないと捉えていたものが、実はキリストの復活によって啓示されているのだとパウロは宣言します。パウロは、彼の話の聞き手の経験的・知的な世界に寄り添い、なおかつキリスト教信仰を妥協はしていないのです。

では、アテネの人々に寄り添うために、パウロはどのような権威を用いているのでしょうか。ここで気を付けるべきことは、アテネの人々は旧約聖書について何も知らなかったということです。ペトロのペンテコステの説教は、旧約聖書を熟知していたユダヤ人に対して語られましたが、パウロのアテネでの説教は全く異なる文化的背景を持った人々に対して語られているのです。パウロは、イスラエルの歴史や希望に関連付けずに福音を宣べ伝えなければならない状況に身を置いているのです。そこでパウロはどのように宣教すればよいのでしょう。

そこで、ペトロが「聖書の書物」に訴えたところを、パウロは「自然の書物」に訴えたのです。そしてこのような考え方は、深く聖書に根差したものでもあります。「天は神の栄光を物語り／大空は御手の業を示す」（詩編一九編一節）。パウロは、この考え方の神学的真理と弁証学的重要性を固く信じていました（ローマの信徒への手紙一—二章を特に参照）。そこで、神が創造主であるということに訴えることが、キリストにおける贖罪のテーマを紹介するための手段となるのです。

パウロは彼の話の聞き手が誰であるか、その独自の特徴は何かということを明らかに意識して、現地の思想やシンボル的なものを自らの弁証学を提示する際に錨としたのです。彼の話の聞き手は旧約聖書を知りませんでしたから、パウロは彼らにとって馴染み深い文学的権威——この場合は、同時代の中でも文化的権威の一人として広く認識されていた、アラトスというアテネの詩人——を土台に議論します。アラトスは、紀元前四世紀後半から三世紀初頭に活躍し、彼の生誕地はパウロの出身地であるキリキア地方のソロイであったと考えられています。アラトスはゼノンが創設したアテネの学校でストア哲学を学びました。現存の彼の文学的作品は多くはありません。しかし、なぜパウロがアトラスを引用したかは明らかです。

神はわたしたち一人一人から遠く離れてはおられません。皆さんのうちのある詩人たちも、「我らは神の中に生き、動き、存在する」「我らもその子孫である」と、言っているとおりです。

（使徒言行録一七章二七—二八節）

パウロはアラトスの詩を半分引用して、自分の主張である、神が近くにおられるということを強調しているのです（アラトスの詩を根拠にしているわけではありません）。

パウロのアプローチの中では、二つ目の現地のシンボルも重要な役割を果たしています——「知られざる神に」と刻まれている祭壇の文字です（使徒言行録一七章二三節）。ディオゲネス・ラエルティオスの書物に見られるように、当時の文学にも「知られざる祭壇」について記しているものがあります。パウロはここで、ギリシア人たちがおぼろげに、そして直観的にその存在を認識していた神的存在の名前と全容が、福音において知らされていると論じたのです。創造の秩序によって間接的に知られていた神は、イエス・キリストの復活によって完全に知られることができるのです。

（5） 以下を参照。Bertil Gartner, *The Areopagus Speech and Natural Revelation* (Uppsala: Gleerup, 1955).

アテネの人々に向けたパウロの弁証学的な演説は、どのように福音をそれぞれの土地の聞き手に合わせて宣べ伝えたらよいかについて重要な示唆を与えてくれます。ユダヤ人に向けてのペトロのアプローチは、アテネでパウロの話を聞いていた人々には寄り添うことができなかったでしょう。逆に、アテネの人々に向けたパウロのアプローチも、エルサレムでペトロの話を聞いていた人々には響かなかったはずです。パウロは、現地の状況に合わせて雄弁に語り、現地の権威（詩人アラトス）を引用し、現地のシンボル（知られざる祭壇）の弁証学的可能性を最大限に利用し、さらに自然の秩序の中に神的存在を認めるアテネ的思想に響く形で議論を展開しました。このようなアプローチは、今日でもすぐに採用し、応用することができるものです。

ローマ人に対する弁証学——パウロの法的な演説（使徒言行録二四—二六章）

初期のキリスト教が向き合った三つ目の集団はローマ人です。当時は、ローマこそが帝国の力で地中海世界を支配していました。そのローマ帝国の権力者たちが、キリスト教の登場に対して疑念を抱いていたことは確かです。その理由の一つは、キリスト教の登場が、帝国の中でも社会的に不安定な地域において問題を起こす可能性があったからです。しかしそれとは別に、このキリスト教に対する不信のおそらくより重大な理由がありました——皇帝崇拝と呼ばれるものの存在です。

皇帝崇拝というのは、市民宗教の形態の一つで、非常に高められたローマ皇帝観を基盤としています。(6) この宗教は、アウグストゥスの時代に誕生し、キリスト降誕の直前の数十年に特に重要性を増していったものと思われます。紀元五〇年——キリスト教がローマ帝国の東部において注目に値する存在になってきた頃——までに、特に地中海東部の植民地において、皇帝崇拝は生活の一部としてすっかり定着していたのです。皇帝への礼拝は、社会的団結と安定を帝国にもたらすための重要な手段であるとみなされていました。そして、皇帝崇拝に参列することを拒むということは、政治的な謀反や反逆と同等にみなされたのです。ですからキリスト者たちは、この皇帝崇拝に従うことを拒絶したならば、反逆の罪に問われる危険にさらされていたのです。

パウロはその生涯の中で、まさにそのような反逆の罪に問われたことがありました。プロの弁護士であるテルティロによって訴えられたのです（使徒言行録二四章一―八節）。テルティロによれば、パウロは「世界中のユダヤ人の間に騒動を引き起こしている者、『ナザレの分派』の首謀者」（使徒言行録二四章五節）でした。この訴えは深刻なもので、ローマ帝国の権威に対する政治的な謀反、そして反逆の罪に問われるものです。パウロは、この訴えに効果的に、そして説得力をもって対応しなければなりませんでした。そもそもギリシア語のアポロギア――「アポロジェティックス（弁証学）」の元となった言葉――という単語は、多くの場合「法的弁明」という意味を持っていました。まさに、パウロがここで提示しているのは、そのようなものです。

使徒言行録の中で、ローマの権力者のもとでのキリスト教について語る最も重要な演説は使徒言行録二四章から二六章に記されています。最近の研究では、それらの演説が、当時はよく知られていた法的手続きのパターンに則ったものであるということが強調されています。(7) 初期のローマ帝国における正式な裁判所の手続きに関しては、二五〇以上ものパピルスが現存しており、それらは当時の法的手続きがどのように行われ、また記録されたかに関して重要な示唆を与えてくれるものです。法的な演説――それが告発する側でも弁明する側でも――というものは、一般的に四つか五つの標準的な要素によって構成されていました。そしてそれが弁明のための演説の場合には、そこに被告が訴えられている特定の原因を反証するということが含まれました。

（6） Itrai Gradel, *Emperor Worship and Roman Religion* (Oxford: Oxford University Press, 2002).

（7） Bruce Winter, "Official Proceedings and the Forensic Speeches in Acts 24-26," *The Book of Acts: Ancient Literary Setting*, ed. B. W. Winter and A. D. Clarke (Grand Rapids: Eerdmans, 1994), 305-36.

この点の重要性は、パウロが使徒言行録二四章一〇—二一節で行っている弁明の演説を分析することで分かります。そこでパウロは、テルティロによる訴えに対して反論しているのです。ここで注意したいのは、パウロがテルティロからの訴えに対して逐一反論する際に、いかにローマの法的習慣に——多くの学者によれば、素晴らしい技量をもって——従っているかということです。特に、パウロは自分を訴えているユダヤ人と自分の、特に聖書と復活についての考えの連続性を強調しています。しかし最も重要なのは、パウロが証拠を積み上げていくというローマ式の論じ方を、論敵を打ち負かすために巧みに用いているということです。

ここでの私たちの関心事は、この歴史的に重要な対決において何が起こっているのかを理解するということよりも、今日の弁証学的状況に関連する事柄を探し出すことです。ローマ帝国の法的議論の詳細はここでは問題になりません。大切なのは、パウロがローマの裁判がいかに証拠というものを重視したかを知っており、いかにその制度の精神に則って議論を展開したかということなのです。そこで二つの点が特に明らかになってきます。

一つ目に、パウロが巧みにローマ帝国の法制度の「決まりごと」を利用していた点に注意を向けたいと思います。パウロは、自分の将来を決定する決断を下そうとする人々にとって、ある特定の議論が重要であったことをよく理解しています。そして、何が本当に大切なのかを知った上で、信仰者としての弁明とキリスト教の福音の弁明を効果的に行うのです。この点は、今日でも重要です。私たちは、福音を多くの批判の声に対して弁明しなければなりません。しかし、キリスト教を嫌ったり拒絶したりする人々を皆、十把一からげにするわけにはいかないのです。キリスト教を拒否する理由は、逆にそれを受け入れる理由がさまざまであるのと同じように、いろいろと異なるのです。ですから、一つの集団に対してキリスト教を擁護するために十分に説得力があると思われた議論は、他の集団にとってはキリスト教を攻撃するための議論になってしまうことだってあるのです！　ですから、私たちは自分たちが語っている相手にとって重みのある議論が何であるかを知らなければなりません。

二つ目に明らかなことは、パウロとキリスト教の福音の姿は、その告発者と法定代理人によって歪められていたということです。そこで、パウロの弁証学的戦略は全般的に、自分が本当は何を信じているのかを明らかにすることとでした。キリスト教に対する拒絶というものは――それが意識的にキリスト教と無関係であろうとする決意という形をとるにしろ、無意識に嫌悪感を抱くという形にしろ――、キリスト教がいったい何であるかということに関する予備知識が原因になっています。その場合、拒絶されたのはキリスト教が捻じ曲げられ、歪曲されたものであって、本物のキリスト教は一度も知られておらず、理解もされていないという可能性が十分にあります。ですからパウロによれば、キリスト教の最善の弁明は、それをそのまま説明するということなのです。

弁証学と聞き手――一般的な原則

これまで見てきたように、私たちが向き合っている聞き手を理解するということは非常に重要です。それぞれの聞き手は異なるアイデンティティを持っており、それらがキリスト教信仰に関しての特定の関心や難しさに反映されると同時に、そのアイデンティティは彼らに寄り添うための窓口にも反映されているのです。

使徒言行録に記されている弁証学的説教についての考察から、三つの原則を引き出すことができるでしょう。それらを簡単にまとめ、今日どのように役に立てることができるかを考えたいと思います。

1　**特定の聞き手に対して語ること**。ここで分析した三つの説教は、それぞれに非常に異なる聞き手を相手にしています。例えば、ペトロは旧約聖書に精通したユダヤ人に語りかけていて、ユダヤ教的な希望についても理解しています。アテネでは、パウロが世俗的なギリシアの異教徒の関心に向けて、彼らが理解できる言葉を用いて語りました。それぞれの場合において、弁証学的アプローチは相手に合わせてオーダーメイドされています。私たちも、同じ能力（と労力）を持って、変わらない福音を、私たちが語りかける諸集団の異なる必要に合わせて届けられるようにしなければならないのです。

2 二つ目の点は一つ目に関連しています。聞き手にとって重要な権威が何かを見極めること。ペトロは、旧約聖書がユダヤ人の聞き手にとって権威を持っていることを知っていたので、旧約聖書の権威に訴えて語りました。パウロは、アテネで福音を弁明する際、ギリシアの詩人を引用しました。弁証家は、それぞれの聞き手にとって何が権威を持つのかを考えなければなりません。その際、一つの集団にとって大きな権威を持つものが、他の集団には軽蔑の対象になっていることもあることを覚えておく必要があります。

3 最後に、聞き手にとって意味を持つ議論の展開の仕方を使うことが重要だということを覚えておきましょう。パウロが丁寧にローマ帝国の法廷の習慣に則って語ったことは、福音の真理がそれぞれの聞き手に対して最も効果的に語られることに努めることの一つの例です。自身の無実を語るパウロの証拠は、固く強力なものでした。しかし、もしそれらが彼の聞き手の期待や習慣に沿わない形で提示されていたなら、それは弱く不十分なものとみなされたことでしょう。パウロは賢いことに、証拠を示して議論を展開するために、標準的なローマ帝国の枠組みを用いることを選んだのです。

弁証学と聞き手——個別の問題

さて、これらの点を今日ではどのように展開させればよいのでしょうか。これらの歴史的重要性と聖書的な正当性は明確です。しかし、どうすればそれらのアイディアを私たちの弁証学的な対話、演説、そして書き物に組み込むことができるのでしょうか。この点において、技術としての弁証学の重要性が明らかになります。これらの原則を賢く用いるには、状況をよく理解することとともに想像力と閃きも必要になってきます。

切実な問題は、自らの聞き手にとって最善の取っかかりを見出すということです。ある人々にとっては、その取っかかりは証拠に基づく論理でしょう。弁証家たちは古来、信仰の論理性を提示することの重要性を認識していました。そして、それは現代の弁証学にとっても重要です。しかし、別の聞き手は別の基準を持っています。人によっては、福音の真理の是非というものが最重要事項であるとは思わないかもしれないのです。彼らにとっては、福音が役に立つかということの方が問題なのです。このように実用主義的な聞き手の場合には、弁証家はキリスト教信仰がもたらす人生の変化を強調しなければなりません。また別の聞き手は、倫理こそが鍵であるとみなします。はたして福音は、私に何が良い人生であるかを教え、それを生きる助けとなるだろうか、と。

ここで興味深いことは、C・S・ルイスは異なる聞き手に関連して、かなり異なる三つの弁証学的戦略を記しているということです。『キリスト教の精髄』（一九五二年）と『奇跡』（一九四七年）においては、ルイスは論理に訴えてキリスト教信仰を擁護しています。『天路逆程』（一九三三年）と『喜びのおとずれ』（一九五五年）で主要な弁証学的テーマとなっているのは、キリスト教信仰こそが人の渇望を満たすものであるということです。そして、著名な『ナルニア国物語』（一九五〇—五六）では、ルイスは想像力を人の魂への取っかかりとしています。

ここには矛盾があるわけではありません。ルイスはただ、キリスト教信仰の異なる要素を見出して、それらを弁証学的に展開しているのです——これは、私たちが前章で描き出したアプローチです。ルイスは、これらの異なるアプローチが、別々の集団の人々に寄り添うものであることを正しく理解していました。そして、それらの重要な点がきちんと伝わるためには、文章のスタイルも多少変えられなければならなかったのです。

次に向けて

この章では、弁証学的アプローチのための材料を得、相応しいアプローチを構築するために、聞き手というものが重要であることを確認しました。そして最後に、信仰への取っかかりにはいろいろな道があることを記しました——例えば、美、想像力、義を求める心などです。これらのアプローチについては後の章で考察します。しかしまず目を向けたいのは、古典的な弁証学において重要とされていた諸テーマであり、これらは今でも変わらずに重要なものです——具体的に言うとそれは、キリスト教にこそ物事に説明をつける力があるという主張です。

さらなる学びのために

Clark, David K. *Dialogical Apologetics: A Person-Centered Approach to Christian Defense*. Grand Rapids: Baker, 1993.

Heim, S. Mark. *The Depth of the Riches: A Trinitarian Theology of Religious Ends*. Grand Rapids: Eerdmans, 2001.

Placher, William C. *Unapologetic Theology: A Christian Voice in a Pluralistic Conversation*. Louisville: Westminster John Knox, 1989.

Stackhouse, John G. *Humble Apologetics: Defending the Faith Today*. Oxford: Oxford University Press, 2002.

第五章　キリスト教信仰の合理性

弁証学というのは、キリスト教が道理に適っていると人々を説得するものです。二〇世紀最大の弁証家とも言えるC・S・ルイスは、さまざまな事柄に説明をつけることができるキリスト教信仰の力を、彼らしい雄弁さと緻密さをもって説明しました。「わたしは太陽が昇ったことを、それが見えるだけでなく、それによってその他もろもろのものが見えるがゆえに信じるように、わたしはキリスト教を信じるのです[1]」。ルイスが記したこの点は、キリスト教弁証学にとって根本的なことです。キリスト教は、それ自体の内で筋が通っており意味を成していますが、加えて、他のすべてのものの意味をも明らかにすることができるのです。

ルイスは、彼の著作全体を通して――フィクションも含めて――キリスト教的なものの見方というものを、実践可能で、信憑性があり、説得力のあるものとして描き出しています。一度キリスト教的眼鏡を通して世界を見てみれば、他の視点では不十分であることが明らかになります。ルイスのオックスフォード大学での同僚で、神学者であり新約学者のオースティン・ファーラーは、弁証家としてのルイスの最大の強みは、神を信じることがいかに合理的で自然なことであるかを示すことができる点だと言ったことがあります。

（1）　C. S. Lewis, "Is Theology Poetry?" *C. S. Lewis: Essay Collection* (London: HarperCollins, 2000), 21.〔C・S・ルイス「神学は詩か？」『C・S・ルイス宗教著作集８　栄光の重み』西村徹訳（新教出版社、一九七六年）、九〇頁。〕

［ルイスの］本領は、証明することではなく、描写することであった。彼の著作の中には、考えたり触れたりすることのできるキリスト教的宇宙が息づいており、彼自身もそこに住み、その中で憩っていたが、彼は読者もそこに住み、憩うことができるようにしたのだ。倫理的問題は鋭く明晰に提示され、神の御心と関連付けられ、一度そのように理解されると、もう二度とそれ以外の見方は考えられなくなるほどだった。(2)

知的な奥深さというのはキリスト教信仰の大きな強みの一つで、そこにはかなりの弁証学的可能性が秘められています――このことについては後の章で論じます。ただし、私が現実を理解するためにはキリスト教が他の何よりも優れていると主張するとき、それは他の視点が非合理だということを言っているのではありません。例えば、無神論のほとんどは、独自の論理を持っています。ただ、無神論者の一部――リチャード・ドーキンスやクリストファー・ヒッチェンズなど――は、拙速にそして浅はかにもそれが論理の唯一の形態だと決め込んでしまっているのです。しかしほとんどの弁証家は、キリスト教が他の代替よりもよく物事の理解を深めてくれると主張するのです。

同じようなことは、『ブライズヘッドふたたび』で知られるイギリスの作家であるイーヴリン・ウォー（一九〇三―六六）によって指摘されています。一九三〇年にキリスト教に改宗した後、ウォーは入信したばかりのこの信仰が、初めて物事をはっきりと見ることができるようにしてくれたと友人に宛てた手紙に記しています。

改宗というのは、すべてがぼやけた偽物である鏡の世界から、マントルピースを通り抜けて、神が造られた本物の世界へと飛び出すようなものだ。そこから、その世界を探検するという素晴らしいプロセスが始まるのだ。(3)

信仰を持つようになるまで、ウォーには歪められた煙と鏡の世界しか見えていませんでした。しかし改宗の後は、物事をありのままに見ることができるようになったのです。後の彼の著作からも分かるように、ウォーはその新しい世界を探検するプロセスを喜びと、興奮と驚きをもって始めたのでした。

では、信仰の合理性というものを私たちはどのように理解すればよいのでしょうか。キリスト教の合理性は、形は異なるけれども明らかに補完的な二つの方法によって説明することができます。

1 キリスト教の主要な信仰内容には、優れた議論あるいは証拠が土台としてあることを示す。このようなアプローチは、神の存在に関する知的な議論を展開することや、ナザレのイエスの復活についての歴史的な議論を展開することを含みます。ここでは、キリスト教信仰の基本的な要素が信頼できるということを直接的に論じるのです。

2 もしキリスト教信仰が真実であるならば、他に比べて現実をより良く理解できるようになることを示す。キリスト教は、私たちが見たり経験したりしていることに他に比べてよく合致しています。このことは、明らかに科学的仮説の実験と似通っています。科学的仮説は、観察されたことにどれだけ適合し、それを説明することができるかによって評価されるのです。

（2） Autsin Farrer, "In His Image," *Remembering C. S. Lewis*, ed. James T. Como (San Francisco: Ignatius Press, 2005), 344-45.

（3） 一九四九年にエドワード・サックヴィル＝ウェストに宛てた手紙より。Michael De-la-Noy, *Eddy: The Life of Edward Sackville-West* (London: Bodley Head, 1988), 237.

これらの二つのアプローチは、互いに排除し合うものではなく、弁証学においては同時に用いることができます。では、弁証学がキリスト教信仰の合理的妥当性を社会に向けて説明する際に重要で中心的な一連のアプローチと思想を明らかにしていきましょう。

まず、信仰の性質について考えることから始めたいと思います。

信仰の性質を理解する

「新無神論（New Atheism）」というものが二〇〇六年に誕生し、信仰の性質についての新たな関心が寄せられるようになりました。絶対的な確証があるわけではないのに、なぜ神を信じるのか。新無神論者たちがよく口にすることの一つは、「神を信じることは非合理的だ」ということでした。好戦的な無神論者であるリチャード・ドーキンスにとっては、信仰とは証拠から逃げることであり、砂に頭を埋め込んで、考えることを拒否することを意味しています。当初は、メディアもこのような批判を好意的に受け止めていました。しかし、よく考えてみるとそれが著しく深みのないものであることが明らかになってきたのです。つまり、結局新無神論も他の見解と同じように、証明されていない――そして証明することのできない――信条や教理を抱えているのです。

啓蒙主義に対する哲学的な批判者であるアラスデア・マッキンタイアやジョン・グレイは、知識のための普遍的な土台などというものの探究は、大量に集積された反証の重みによって躓き、よろめき、そしてついには崩れ去ったと主張しています。(4) 一つの、普遍的な合理性というビジョンは、もはや擁護されることもできなければ、そこに到達することもできないのです。私たち人間は、自分たちが明確で、絶対で、純粋に合理的な真理など存在しない中で生きなければならないことに気付かざるをえないのです。ですから私たちは、自分たちの信じることの妥当性を量る基準を明言し、それを擁護しなければなりません。しかし、ここでまた気付かざるをえないのは、その信じていることというのが証明を越えたものであるかもしれないということです。それらのものは、ハーバード大学の精神学者であるウィリアム・ジェームズが提唱したフレーズを借りるならば、「作業仮説」[5]として理解されることが一番だと言えるでしょう。

この点を明らかにするために、一つ例を挙げましょう。倫理的な言明、例えば「レイプは悪である」などは、合理的にも科学的にも、真実であると証明することはできません。あるいは政治的言明、例えば「民主主義はファシズムに優る」なども、合理的・科学的に証明することはできません。しかし、それらが合理的・科学的に証明されないという事実は、私たちがそれらの倫理や政治信条を真実であると信じ――そしてそれを実践する！――ことを妨げはしません。そしてこのことは、ただ個人的倫理や政治的立場だけに通用することではないのです。「正義」のような、重要な社会的信条にもこのことは共通します。何らかの正義という思想なしに存続する社会や国家はありませんが、特定の正義の概念が正しいということを、純粋に人間の理性だけを基礎として、証明することはできないのです。

ハーバード大学の政治哲学の教授であるマイケル・サンデルは、正義についての概念は、人間の性質、価値観、目的とは何であるかについての思想が複雑に絡み合ったものを内包する、「良い人生」という考えに依拠してい

（4） 以下を参照。Alasdair MacIntyre, *Whose Justice? Which Rationality?* (London: Duckworth, 1988); Stephen Toulmin, *Cosmopolis: The Hidden Agenda of Modernity* (New York: Free Press, 1990); John Gray, *Enlightenment's Wake: Politics and Culture at the Close of the Modern Age* (London: Routledge, 1995).

（5） William James, "The Sentiment of Rationality," *The Will to Believe and Other Essays in Popular Philosophy* (New York: Longmans, Green, and Co., 1897), 63-110.

ることを強調しました。[6] そして彼はいみじくも、それらの思想が証明不可能であることを指摘したのです。もちろん、啓蒙主義の時代――西洋社会において理性の絶対的な権威が叫ばれた重要な時代――の思想家たちは、理性がそのような問いに決定的な答えを出せると信じていました。しかし、そのような見解は二〇世紀において厳しい批判にさらされたのです。今に至っては、啓蒙主義者のように考える人はほとんどいません。正義についての問いは、究極的には証明不可能な思想に依拠することなくして、意味のある形で答えることはできないのです。純粋理性を土台とした正義という啓蒙主義の夢は、沈没してしまいました。「純粋理性」という思想自体が妄想なのです。「理性」という考え自体が、社会の環境によって形作られているからです。

この点を、スティーヴン・トゥールミンが的確に指摘しています。

理性的な判断の実践自体が、特定の文脈の中で行われる作業であり、本質的にはその文脈に依存している。われわれが遭遇する議論は、特定の時に特定の状況下で生み出されたものであり、われわれがそれを評価する場合には、その背景に照らして判断しなければならない。[7]

多くの啓蒙主義的思想家たちは、未だ西洋の古典的伝統と固く結び付いていた当時の学問の限界によって、この事実を知ることができなかったようです。しかし、幻想は崩れ去りました。アラスデア・マッキンタイアは、知識と倫理への合理的アプローチの素晴らしい分析の最後において、正義や倫理についての「合理的」アプローチに多様性があること自体が、次のような結論を余儀なくしていると締めくくっています。つまり、「啓蒙主義の遺産は、合理的な根拠という理想を提供したことであったが、啓蒙主義自体がそこに到達することが不可能であると証明してしまった」[8] のです。理性は多くを約束しますが、実際にその恩恵を届けることには失敗しているのです。

同じような例は、枚挙にいとまがありません。そしてそのすべてが、オックスフォード大学の偉大な哲学者であり、知的歴史家であるアイザイア・バーリン卿（一九〇九—九七）が幾年か前に記したように、同じ結論を示しています。バーリンは人間の信念は三つのカテゴリーに分けることができると論じました。

1　経験と観察による信念。
2　論理的演繹による信念。
3　そのどちらによっても証明することのできない信念。[9]

最初の二つのカテゴリーは、一方は自然科学から堅実に知ることができること、他方は論理と数学によって証明されることを問題としています。実は「証明」とは、以下に記す言明に準ずる言明に限定された、非常に狭義のものなのです。

$$2 + 2 = 4$$

（6）　以下を参照。Michael J. Sandel, *Justice: What's the Right Thing to Do?* (New York: Farrar, Straus and Giroux, 2010).〔マイケル・サンデル『これからの「正義」の話をしよう——いまを生き延びるための哲学』鬼澤忍訳（早川書房、二〇一一年）。〕

（7）　Stephen Toulmin, *The Uses of Argument* (Cambridge: Cambridge University Press, 1958), 183.

（8）　MacIntyre, *Whose Justice?*, 6.

（9）　Isaiah Berlin, *Concepts and Categories: Philosophical Essays* (New York: Viking Press, 1979), 2-5, 161-62.

全体は部分よりも大きい。

水の化学式はH_2Oである。

最初の二つの言明は、合理的に証明されることができ、最後の一つは科学的に証明することができます。そして三つ目のカテゴリーには、人間の社会を形作ったり、人間の存在を定義したりする価値観や思想——これは別の言い方をすれば、人間の生に意味、方向性、そして目的を与える信念、理性や科学では証明されえないものです——が含まれます。

それは具体的にはどのようなものなのでしょうか。一九四八年に、国連は「基本的人権についての信念」を再確認しました。この信念は大切なものではありますが、世界人権宣言の文言は論理的にも科学的にも証明することはできません。これは、抑圧は悪であるとか、レイプは間違っているという信念にしても同じことです。これらのことは、証明することができないのです。それでも、人々はこれらがまず正しいことであると信じ、さらにそれらは重要であると信じて、それらのために生涯を捧げることもあるのです。イギリスの文芸批評家であるテリー・イーグルトンが、リチャード・ドーキンスの著作『神は妄想である（*The God Delusion*）』（垂水雄二訳（早川書房、二〇〇七年））に対して強烈な批判をしているように、「私たちは、疑いようのない合理的根拠を挙げることはできなくても、支持することが理に適っている信念を多く抱いている」[10]のです。そして、神への信仰はその中に含まれています。

哲学者のアルヴィン・プランティンガも、永遠の問題である「他者の心」[11]について言及する際にこの点を指摘しています。他者が心を持っているということを、絶対的に証明することは不可能なのです。しかし、このことをひどく気にしている人などいません。そのように推定することは十分にできますし、物事の在り様と一致しています。そこでプランティンガは、神の存在の証明と「他者の心」の存在の証明に共通性があることを主張します。どちらも証明することはできませんし、どちらに対してもその存在を否定する議論を展開することは可能です――しかし、それを擁護する人々にとっては、どちらも完全に理に適っているのです。

二〇世紀最大のアメリカ人哲学者であろうリチャード・ローティ（一九三一―二〇〇七）は、数年前のアメリカ哲学協会の会長演説で同様な点を主張し、次のように指摘しています。

> もし誰かがある理論の価値がその哲学的根拠にかかっていると本当に信じるならば、哲学理論に関する相対主義が克服されるまでは、その人は物理についても民主主義についても疑いを持つようになるでしょう。幸いなことに、ほとんど誰もそのようなことは少しも信じていないのですが。[12]

ローティは何が言いたいのでしょう。つまり、私たちは絶対的な証明抜きでも、今生きている世界にある偉大な世界観に身を委ねてもよいということです。

人は誰でも、厳密な意味で証明はされえないと分かっている信念についても、それが真実であると信じており、それは妥当なことなのです。宗教的信念について批判する人々は、「信仰」が宗教的な人々に限られた、何らか

（10） Terry Eagleton, "Lunging Flailing, Mispunching: A Review of Richard Dawkins's *The God Delusion*," *London Review of Books*, October 19, 2006.

（11） Alvin Plantinga, *God and Other Minds: A Study of the Rational Justification of Belief in God* (Ithaca, NY: Cornell University Press, 1990).

（12） Richard Rorty, "Pragmatism, Relativism, and Irrationalism," *Proceedings and Addresses of the American Philosophical Association* 53 (1980): 719-38. 七三〇頁より引用。

の心の病であるかのように主張します。しかし、そのような主張は、ただただ間違っています。信仰とは人間であることの一部なのです。ジュリア・クリスティヴァが最近次のように記した通りです。「私が宗教に属していようが、不可知論者であろうが、無神論者であろうが、私が『信じる』と言う場合、それは『それが真理であると思う』という意味なのです」[13]。神についての信念も、正義についての信念も、人権についての信念も――ここでは三つだけを挙げていますが、他にもいくらでも付け足すことができるでしょう――皆、問題だと取りざたされているこの点を抱えているのです。

　無神論者たちは、人間の理性が働く際の限界というものを考慮することをたびたび忘れ、自らの確信は正確で、信用に足り、責任があると思っています。彼らは、自分たちは何も信じていないと言います――自分たちは正しいことの内にだけ留まっていると言うのです。無神論の擁護者であるクリストファー・ヒッチェンズは大胆にも、自分のような新無神論者は信念など抱いていないと公言しています。「われわれの信念は信念ではない」[14]。この言葉は単純に間違いですし、彼は自分自身を欺いてしまっているのではないかと思います。ヒッチェンズの宗教に対する批判は、明らかにいくつかの中核となる証明しようのない信念の上に成り立っているのです。ヒッチェンズの場合は、彼の宗教に対する攻撃的な批判は証明されえないいくつかの倫理的価値観（「宗教は悪である」や「神は善ではない」の場合のように）の上に成り立っており、そのことに結局忠誠を誓うことになってしまっているのです。ヒッチェンズの宗教に対する批判は主に倫理的なものなので、彼は自分でも証明することができない倫理的価値観を前提とすることを余儀なくされています。すべての倫理的価値観は信念の上に成り立っているからです。ですから結局、ヒッチェンズのキリスト教批判は彼自身の信念の上に成り立ち、また彼の信念を表現するものなのです――そしてそれらは、彼が真実であると信じ、他の人もそれを真実であると信じるだろうと仮定しているけれど、そのどちらも論理や科学によって証明できない事柄なのです。

　また、キリスト教の信仰というものは、何か特定の事柄が真実であると信じる以上のものです。キリスト者にとって、信仰とは単に認識の問題（「私はこれを真実だと信じる」）ではなく、関係性と実存に関わるものです（「私はこの人を信頼する」）。信仰とはただ神が存在すると信じることではなく、神が知恵あるお方、愛に満ちたお方、善いお方であられることを知り、その結果、自らをこの神に捧げることを意味しています。C・S・ルイスがかつて、私たちが直面しているのは、「人の同意を求める議論ではなく、人の信頼を求める人格[15]」だと言った通りです。

信仰というのは、誰かを信頼するということで、単にその人が存在することを信じることではありません。この点は、デンマークの著作家であるセーレン・キェルケゴール（一八一三―五五）が指摘し、キェルケゴールは神への真実の信仰とは一つの存在の在り方から別の存在の在り方への「質的飛躍」だと強調しました。キリスト教信仰とは、世界の中身の在庫目録に神というもう一つのものをただ足すということではないのです。信仰とは、この信頼によって可能になる新たな「存在様態」を知り、受け入れるということなのです。オーストリアの哲学者ルートヴィヒ・ウィトゲンシュタインは、二〇世紀の偉大な天才の一人として広く知られていますが、彼は神の存在を「証明する」ことの意義について強い疑念を抱いていました。彼が言うには、議論の結果として神を信じるようになった人になど会ったことがないのです！

この重要な点は、偉大なアメリカのピューリタン神学者であるジョナサン・エドワーズ（一七〇三―五八）の

（13） Julia Kristeva, *The Incredible Need to Believe*（New York: Columbia University Press, 2009）, 3.

（14） Christopher Hitchens, *God Is Not Great: How Religion Poisons Everything*（New York: Twelve, 2007）, 5. このアプローチに対する批判は、以下を参照。Alister McGrath, *Why God Won't Go Away: Is the New Atheism Running on Empty?*（Nashville: Thomas Nelson, 2011）.

（15） C. S. Lewis, "On Obstinacy in Belief," *C. S. Lewis: Essay Collection*（London: HarperCollins, 2000）, 213-14.

著作の内に既にその前触れがありました。エドワーズにとって理性的な議論は価値があり、重要な位置をキリスト教弁証学の中で占めていました。しかしそれだけでは、人は神の存在を信じるようになるだけで、そこには人生を変える何のインパクトもありません。エドワーズが記しているように、一部の人々は「キリスト教の真理に対して、理性的な証明やそれを立証する議論の末に同意のようなものを示す」[16]こともあるのです。しかし、だからといって必ずしもそれが改宗や「本物の信仰」につながるわけではありません。

エドワーズが言いたいことは、人は神の存在を信じつつも、神を信じないことがあるということです。そしてこの点は、新約聖書の中にも見ることができます。「あなたは『神は唯一だ』と信じている。結構なことだ。悪霊どももそう信じて、おののいています」（ヤコブの手紙二章一九節）。つまり、理性的に受け入れることと、人格的に変えられることはずいぶんと違うのです。人を改宗させるのは議論ではない、そうエドワーズは主張します。そうではなくて、神の栄光を「飲み込むこと」――つまり、詳しく理解すること――、あるいは神と直接出会い、神を直接経験することこそが人を信仰へと導くのです。

> ［議論というものは］未信者を揺り起こすため、そして真剣に考えさせ、真に聖なる者たちの信仰を確認させるためには非常に役に立つかもしれない。そう、議論というものは、人の内に救いに必要な信仰が生まれることにある意味で貢献するのかもしれない。しかし、既に述べたことは真実であり続ける。裁きについての霊的確信があるのではなく、神的なものの霊的な美しさと栄光を「飲み込む」ことから生じるものがあるのだ。[17]

しかし、改宗とは最終的には伝道の業なのです。弁証学はただ、神を信じるということは理に適っているということを示して、人が信仰を持つようになるための道備えをするのです。弁証学は、伝道の道を阻む小石や瓦礫を除ける作業をするのです。私たちは、神の存在を証明――厳密で絶対的な意味で――することはできないかもしれません。しかし、そのような神が存在すると信じるということは完全に妥当であり、そう信じることで、人生、歴史、そして私たちの経験を他の何にも増して深く理解することができるということを示すことはもちろん可能なのです。そこから、この愛に溢れる神に応え、神の約束を信頼するようにと人々を導くことができるのです。

なぜキリスト教の合理性が大切なのか?

なぜこの点がそれほど大切なのでしょうか。なぜ私たちはキリスト教信仰の妥当性を示す必要があるのでしょう。なぜ、ただキリスト教の教えを言い切ってしまうだけでは駄目なのでしょう。ここで強調しておくべき弁証学的なポイントとしては、社会の大多数の考え方に逆らって、社会に逆行する思想を擁護することは難しいということです。オースティン・ファーラーはかつて、C・S・ルイスが弁証家としての大成功を収めることができた理由の一つは、ルイスが「キリスト教思想の力を、倫理的に、想像的に、そして理性的にポジティブに示す」ことができたことだと述べました。ファーラーにとって、ルイスのとった弁証学的アプローチは、人間の精神、心、そして想像力という最も深い感性について、キリスト教がいかに説明をつけることができるかを示すものだったのです。

(16) Jonathan Edwards, *The Works of Jonathan Edwards*, vol. 1 (Edinburgh: Banner of Truth Trust, 1974), 290.
(17) Ibid.
(18) Austin Farrer, "The Christian Apologist," *Light on C. S. Lewis*, ed. Jocelyn Gibb (London: Geoffrey Bles, 1965), 26.

しかし、ファーラーは信仰の妥当性を示すことの重要性を強調することにも余念がありませんでした。それは、理性が信仰を作り出すとか、人々が理性的な議論によって神を信じるようになるということを意味していたわけではありません。そうではなくて、ファーラーは、もしキリスト教信仰が不合理であると思われていたならば、それを公に擁護することは非常に難しくなることを強調したかったのです。そこでファーラーによればルイスの功績は、キリスト教信仰が社会に受け入れられることができるように、その妥当性を説明したことにあったのです。

議論というものは信念を生み出すことはないが、それがないと信仰は破壊されてしまう。何かが証明されたとしても、それが受け入れられるとは限らない。しかし、誰も擁護することができないようなものはすぐに捨て置かれる。理性的な議論は信仰を造り上げはしない。しかし議論は、信仰が開花する環境を保つことはできるのである。(19)

信仰の妥当性を説明するということは、信仰の内容を一つ一つ証明してみせるということではありません。むしろこの作業は、それらの信仰内容が信じるに値するものであり、信頼できるものであることの土台を示すことなのです。例えば、キリスト教信仰によって、私たちが見たり経験したりしていることに説明がつくということを説いたりするということです。その意味で、キリスト教信仰は物事の焦点を合わせるためのレンズに譬えることができます。あるいは、私たちが自分で見ることができるよりも遠くをはっきりと見せてくれる光に譬えることもできるでしょう。

この点は、フランスの哲学者であり社会活動家であるシモーヌ・ヴェイユが強調しています。彼女は、ユダヤ人の思想家でしたが、成人してからキリスト教と出会いました。彼女は、自分が見出した新しい信仰について思いめぐらす中で、神を信じることが他の世俗的な何よりも現実をはるかによく照らし出すという結論に至りました。ある考え方が、物事の焦点を合わせることができるなら、あるいは従来暗くぼやけていたものに光を当てることができるなら、それはその考え方が信頼に足ることを示しているのです。

もし私が夜に懐中電灯を外に持ち出したとしたならば、私はその光がどれほど強いかを見るために電球を覗き込むのではなく、それがどれほど他の物を照らすことができるかを見る。光の源の明るさというものは、それがどれだけ光を発していない物体を照らすことができるかということによって分かるのである。宗教、あるいはより一般的に、霊的な生活というものは、どれだけそれがこの世界に光を照らすことができるかによって理解されるのである。[20]

一つの理論が、現実を照らし、はっきりと焦点を合わすことができるとすれば、それはその理論が信頼に足るという重要な指標です。ここに、キリスト教弁証学の主要なテーマを見ることができます。つまり、キリスト教を信じるには確固たる理由があり、そのうちの一つは、キリスト教によって私たちが身の回りや自分自身の内に見ていることの意味が分かり、物事に説明がついてくるということなのです。オックスフォード大学の哲学者ブライアン・レフトフは、自身のキリスト教への改宗について語った際、キリスト教が物事をありのままで見えるようにしてくれたと述べています。「もしあなたが物事をありのままに見ることができる場所に立っているとす

(19) Ibid.
(20) Simone Weil, *First and Last Notebooks* (London: Oxford University Press, 1970), 147.

れば、あなたは正しい場所に立っているのです[21]」。

では、科学はどうなるのでしょう。物理学者から神学者に転向したジョン・ポーキングホーン（一九三〇—二〇二一）が、この章の関心事に科学が当然関係があることを示しています。

人間による真理の探究のいかなる形も、その結論に関して絶対的な確信など得ることはできない。現実的な目標は、複雑な事象に関する最善の説明を見出すことで、この目標は理性的に取り組むに足る土台を提供できるほど十分に包括的で意欲的な理解の仕方を探すことによって達成される。科学も宗教も、愚か者だけが否定するほどの、論理的で強制的な力を持った証明を確立することなど期待できないのである[22]。

科学もキリスト教信仰も、この世界で実際に見たり、経験されたりしている事柄についての、証拠に基づく最善の説明を見出すことに努めます。キリスト者にとっては、キリスト教の理論的枠組みと、自然科学によって明らかにされるこの世界の詳しい仕組みの間にあるコンセプトの共通性を確かめることが、弁証学の一つの役割なのです。

では、神を信じるということは妥当なのでしょうか。それともそれはただの妄想で、寂しくて満たされない人間の側の願望充足の一つの悲しい例なのでしょうか。C・S・ルイスは、自らが若い頃、無神論者であったときに信じていたことについて次のように述べています。「わたしが愛していたもののほとんどすべてを、わたしは想像の所産だと考えていた。一方、わたしが現実だと信じていたもののほとんどすべてが無味乾燥で、意味を欠いているように思われた[23]」。この問題は、最近世の中で起こっている論争により、重要視されるようになりました。二〇〇六年に突然現れた新無神論は、今はその真新しさを失ってはいますが、そこで提示された疑問は今でも議論の的になっています。神を信じることは、現実に対する理性的な反応なのでしょうか。それとも、権威主義的な組織や個人によって強制されていた、もろく世間知らずな思考に基づく、精神を蝕むウイルスによって人々の間に広がった、時代遅れな妄想なのでしょうか。

もちろん、これよりもっと過激な思想もあります。つまり、神を信じていようとなかろうと、意味を見出そうとしたり、価値を生み出そうとしたりする人間の営みはすべて、同等に妄想である、という考えです。この、意識的に暗い現実の捉え方は、リチャード・ドーキンスの著作に散見されるものです。彼が「私たちが見ている宇宙は、まさに私たちが思う通りの性質を持っています。もし結局はそこに、何の意図も、目的も、悪も、善もなく、盲目で果てしない無関心だけがあるとすれば[24]」と宣言したことは有名です。私たちが、意味を持たない宇宙に意味や価値を押し付けていると言うのです。意味とは作り出されるもので、読み取られるものではないと言うのです。この考え方は、厳しくもあり一貫性のあるものですが、多くの人はこれをとても受け入れがたいと感じます。

この章では、キリスト教信仰がいかに物事に説明をつける力を持っているかを考えてきました。ただ、ここでキリスト教の合理性に集中することを選んだからと言って、私はキリスト教を物事の理性的な説明に貶めるつもりはありませんし、合理性こそが最大の神学的価値であると言おうとしているわけでもありません。私はただ、

---

(21) Brian Leftow, "From Jerusalem to Athens," *God and the Philosophers*, ed. Thomas V. Morris (Oxford: Oxford University Press, 1994), 191.
(22) John Polkinghorne, *Theology in the Context of Science* (London: SPCK, 2008), 85-86.
(23) C. S. Lewis, *Surprised by Joy* (London: HarperCollins, 2002), 197.〔C・S・ルイス「不意なる喜び」『C・S・ルイス著作集1』中村妙子訳（すぐ書房、一九九六年）、二三五頁。〕
(24) Richard Dawkins, *River out of Eden: A Darwinian View of Life* (London: Phoenix, 1995), 133.

最近の社会的文脈は、信仰とは根本的に非合理的であるという攻撃的な主張の登場に影響されているので、この主張には熟慮された、知識に基づく対応が必要だということを指摘したいのです。

二〇世紀は、宇宙の起源についての新たな科学的知見によって刺激されたこともあり、神の存在に関する理性的、経験的な証拠に関する哲学的議論に新たな知的エネルギーが注がれるようになりました。アルヴィン・プランティンガやリチャード・スウィンバーンのような宗教哲学者たちが、信仰の合理性を再確認し、神を信じる理由についての伝統的な議論を再び活性化させました。[25] 今では、神を信じるということは完全に合理的であるというコンセンサスが広がってきています——ただし、もちろん、「合理性」というものがそのような信念を意図的に排除する形で定義されるのでなければの話ですが。

しかし、次第に明らかになってきたことは、理性というものが、実は合理的に証明された事柄だけに現実を限定してしまうという、固く独善的な世界観の内に人を閉じ込めてしまうことがあるということです。アイザイア・バーリンが指摘した通り、一九世紀後半以降の西洋社会に支配的である雰囲気は、「理性と秩序を霊の牢獄として拒絶する」[26] ものです。理性と科学が証明できることだけに自分を限定するということは、現実の表面を眺めるだけのもので、その下に隠されている奥深さを見出せずにいることだというのです。

キリスト教著作家にとっては、宗教的信仰というものは理性への反抗ではなく、合理主義的教条主義の冷たい壁の中に人類が囚われることに対しての反乱なのです。論理と事実は「私たちをある程度のところまでしか連れて行ってくれない。その先は、信念に向かっていかなければならない」[27] のです。人間の論理は十分に合理的かもしれません、しかし、それは実存的には不十分なのです。信仰は、論理を越えた何かがあると宣言します——理性と矛盾しないけれど、理性を越えた何かが。信仰は合理的な同意を引き出し、招き出しますが、それを強制することはありません。信仰は、理性が指し示す場所に到達し、しかし理性の限界に留まることはないのです。

弁証学の材料としての科学哲学

C・S・ルイスは『喜びのおとずれ』の中で自らの改宗について語る際、自分が演繹的な議論の結果として神を信じるようになったのではなく、自らの経験について思いめぐらした結果そうなったのだと明確に記しています。このことから、自然科学の方法論が弁証学的な価値を持っていると考えることができると思います。

科学は、数学的な演繹法によるのではなく、推論に基づいて進められます。そして、さまざまな観察が集積されていく中で、より深い問いが出てくるのです。観察したことを説明するには、何が真実でなければならないか。この経験の中で実際に観察されたこととかみ合う現実の「全体像」とはどのようなものか。アメリカ人科学者であり哲学者であるチャールズ・S・パースは、科学者たちが物事を説明する最善の仮説を立てる方法を「アブダクション」呼びました。この方法は、現在では「最善の説明への推論（Inference to the best explanation）」と呼ばれる方が多いでしょう。この方法は、自然科学に特徴的な、この世界の調査についての哲学として広く認められて

（25） 例えば、以下を参照。Alvin Plantinga, "Reason and Belief in God," *Faith and Philosophy: Reason and Belief in God*, ed. Alvin Plantinga and Nicholas Wolterstorff（Notre Dame, IN: University of Notre Dame Press, 1983）, 16-93.

（26） Isaiah Berlin, *The Crooked Timber of Humanity: Chapters in the History of Ideas*（London: Pimlico, 2003）, 208-13. この論文集の不思議なタイトルは、イマヌエル・カントの有名な言葉を反映したものです。「人間という曲がった木材から、まっすぐな物が作られたためしがない」。

（27） Neil Browne and Stuart M. Keeley, *Asking the Right Questions: A Guide to Critical Thinking*, 8th ed.（Upper Saddle River, NJ: Pearson Prentice Hall, 2007）, 196.

います。では、それはどのような仕組みなのでしょうか。

パースは、新しい科学的仮説や現実についての考え方を構築するに至る思考のプロセスを次のように説明しています。

1　驚くべき事実であるCが観察される。
2　しかし、もしAが真実であるならば、Cは当然のことである。
3　それゆえ、Aが真実であると推察する理由がある。[28]

アブダクションとは、それによって何かを観察し、どのような知的枠組みがそのことに説明をつけることができるかを考えるプロセスです。名探偵シャーロック・ホームズもこの方法を用いましたが、彼はこれを誤って「演繹（deduction）」と呼んでいます。そしてパースは、アブダクションは時に「閃光のように、『直観』として訪れる」[29]と述べています。また時には、アブダクションはゆっくりと時間をかけ、方法論に則った熟考を通し、目に見えることの意味を理解するためのあらゆる可能性を考慮する中でやって来るのです。

パースは、科学者がどのように考えを展開するかについて熟考し、そのプロセスこそが科学的方法論の基盤にあると指摘しています。科学というのは、観察の一連の結果を収集し、その観察されたことを理解するために適切な解釈の枠組みが何であるかを問います。その枠組みとは、過去から受け継がれてきた仮説かもしれませんし、あるいは、それは全く新しい考え方かもしれません。しかし、そこで答えられなければならない問いは、観察されたものと仮説がどれほど合致しているかということです。そこでよく、「経験的合致（empirical fit）」というフレーズが、世界の中で観察されている事柄と仮説によって示唆されることとの適合性を指して用いられます。

例えば、星空にある星々の動きについて考えてみてください。それらは、何千年も観察されてきたことです。

ただ、それらの意味を理解するにはどうすることが最善なのでしょうか。中世においては、それを説明するには「プトレマイオス型」が最善であると考えられ、地球がすべてのものの中心にあり、太陽も月も星々も地球の周りを回っていると考えられていました。しかし、中世末期になると、この仮説が実際に観察されることと十分に合致しないことが明らかになってきました。プトレマイオスの説は、どんどん正確で緻密になる天体観測の結果を説明することができなくなり、苦しみつつ崩れていったのです。そこで、新たなアプローチが必要となりました。

一六世紀には、ニコラス・コペルニクスとヨハネス・ケプラーが、地球も含むすべての星が太陽の周りを回っているという仮説を提唱しました。そしてこの「太陽中心的」な仮説が、夜空に輝く星の動きを説明するためにはるかに優れたものであることが証明されたのです。この場合、仮説と観察の経験的合致が緊密であるので、この仮説が正しい可能性が高いことになります。そして今日でも、この仮説は天文学者の間で標準的に受け入れられているのです。

しかし、このようなことは科学に限ったことではありません。パース自身も、法廷弁護士などの成功の秘訣もアブダクションにあると明言していました。弁護士も、証拠を照らし、焦点を合わせるための理論的なレンズを構築しなければならないのです。刑事司法制度には、どのような説が法廷において示された証拠を適切に説明できるかについての合意を形成することが含まれているのです。証拠に対して、最善の説明をつけることができる

---

(28) Charles S. Pierce, *Collected Papers*, vol. 5, ed. Charles Hartshorne and Paul Weiss (Cambridge, MA: Harvard University Press, 1960), 189. このアプローチの重要性については、以下でさらに考察している。Alister E. McGrath, *Surprised by Meaning: Science, Faith, and How We Make Sense of Things* (Louisville: Westminster John Knox, 2011).

(29) Ibid.

「全体像」はどのようなものか。最終的に、裁判官を納得させることができるのは、より多くの手がかりをつなぎ合わせて、一貫した物語を紡ぐことができる人なのです。

ここに、個々のスナップを説明することのできる全体像をつかもうとする努力、個々の物語を説明することができる大きな物語、そして手がかりをつなげて、満足できる一貫した全体を描き出すことができる大いなる仮説を求める努力を見て取ることができます。そして、このように科学や法的な仮説に当てはまることは、人の生全体を説明しようとする際にも当てはまります――そして何より、神についての問い、人間の存在の意味を説明する際にも当てはまるのです。では、このようなアプローチは、弁証学的な営みにどのように役に立つのでしょう。

弁証学と関連して重要な価値を持つ科学的説明には三つの種類があります。まず因果説明、最善の説明への推論、そして統合する説明です。以下に、それぞれの弁証学的可能性を探っていきたいと思います。

⑴原因を特定する説明

最初の種類の説明の仕方は、因果説明です。これはもしかすると一番一般的な科学的説明の仕方かもしれません。つまり、もしAがBの原因であるならば、AはBを説明することができる、というものです。[30] ではこれは、キリスト者は神が自然世界に手を出して、リンゴが木から落ちて地面へと引き寄せられるようにしていると信じていることを意味するのでしょうか。それは違います。これは、神が因果作用を被造世界の秩序に託されたということなのです。トマス・アクィナスは、「第二原因」という理論を構築し、これが第一原因である神自身の、代替ではなく延長であると考えました。被造世界の秩序は複雑な因果関係の内に存在していますが、それらが究極的には神を最終的な原因とし、そこに依存しているということは否定されないということです。[31]

ですから、被造世界の秩序には自然科学によって観測可能な因果関係があるということを理解する必要がありますす。それらの因果関係は――例えば「自然の法則」という形で――研究され、関連付けられることができますが、このことは決して無神論的な世界観を示唆するものでも、ましてやそれを必然とするものでもありません。このことをシンプルに述べるならば、神は独自の秩序とプロセスを持った世界を創造される、ということになるでしょう。

では、宇宙の始まりはどうなるのでしょう。一九世紀末には、科学者たちは宇宙は常に存在していたと考える傾向がありました。しかし二〇世紀になると、宇宙は「ビッグバン」と呼ばれる大爆発によって生まれたということが次第に明らかになっていったのです。[32] 宇宙に始まりがあったということに気付いて以来、科学哲学者たちは何もないところから何かが生じることをどのように説明したらよいのか苦慮してきました。無というものが、何かの原因になり得るのだろうか。そこで、宇宙に時間的起源があったという説が広く受け入れられるようになるにつれ、「第一原因」とインテリジェント・デザイナーを信じることへの信憑性が高まりました。宇宙の出現の原因は何か。もしかすると、宇宙は自分自身を創造したのかもしれない。もしかすると、それはただ単に起こっただけのことかもしれない。あるいは、宇宙は何か——例えば神——によって創造されたのかもしれない。このような議論は、論理的に厳密には、もちろん何も証明するものではありません。しかし、この議論は神の存在

（30） Paul Humphreys, *The Chances of Explanation: Causal Explanation in the Social, Medical, and Physical Sciences*（Princeton: Princeton University Press, 1989）; James Woodward, *Making Things Happen: A Theory of Causal Explanation*（Oxford: Oxford University Press, 2003）が良書である。

（31） この点についてのアクィナスに関する議論は、以下を参照。William E. Carroll, "Divine Agency, Contemporary Physics, and the Autonomy of Nature," *Heythrop Journal* 49（2008）: 582-602.

（32） Helge S. Kragh, *Conception of Cosmos: From Myths to the Accelerating Universe: A History of Cosmology*（Oxford: Oxford University Press, 2006）.

に関する最も一般的な伝統的議論の信頼性に新たに寄与するものです。そしてその議論とは以下の通りです。

1　存在し始めたものには原因がある。
2　宇宙は存在し始めた。
3　したがって、宇宙には原因がある。

(2)最善の説明の探究

一九七〇年頃から、自然科学の基本的な哲学は「最善の説明への推論」として知られるアプローチであることが広く受け入れられてきました[33]。ここでの基本的なアプローチは、次のような問いを立てることです。どの仮説が、私たちが自然の中に観察できることに説明をつけることができるか。何が最善の説明であるかを判断するためにはどうすればよいかについては、哲学的書物で重要な議論がなされています。最善な説明とは、最もシンプルなものなのか、最もエレガントなものなのか、それとも最も生産的なものを指すのか。証拠に最もよく対応する「全体像」とは何か。このようなアプローチの教科書的な例として挙げられるのが、チャールズ・ダーウィンの「自然淘汰説」です。

ここで二つのことが突出して、最大限に重要になってきます。第一に、このアプローチはどれが最善の説明であるかを証明することはできないことを認識しています。これは、科学界における基本的な判断――あるいは洞察――の問題なのです。このことは、「多元宇宙論（マルチバース）」についての今日の科学的議論に見ることができます。そこでは、観察された同じ事象に対して、二つの極端に異なる説明がなされているのです。それぞれの仮説が、科学界において支持者を得ています。どちらが正しいのか、本当に知っている人はいないのです。それでも、存在する証拠をもとに、どちらが正しいと信じるか決めなければなりませんが、その証拠はどちらかの主張を証明できるほど決定的ではないことも認めなければならないのです（これは不便なことですが、少なくとも、このことによって自分と意見の異なる人を、妄想していると決めつけるのではなく、礼儀正しく対応すべきであることを意味しているでしょう）。

第二に、「最善の説明への推論」は、物事には多くの説明の仕方が存在する可能性があることを認識し、それらの競合する主張がうまく収まる枠組みで合意することを目指します。何かの仮説が正しいということが証明できることは、非常に珍しいことです。しかし、証明は必ずしも必要ではないのです。必要なことは、その仮説が他の仮説よりも優れていることを示すことなのです。別の言い方をすれば、多くの科学的仮説は、証明はされていなくても、保障されており、妥当性が認められている（つまり、優れた証拠を有している）のです。

そして神の存在は、このような考え方にいとも簡単に当てはまります。例えばオックスフォード大学の宗教哲学者であるリチャード・スウィンバーンは、神を信じることは、私たちが世界で観察する幅広い事柄に対しての最善の説明をつけることができると論じています。[34] 同様に、ジョン・ポーキングホーンも、神を信じることは「メタ理論」的な——科学がそれを根拠にしなければならないけれど、その真偽を証明することができない信念——問いの説明をすることができると論じています。

(3) 現実の捉え方を統合するものとしての説明

一九九〇年頃から、科学哲学の分野で「説明的統合論」という考え方に次第に関心が集まってきました。この、科学的説明のアプローチは、一九七〇年代にその起源を持っていて、従来無関係であると思われていた事柄につ

---

(33) 以下を参照。Peter Lipton, *Inference to the Best Explanation*, 2nd ed. (London: Routledge, 2004).
(34) Richard Swinburne, *The Existence of God*, 2nd ed. (Oxford: Clarendon Press, 2004).

いて、共通した枠組みを構築するというものです。[35] それからというもの、この方法は大きく発展し、現代の科学的方法論の発展において中心となる側面を説明するために用いられてきました。[36] この方法の基本的なテーマはシンプルなものです。つまり、できるだけ多くを包括できる大きな枠組みを見出さなければならないということなのです。

科学的説明についてのこのような理解の土台となっているのは、かつては異なる類の説明が必要であると思われていた現実のさまざまな側面が、実は一つの同じ説明の枠組みの内に収まることができるという観察結果です。ジェームス・クラーク・マクスウェルの、電気と磁気の統一性の説明は、このアプローチの分かりやすい例です。電気と磁気は、かつては完全に別々のものとして理解されていましたが、実は表裏一体のものとして理解されることができたのです。何かを説明するということは、それをより大きな文脈の中に置くということで、現実の他の側面との相関性が理解できるようにすることなのです。ですから問題は、どの考え方のネットワークが、異なる科学的領域や仮説の相関性を最大限に確立することができるかということになります。

このことが、キリスト教信仰の主要なテーマといかに強く響き合うかは容易に見て取ることができるでしょう。ヒッポのアウグスティヌスは、神は現実という景色を照らし出す知的な太陽のようなもので、それによって人は現実の構造の奥深いところを理解し、その中での自らの立ち位置を理解することができると言いました。同じような主張は、C・S・ルイスの著作にも見られます。

物事を理解する――一つのケース・スタディ

この点について掘り下げるために、キリスト教的な物の見方が、どれほど私たちが観察しているものに説明をつけることができるかを考えたいと思います。ここでの仮説と観察の一致はどれほどのものでしょうか。

まず、歴史のかたちや人間の文化に特徴的な性質をどのように理解したらよいでしょうか。このことに説明をつけるために、いくつもの物語が提唱されています。そのうちの一つは、新無神論者たちに好まれるもので、宗教的迷信を削ぎ取り、すべてのタブーや恣意的な制限から人類を解放することで、人類の置かれている状況が前進し、改善されるというものです。ただしこのメタナラティブは、西洋のリベラリズムの失敗がますます明らかになるにつれ、これを西洋において保つのは難しくなってきています。このメタナラティブこそが、最近の新無神論に対するイーグルトンの鋭い攻撃の主要な部分の一つであることは重要な点でしょう。

イーグルトンは、「順風満帆たる進歩の夢」を「能天気な迷信[37]」、つまりいかなる正確な証拠となる土台も欠いたおとぎ話であるとしています。「もしいまなお敬虔な信仰を集めている神話や誰もが疑わないような迷信というものがあるとすれば、それは、ほんのわずかの障害さえとりのぞけば、わたしたちはみな、より良い世界にいたる途上にあるのだと思い込んでいるリベラルな合理主義信仰にほかなるまい[38]」。興味深いことに、クリストファー・ヒッチェンズは宗教への攻撃を啓蒙主義、とりわけ一八世紀の形の啓蒙主義へと戻るようにと促すことで終えているのです。「失われた黄金時代」という神話は、この最も意外な場所で息づいているようです。しか

(35) Michael Friedman, "Explanation and Scientific Understanding," *Journal of Philosophy* 71 (1974): 5-19; Paul Kitcher, "Explanatory Unification and the Causal Structure of the World," *Scientific Explanation*, ed. P. Kitcher and W. Salmon (Minneapolis: University of Minnesota Press, 1989), 410-505.
(36) 例えば、Margaret Morrison, *Unifying Scientific Theories: Physical Concepts and Mathematical Structures* (Cambridge: Cambridge University Press, 2000).
(37) Terry Eagleton, *Reason, Faith, and Revolution: Reflections on the God Debate* (New Haven: Yale University Press, 2009), 28.〔テリー・イーグルトン『宗教とは何か』大橋洋一、小林久美子訳(青土社、二〇一〇年)、四五頁。〕
(38) 〔訳注〕Ibid., 70.〔前掲書、九五頁。〕

し、私たちは、個々人と社会に関するこのような作り話に疑問を呈さなければなりません。この作り話が世俗的な西洋の精神にどれほど深く根付いてしまっているとしても、です。

新無神論者の壮大な物語（あるいはメタナラティブ）は、人類はかつて原始的な迷信の奴隷となっていたと語ります。しかし、ここ数世紀の理性と科学の知的な応用により、人類はこの古い束縛から放たれ、自由と啓蒙の新たな世界へと入っていくことができると言うのです。しかしこの輝かしい新世界も、今や再び起こってきた、忌まわしくも「迷信」や「反合理主義」と呼ばれるものに脅かされています。宗教は予想通り、歓迎されない帰還を遂げたのです。手遅れになる前に、状況を戻すために何かをしなければなりません！

このような物語は、他の優れた物語と同じように非常にシンプルであるという美徳を持っています。ただ、この物語はすぐにその価値を失ってしまいます。なぜなら、この物語は入念に選ばれたわずかな断片を受け入れることしかできず、歴史全体を包み込むことができないからです。西洋において、宗教は過去に死に絶えているはずでした。一九六〇年代には、ヨーロッパの社会学者たちは間近に迫った世俗的世界秩序の到来を予期し、そこには早期の世代のソビエトの政治理論学者がマルクス－レーニン主義の歴史的必然性を主張した時と同じような自信が溢れていました。「社会学、人類学、そして心理学の最も高名な学者たちは」そろって「子供たちの世代は――あるいは孫たちの世代には確実に――フロイトの言葉をパラフレーズするならば、幼稚な妄想である宗教から卒業している新たな時代の到来を目にするだろう(39)」と宣言していたのです。

ところが、宗教は消えていません。多くの人は、宗教が社会に与える影響を最小限にしようとする西ヨーロッパの社会統制にもかかわらず、現時点での宗教の影響力はかつてないほどに大きくなっていると論じています。ソビエト連邦は崩壊し、強制されていた世俗主義は今や宗教的に活発で熱心な国々の集団によって置き換えられています。このことが、新無神論者たちを恐怖に陥れているのです。彼らが作ったメタナラティブは試練に遭っているのです。もはや、それは立ち行かないのです。

啓蒙主義のメタナラティブは、何も大切なことを説明することができません。リチャード・シュウェーダーが最近、啓蒙主義的メタナラティブの「予測される包容力は、およそゼロである」[40]と指摘した通りです。宗教というのは妄想かもしれないとシュウェーダーは冷ややかに言いますが、しかしそれは将来のある妄想だと言うのです。「現在の、宗教に対する反撃の人気というものの内には、宗教の物語ではなく、啓蒙主義の物語こそが現実というより妄想なのではないかという、世俗社会にある強烈な不安の再燃が隠れている」[41]のです。

新無神論は、啓蒙主義的な、物事に意味を与える物語に依存していますが、この物語の現実味というのは、初期のマルクス主義が社会主義の歴史的必然性を説いたのと同じ程度でしかありません。無神論的政府によって抑圧されていた世界のさまざまな地方で、宗教が再び盛んになっていることは、マルクス主義的な物語の弱点と脆さを明確に表しています。いずれにせよ、「歴史的必然性」というものはそもそも社会学的な判断で、何が知的あるいは倫理的に正しいか間違っているかということにはあまり関係がないのです[42]。何らかの社会的展開が「必然的」ということは、それが正しいかどうかということに何の影響も与えません。文化的あるいは歴史的展開というものは、歴史的通過段階としてだけ必然的なのであって、永続的な発展として必然的なわけではないの

---

(39) William S. Bainbridge and Rodney Stark, *The Future of Religion: Secularization, Revival, and Cult Formation* (Berkeley: University of California Press, 1985), 1.
(40) Richard Shweder, "Atheists Agonistes," *New York Times*, November 27, 2006.
(41) Ibid.
(42) この点は、以下の書物において強調されていることが有名である。Karl R. Popper, *The Poverty of Historicism* (London: Routledge & Kegan Paul, 1957).〔カール・R・ポパー『歴史主義の貧困——社会科学の方法と実践』久野収、市井三郎訳(中央公論社、一九六一年)。〕

です。

新無神論者はたびたび、神を信じる人々は、確実に証明された事実だけを信じる「啓蒙された」無神論者と違い「証拠のない信念」を抱いていると非難します。しかし、彼らが信じる人類の進歩ということについてはどうなるのでしょうか。イーグルトンは、人類の進歩という神話は、確実に虚偽の模倣作品であり、「盲目的信仰」の良い例だとしています。[43] いったい理性的な魂の持ち主が、ヒロシマやアウシュビッツやアパルトヘイトなど、人間の手によって生み出された悲惨な出来事を「ローカルで一時的なゆりもどし」として扱い、歴史上の着実な進歩を全く妨げもしないし、その信頼性も傷つけないとするような世俗的神話を信じるのでしょうか。ですから、キリスト教と新無神論の違いは、証拠のない信念と言われるものと、その背景にある神話の選択の違いにあるように思われます。どちらも証明することはできないのです。しかし、だからと言って、私たちはどちらがより信頼でき、また説得力があるかを判断できないわけではありません。

ではキリスト教的理解に基づく社会と歴史とはどのようなものでしょうか。ここで基本となる二つのテーマは、第一に人類が「神の像」に造られているという思想であり、第二に人類は罪深いという思想です。これらの人間の本性に関するキリスト教的理解について、どちらを強調するかは、神学者や教派等によって異なります。しかしいずれにせよ、これらは人が個人として、そして社会としてどのように行動するかに関する謎や不可解な事柄を理解するためのキリスト教的な営みの二つの柱なのです。

私たちは、神の幻によって突き動かされ、上へと引き寄せられます。しかし、私たちは人間の性質の弱さと堕落加減によって引き下ろされもします。これは誰もが経験するジレンマであり、パウロの有名な言葉を借りれば、「わたしは自分の望む善を行わず、望まない悪を行っている」（ローマの信徒への手紙七章一九節）のです。キリスト教的視点から言えば、私たちはほとんどの政治システムや哲学が許すよりも偉大な運命と可能性を秘めていること、そして同様にそれらの願望を達成することに失敗する可能性も持っていることを、同時に理解しなければならないのです。

このような考え方は、私たちが人間社会や歴史に見る複雑な様相に枠組みを与えてくれます。つまり、人間社会や歴史は、一方で偉大さと善を追い求め、他方で抑圧と暴力を求めるという性質によって特徴づけられているのです。この、歴史の曖昧さというものと、それがいかに人類の善性を説く甘い理論に混乱をもたらすかについては、多くの人がコメントしています。テリー・イーグルトンは、現代の人間社会と歴史の闇の部分を指摘する、多くの人々のうちの一人に過ぎないのです。

人類は種として、確かに善を行う能力を持っているかもしれません。しかし、この能力は悪を行う能力と同等なのです。この重大な曖昧さを理解することは、人間の本性について甘い、イデオロギーに扇動された、実体験とは裏腹な価値判断を基盤とした政治的／社会的な理想主義に私たちが陥らないためには必要なことです。まさに一九三一年にJ・R・R・トールキンがナチズムの台頭について記した通り、人類に関する甘い考えは、政治的な理想主義につながり、そこでは「進歩」は大惨事につながる可能性があるのです。

> 私はあなたの進歩的猿と共には歩かない
> 直立して。賢くて。彼らの前には広がっている
> 暗い深淵が。そこへと彼らの進歩は傾いている。[44]

（43） Eagleton, *Reason, Faith, and Revolution*, 87-89.〔イーグルトン『宗教とは何か』一一六頁。〕
（44） J. R. R. Tolkien, "Mythopoeia," *Tree and Leaf* (London: HarperCollins, 1992), 89.

次に向けて

本章では、信仰の「合理性」を説明することの弁証学な重要性について考察しました。誰も、全く狂ったような信仰を受け入れたいとは思いません！　キリスト者の中には、パウロが福音を世間的な知識や知恵を挫かせる「愚かなもの」であると語っているので（コリントの信徒への手紙一、一章一八節）、福音を擁護するために理性に訴えることは無意味だと言う人もいます。しかし、このような理解はコリント教会の状況についてのパウロの関心と、同時にパウロのキリスト者の生活における「精神」の役割についての理解を完全に誤解しています。

コリントにおけるパウロの関心は複雑なものでした。(45) 教会は、個人が秘密の難解な知識によって救われると教えるグノーシス主義の初期の形態からの影響にさらされていたのです。また、コリントの教会には他に、知的な複雑さを重要視して、そのような知的レベルを欠くと思われるものや文化的な博識さのしるしがないようなものはすべて受け入れない人々もいました。パウロは、当然ながらこのような考えを一切退け、キリスト教の福音は、たとえそれがコリントで一般的に受け入れられているものの基準から逸れていたとしても、それ自体として受け入れられなければならないと主張します。しかし、これは世俗的な知恵に対しての挑戦の問題であり、人間的な理性という考えを放棄することとは違うのです！

パウロは、キリスト者が「キリストの思い」（コリントの信徒への手紙一、二章一六節）を抱いていると主張します。そしてこれを、コリントに既に存在した別のアプローチとは区別するのです。つまり、「キリスト者の思い／精神」というのは独自のものであり、キリスト教信仰によって形作られ、養われた考えのことなのです。それは、珍しかったり難しかったりする知識を探究することではなく、学術的な誇りを高く掲げることでもなく、疑わしい一八世紀の啓蒙主義の理性主義へと落ちていくことでもないのです。キリスト教的な精神とは、自分の知性がキリストの光によって照らされるようにすることであり、そうして刷新させる力を持つ神の恵みが私たちの魂と共に精神をも新たにしてくれるようにすることなのです。これこそが、私たちが世界において神に仕えようとする際に、神が望み、推進してくださる在り方なのです。

では、福音はいったいどのように物事に説明をつけてくれるのでしょうか。理性、感情、想像力、そして意味への渇望に対する福音の深い魅力を、どのように理解し、実践していけばよいのでしょう。続く章では、八つの弁証学的取り組みに目を向けることとします。それらはそれぞれに、現代社会において福音が前進するのを助ける固有の役割を果たしているのです。

さらなる学びのために

Evan, C. Stephen. *Natural Signs and Knowledge of God: A New Look at Theistic Arguments*. New York: Oxford University Press, 2010.

McGrath, Alister E. *Surprised by Meaning: Science, Faith, and How We Make Sense of Things*. Louisville, Westminster John Knox, 2011.

Morris, Thomas V., ed. *God and the Philosophers: The Reconciliation of Faith and Reason*. Oxford: Oxford University Press, 1994.

Swinburne, Richard. *The Existence of God*, 2nd ed. Oxford: Clarendon Press, 2004.

---

(45) Walter Schmithals, *The Theology of the First Christians* (Louisville: Westminster John Knox, 1997), 122-23, 146-51. Raymond Pickett, *The Cross in Corinth: The Social Significance of the Death of Jesus* (Sheffield, England: Sheffield Academic Press, 1997), 213-16. Edward Adams and David G. Horrell, eds., *Christianity at Corinth: The Quest for the Pauline Church* (Louisville: Westminster John Knox, 2004).

Wright, N. T. *Simply Christian: Why Christianity Makes Sense.* San Francisco: Harper, 2006.〔N・T・ライト『クリスチャンであるとは――N・T・ライトによるキリスト教入門』上沼昌雄訳（あめんどう、二〇一五年）。〕

第六章　信仰を指し示すもの——弁証学的取り組みのアプローチ

アメリカ人の詩人であるエドナ・ミレイ（一八九二―一九五〇）は、空から降り注ぐ「事実の流星群」について語りました。これらの事実の数々は、タペストリーに織り上げられるための糸のようなものであり、全体像を明らかにするために寄せ集められなければならないヒントのようなものです。ミレイが指摘したように、私たちには圧倒せんばかりの情報が与えられていますが、私たちに浴びせかけられる「事実のシャワー」の意味を理解することはできないでいます。まるで「事実を生地にするための機織り機が存在しない」かのようです。しかしキリスト教は、私たちが自然界を観察して得る膨大で複雑な結果、人間の歴史、そして個人の経験に秩序を与え、それらを理解することができるようにしてくれます。キリスト教は、さまざまな事実を統合し、より偉大な全体の中の互いに関連した諸側面として捉えることができるようにしてくれるのです。

私たちは、自分たちが観察しているものに説明をつけてくれるような、全体像を見たいと思っています。そしてより重要なことして、私たちはその大きな枠組みの中で、自分の居場所がどこなのかを知りたいと思っているのです。ですから、イギリスの哲学者であり著作家であるアイリス・マードック（一九一九―九九）が、「人間の思考の、心を落ち着かせる、全体を捉えようとする傾向」について語っているのも理解できます。彼女はこの表現によって、いかに全体像や「大きな物語」が私たちが見る現実を統合させることができるかを語っているのです。キリスト教信仰は全体像をつかむものです。そのことによって、人間の理性が明らかにできるよりもはるかに大きく尊い現実のビジョンを見ることができるようになるのです。

手がかり、指し示すもの、そして証拠

第五章では、キリスト教信仰の確実な妥当性について論じました。このことは、理性によって証明することはできませんが、それは他のどんな重要な事柄についても同じことです。古い世代の人たちは、攻撃的な理性主義に不必要に従って、私たちが信じるべきものは、絶対的に証明され得ることだけだと主張しました。しかし、そのような見解を今日抱いている人はほんのわずかです。ほとんどの人にとっては、そのような徹底した理性主義は、ただ私たちが信じられることを非常に狭いカテゴリーに限定することになり、その信念というのも、論理的には明確かもしれませんが、実存的には不十分なものであるかもしれないのです。それらの信念は、意味のある人生のための基盤を提供することはできないのです。偉大なイタリアの詩人のダンテが一四世紀の昔に述べたように、理性の翼は短いのです。

しかしこのことは、絶対的に証明することのできない信念は非合理であることを意味していません。とんでもないことです。人生や「世界観」についての理論について語る際には、私たちの手元にある証拠というのは、どの理論――無神論も含めて――が正しいかを証明するには十分でないのです。結局、私たちはその決断を信仰の問題として下さなければならないのです。そうでなければ、私たちはどの世界観も選び取ることができないと宣言しなければならなくなります。私たちは、自分の持っている世界観が物事に一番よく説明をつけてくれると信じているのですが、それが結局はこの世界の証拠を越えた問題であることも理解しているのです。

キリスト者にとっては、この状況は天国への信仰を背景にして理解されます。私たちは、「目に見えるものによらず、信仰によって歩んでいるからです」(コリントの信徒への手紙二、五章七節)。私たちは、現時点では、影の世界を歩んでいますが、いつの日か太陽が昇り、そしてその時に、物事をありのままの姿で見ることができ

るようになるのです。「今や、わたしたちが信仰に入ったころよりも、救いは近づいているからです。夜は更け、日は近づいた」（ローマの信徒への手紙一三章一一—一二節）。これらのパウロの言葉は、キリスト者にとって人生というのは暗闇を歩いているものだと理解するように促します。この歩みを始めたときよりは夜明けは近づいてきていますが、朝日はまだ到来したわけではありません。その時が来るまでは、私たちは未知の世界を渡り、自分たちが安全に目的地に辿り着くことを願うばかりです。私たちは、前にある道を完全に見ることはできません、しかし、私たちは主が家路を導いてくださることを信頼しているのです。パウロが次の有名な言葉を記した通りです。「わたしたちは、今は、鏡におぼろに映ったものを見ている。だがそのときには、顔と顔を合わせて見ることになる。わたしは、今は一部しか知らなくとも、そのときには、はっきり知られているようにはっきり知ることになる」（コリントの信徒への手紙一、一三章一二節）。

しかし、私たちは盲目的に物事を信じるように言われているのではありません。この世界は、人間の本性や存在についてのヒントで満ちているのです。現実は、神のより大いなる現実を指し示すサインで飾られています。全体像を見るには、示された点と点とを結ばなければなりません。生地にどのような模様が現れるのかを見るためには、糸と糸を紡ぎ合わせなければならないのです。そして、弁証家たちはその模様を用いて、私たちが考えたり、見たり、経験したりすることの意味を理解するための力をキリスト教が与えることができることに、他の人たちが気付くことができるようにするのです。そしてさらに、キリスト教が人の人生を変える深い力を持っていることを人々が発見できるようにと助けるのです。

神を指し示すものは、外の世界にだけあるのではありません。私たちの内面的な経験はどうでしょう。キリスト教弁証学は、人間の内面的・主観的な働きと強力に、そして信憑性のある形で関わることができます。言い換えるならば、キリスト教弁証学は、ロマン派の詩人やブレーズ・パスカルやC・S・ルイスのような著作家たちを奮い立たせた、私たちの関心事の中心にある感情や喜怒哀楽にも関係があるのです。いったい、キリスト教信仰がそのようなことについて何を言えるというのでしょう。どうすれば、自分たちの内面的な体験を、キリスト教的レンズを通して観察することができるのでしょう。キリスト教の伝統は、この問いに初めから取り組んでいました。アウグスティヌスは『告白録』の中で、自分がいかに「プラトン主義の書物」を読むことで自分の内面を見つめるようになり、そこで「私の精神よりも高くある、不変の光[1]」と出会ったかを語っています。

この章では、神を指し示すサインや手がかりをいくつか取り上げて、それらをどのように弁証学的に用いることができるかを考えたいと思います。C・S・ルイスは、正しさと誤りというものが、「宇宙の意味の手がかり」であると言いました。手がかりというものは、何かを仄めかすものではありますが、証明するものではありません。手がかりは、それが集められると意味を持ち、それら一つ一つに本当の意味を与える、より深い意味の図式を指し示します。手がかりとは、それ一つだけでは、風に吹かれる麦の穂のように、ただ何かを仄めかすだけのものかもしれません。しかし、手がかりは束になれば全体的な図式を明らかにするようになるのです。それぞれの手がかりは他の手がかりを支え、個々の重要性を越えた集合的な力を持つようになるのです。

では、それらの手がかりを理解するにはどのようにすれば一番良いのでしょうか。それらの手がかりは何を証明することができるでしょう。刑事裁判においては、陪審員は、原告と被告、どちらの話が、示された手がかりについての最善の説明をすることができると思うかを尋ねられます。陪審員は別に、有罪や無罪が証明されたということを受け入れることを期待されているのではなく、自分たちが「合理的な疑いを越える」という結論に至ったと信じられるかが問われているのです。弁証学も概ね同じように機能します。誰も、「全体は部分よりも大きい」ことを証明するのと同じ意味で神の存在を証明することはできません。しかし、その方向を指し示す手がかりを考慮し、その集合的な力を喜ぶことはできるのです。神の存在は、言葉の厳密に理性主義的な意味で「証明」することはできないかもしれません。しかし、神を信じるということが極めて合理的であり、それによって世界の中で私たちが見ているものを、歴史の中に観察できるもの、そして日々経験することを、他の方法に比べてより良く理解できるようになるということは、確実に言い切ることができるのです。

では、いったいその手がかりとはどんなもののことを言っているのでしょうか。そして、弁証家はどうすれば人々がそれらを見て、その意義について考え、そしてその根底にある図式を理解できるように助けることができるのでしょう。ここでは、生命の不思議についての八つの手がかりを取り上げたいと思います。これらはそれぞれ、個別に扱われても弁証学的な議論や話の土台となることができるトピックです。まず初めに、自然科学の中でも最も興味深い問いの一つ――宇宙はどこからやって来たのか――に目を向けてみましょう。

手がかり1　創造――宇宙の起源

キリスト教信仰の中心的なテーマに、神が無からすべてを創造された、ということがあります。すべてのものの起源と究極的なアイデンティティは、神の創造の業に由来しています。宇宙は永遠の昔から存在していたわけではなく、ある瞬間から存在し始めたものなのです。キリスト教著作家たちは、この基本的な信仰がどのように理解されるべきかについてさまざまな立場を取ってきました。例えばヒッポのアウグスティヌスは、神は瞬時にして宇宙を創造されたが、それが後に独自に発展できる能力をお与えになったと論じました。また別の人々は、神が現在ある形での世界を創造されたのだと主張しています。それでも、このことに関してすべてのキリスト教著作家たちに共通していることは、神が宇宙を存在させられたということなのです。

（1） Augustine of Hippo, *Confessions* VII.x.16.〔アウグスティヌス『アウグスティヌス著作集　第5巻Ⅰ　告白録（上）』宮谷宣史訳（教文館、一九九三年）三四九―三五〇頁。邦訳では、「まさに精神の目を越えて、不変の光を見ました」となっている。〕

新無神論の伝道者たちは、科学の進歩と発展が前世紀において神への信仰というものを弱めたと常に断言していますが、事実は逆なのです。科学と信仰の関係というものは、二〇世紀後半において大きく変化しました。二〇世紀前半においては、宇宙は永遠であるという科学的信念が支配的でした。宇宙は、常に存在したというのです。ですから、「創造」について語る宗教的言い回しは、神話的なナンセンスであり、最新の科学的知識とは相容れないものであると思われていました。

この信念は、一九四八年にロンドンで開かれた二人の著名な哲学者による議論の中で重要な役割を果たしました。無神論者のバートランド・ラッセル（一八七二—一九七〇）とキリスト者のC・コプルストン（一九〇七—九〇）の論争です。ラッセルは、科学的なコンセンサスが、すべての神に関する議論に決定的に終止符を打つのに十分だと信じていました。宇宙はただそこにあるものなのだから、何がそれをもたらしたのかなどを考える理由がないと言うのです。そしてこの点については、ラッセルが議論を制したのでした。

しかし、今では一九四八年とは状況は打って変わりました。一九六〇年代の間に、宇宙が起源を持つということが急速に明らかになったのです——いわゆるビッグバンです。この考え方は、フレッド・ホイルのような、当時の激しい無神論者の一部から猛反発を受けました。ホイルは、この考え方が宗教的な響きを持っているのではないかと不安に思ったのです。そして、そのような不安を抱いたのは彼だけではありませんでした。一九四八年一二月に開かれたレニングラードでの会合で、ソビエトの天文学者たちは、宇宙が起源を持つという「保守的で理想主義的な」理論と闘う必要性を確認したのです。そのような理論を支持することは、「聖職者主義」の前進に寄与してしまうとソビエトは主張したのです。(2)

幸いなことに、このような偏見は、宇宙には起源があるということを示唆する証拠によって圧倒されました。しかし、事実は何も変わっていません。つまり、宇宙の起源についての新たな理解は、キリスト教の創造の教理と強く響き合うものであるということです。宇宙には始まりがあったのです。

もし、ラッセルとコプルストンの論争が今日行われていたとしたら、その結果はこの時点で大きく違っていたことでしょう。事実、一九九八年にラッセルとコプルストンの論争のやり直しが、二人の著名な哲学者を呼んで、論争から五〇周年を記念して行われました。キリスト者のウィリアム・レーン・クレイグと、当時は無神論者であったアントニー・フリューの二人がステージに呼ばれました。現在多くの人がコプルストンの後継者であると認めるクレイグは、一一六頁で説明したような、以下の議論を展開しました。

大前提　存在を始めるものは、原因を持つ。
小前提　宇宙は存在し始めた。
結　論　したがって、宇宙は原因を持つ。

通常の議論と異なり、ここでは小前提が大前提と同等か、あるいはより大きな重要性を持っています。クレイグの小前提は、現在では実質すべての科学者が受け入れていることですが、これは一九四八年にはすべての科学者によって完全に否定されていたことでしょう。フリューはこの時点で、上の世代の無神論弁証家の戦略を確証をもって用いることができずにかなり苦戦しました。そして、この論争以降、フリューは無神論から距離を置くようになったのです。もちろん、フリューがキリスト教的神観の豊かさのすべてを受け入れたと言うことはできませんが、彼が二〇一〇年に亡くなるまでには、フリューが創造主であり宇宙を支える神の存在を受け入れていたことは確かなのです。

科学的な常識におけるこの根本的な変化は、神についての議論の調子も変えることとなりました。このことは、

（2） Helge Kragh, *Cosmology and Controversy* (Princeton: Princeton University Press, 1999), 262.

科学がいかに物事について——多くの場合重要な物事について——の意見を一変させるかを思い知らせるものです。二一世紀の宇宙論は、二〇世紀のそれよりもはるかにキリスト教的信仰に親和性があるのです。しかし、話はここで終わりではありません。現在では、宇宙が生命のために微調整された形（ファイン・チューニング）で誕生したという意識が広がってきているのです。自然界の基本定数は、生命が発展することを可能にするために選ばれたかのような値を持っているのです。これは、ただの宇宙的な偶然なのでしょうか。それとも、神がそうなるようにと選ばれた結果としてそうなっているのでしょうか。

手がかり2　ファイン・チューニング——生命のためにデザインされた宇宙？

近年、自然界における「ファイン・チューニング」の現象に大きな注目が集まってきています。(3)「ファイン・チューニング」という用語は一般的に、基本的な宇宙定数というものの値と、ある初期条件の性質が、その中で知的な生命が発現することができる特定の宇宙の誕生に関して決定的な役割を果たしたという科学的な気付きを指して用いられます。最近の多くの科学的研究は、いくつかの基本的な宇宙定数について、もしそれらの値が少しでも違っていたならば人間という存在の誕生に関して重大な影響を与えていたであろうことを強調しているのです。(4)

自然界の基本定数は、力強いほどに生命に適した値に調整されているのです。地球の炭素ベースの生命の存在は、物理的・宇宙的な力やパラメータの絶妙なバランスの上に成り立っています。これらの値が少しでも違っていたなら、バランスは崩壊し、生命は存在し得なかったことでしょう。イギリスの王室天文官であり英国王立学会長であったマーティン・リース男爵は、ビッグバンの後に人類の生命が生まれたという事実は、たったの六つの数字によって支配されていたと論じました。この六つの数字のいずれも、それが少しでも違っていたなら、私

たちが知っている宇宙も人類の生命も誕生することができないほどに、正確に決定されていたと言います。(5)

ここで、この問題に関してのロバート・J・スピッツァーの議論に目を向けることが有益でしょう。スピッツァーは、私たちは真空中の光速や、万有引力定数、電磁結合、そして素粒子の質量といった宇宙の全パラメータを、それらが何らかの「宇宙の制御盤」のダイヤルをセットすることによって定められているかのようにイメージすればよいのではないかと述べています。(6) 現代の宇宙科学による発見は、これらのダイヤルのセッティングが少しでもずれていたならば、私たちはそのことの意義を話し合うためにこの場に存在することすらできなかったことを示しています。例えば、もし重力あるいは弱い力（自然界の四つの力のうちの二つ）の強さが一〇の四〇乗分の一でもずれていたなら、宇宙の膨張は爆発的過ぎて、銀河も宇宙も崩壊していたはずです。また、もし万有引力定数と電磁結合、そして電子と陽子の質量の割合の組み合わせが一〇の三九乗分の一でも変わっていたなら、私たちの太陽のような主要な星が形成されることができなかったのです。そしてもし、炭素原子の正確な核共鳴が、ベリリウムと衝突するヘリウム原子核の共鳴に一致しなかったなら（しかも、酸素とヘリウムでの相当

（3）科学的問題とその弁証学的意義についての詳しい考察は、以下を参照。Alister McGrath, *A Fine-Tuned Universe: The Quest for God in Science and Theology* (Louisville: Westminster John Knox, 2009), 109-201.

（4）Richard Swinburne, "The Argument from the Fine-Tuning of the Universe," *Physical Cosmology and Philosophy*, ed. John Leslie (New York: Macmillan, 1990), 154-73; Robin Collins, "A Scientific Argument for the Existence of God: The Fine-Tuning Design Argument," *Reason for the Hope Within*, ed. Michael J. Murray (Grand Rapids: Eerdmans, 1999), 47-75.

（5）Martin Rees, *Just Six Numbers: The Deep Forces That Shape the Universe* (London: Phoenix, 2000).

（6）Robert J. Spitzer, *New Proofs for the Existence of God: Contributions of Contemporary Physics and Philosophy* (Grand Rapids: Eerdmans, 2010), 60-65.

する共鳴との一致なしに)、炭素というものはほぼ存在せず、今ある生命の基盤も存在することがなかったのです。最も驚くべきは、偉大な数学者であるロジャー・ペンローズは、宇宙のエントロピーからすると、私たちの宇宙が、他の可能な値の範囲に比べて、おかしなほどに的確な状態で存在しているように見えることを計算で示したのです。では、このような素晴らしいファイン・チューニングの弁証学的意義は何なのでしょうか。

ファイン・チューニングという現象自体は、広く認められているものです。しかし、議論の的となるのはその解釈なのです。無神論者で天文学者のフレッド・ホイルは、これらの観察の重要性と、それらが明らかに神の存在を指し示す可能性がいかに重要であるかに気付いた最初の人々のうちの一人でした。ホイルは、これはあたかも「並外れた知的存在が物理や化学、そして生物学をいじくり回したかのようで……自然界で無目的に働く力の中にはそれに該当するような力は存在していない」[7]と記しています。ホイルは無神論者で、神が宇宙を創造したという考え方に同調することはありませんでした。しかし彼の言葉は、現代の天文学が、神を信じようとしない人々に対して生じさせた居心地の悪さを示唆しています。今ある証拠は、全くの偶然であるというよりも、神による創造と言った方が説明がつきやすいのではないでしょうか。もちろん、ホイルはそうであってほしくないと思っていました――しかし彼にとっても、証拠は神による創造を指し示しているかのように見えたのです。

ファイン・チューニングが明らかに神の存在を示唆していることを否定しようとする方法の一つは、「多元宇宙論」という仮説を立てることです。この見解は、私たちの住む宇宙は、多くの選択肢の中のたった一つであると主張します。観測可能な宇宙というのは、まだ見ぬ、無限に大きい、永遠の多元宇宙の中に置かれているのです。そこで、私たちの宇宙はファイン・チューニングが為されているかもしれませんが、他の宇宙は必ずしもそうとは限りません。私たちは、ただ運が良かっただけなのです。そこでは、誰かが大当たりを引くようになっていたというのです。このアプローチをリチャード・ドーキンスが好んでいることには、何の不思議もありませんね！

しかしこの多元宇宙論には、スピッツァーがいみじくも指摘しているように、明らかな問題があります。[8] 第一に、宇宙（universe）と多元宇宙（multiverse）の違いは、ほとんど言葉の上の問題です。もし「宇宙」という言葉が互いに関連する物理的現実の全領域を指すのであれば、多元宇宙という仮説の中にも、実際は結局一つの真実の宇宙が存在していることになります。もし仮説上の多元宇宙が、私たちが実際に観察している特定の宇宙と何の関連もないとすれば、私たちの領域で引き出された物理法則が多元宇宙全体でも通用するとはとても考えにくいことです。そうなると、私たちは多元宇宙に関するどんな結論も、自分たちの世界を観察した結果に基づいて描き出すことができなくなります。しかし、もし多元宇宙が構造的に互いに関連しているならば、無神論者がビッグバン説の登場によって直面した多くの問題は、ただ場所を変え、形を変えて再び現れ、より一層難しくなっただけだと言えるでしょう。

では、このことの弁証学的意義はいったい何なのでしょう。ファイン・チューニングという観察結果は、創造主なる神というキリスト教の信仰と一致しています。ただしこれは何も証明するものではありません。結局のところ、ファイン・チューニングというものは極めて可能性の低い偶然であったかもしれないのです。しかし、ファイン・チューニングはキリスト教的な考え方に強く共鳴するものですし、キリスト教信仰から生じる現実世界の俯瞰図に自然にぴったりと当てはまるものなのです。キリスト教がそれらの現象をうまく位置づけることができるからといって、そこで何かが証明されるわけではありません。しかし、このことは、あることを的確に示唆しているのです。このことは、現実世界の「全体図」を描き出すために集められる多くの手がかりのうちの一つなのです。あたかも、模様のあるタペストリーを紡ぎ出すための、多くの糸のうちの一つなのです。ファイン・

（7） Fred Hoyle, "The Universe: Past and Present Reflections," *Annual Review of Astronomy and Astrophysics* 20 (1982):16.

（8） Spitzer, *New Proofs for the Existence of God*, 34-42.

チューニングは、単独ではそれほど重要ではありませんが、他の多くの手がかりと並べられれば、宇宙の意味を解き明かす一つのヒントとなるのです。

自然科学が明らかにしたように、キリスト者にとってはキリスト教的な理論的枠組みと世界の有り様の間には、確かな概念上の一致があるのです。このことについて、宇宙の意味を読み解く三つ目の手がかり――世界の深淵なる構造――について論じる際に、より深く考えてみましょう。

手がかり3　秩序――物理的世界の構造

私たち人間に、世界の内に秩序を見出そうとする本能があることは、明らかに旧約聖書の知恵文学の中に表されています。自然科学も、宇宙の規則性という考えに基づいています。秩序のある宇宙がなければ、科学的事業は不可能です。

私が科学者として過ごした時間は、理性的に明快で理性的に美しく、そして麗しい数式で表現されることのできる宇宙を研究できるということは、なんと光栄なことかを私に強く印象付けました。自然科学とキリスト教神学の最も重要な共通点の一つは、世界が規則性を持ち、理解可能な性質を持つという基本的な確信です。現代のある天文学者が「物理学者の神は、宇宙の秩序である」[9]と記している通りです。この世界には――そして人間の精神の性質には――、自然の中の規則性を浮かび上がらせ、表現させるための何か特別なものがあるのです。

自然科学とキリスト教神学の最も重要な共通点の一つは、世界が規則的であり理解可能であるという信念です。秩序の存在と、理解が可能であるという考えは、科学的にも宗教的にも非常に重要です。物理学者のポール・デイヴィスが、「ルネサンス期のヨーロッパでは、その創造の秩序が自然を綿密に研究することによって明らかになる理性的な神への信仰こそが、今日われわれが『問いに対する科学的アプローチ』と呼ぶものの妥当性を裏付けていた」[10]と記している通りです。

神は秩序のある世界をお造りになりました。その秩序は人類によって読み取られることができ、これに対して人類は「神の像、似姿として」創造されたのです。なぜ人間はこの秩序を読み取ることができるのでしょうか。なぜ私たちは、数式を用いてあれほど優雅にその秩序を表すことができるのでしょう。理論物理学者のジョン・ポーキングホーンが指摘しているように、このことは通常考えられているよりもはるかに重要なことなのです。

私たちはほとんどの場合この世界を理解することができるという事実を当たり前だと思っている。そうだからこそ科学が可能なのである。しかし、そうではないことも可能だったのである。秩序立った宇宙ではなく、規則性のない無秩序であることもできたのである。宇宙は、秩序立った宇宙とのできない理性が存在することもできたのである。あるいは、宇宙には私たちがアクセスすることのできない理性が存在することもできたのである。私たちの精神と宇宙には、調和が存在し、内面で経験される理性と外側で観察することのできる理性との間にも調和があるのだ[11]。

ではなぜ、宇宙は私たちにとって理解可能なのでしょうか。この理性的な明快さをどのように説明したらよいのでしょう。なぜこれほどに確かな調和が、私たちの内にある理性と世界の中で観察される合理性の内に存在するのでしょう。なぜ、純粋数学の抽象的な構造（これは人間の頭が創造したもののはずなのに）が、世界を理解するために重要な手がかりを与えてくれたのでしょう。偉大な数学者であるユージン・ウィグナーが次のように問

（9）Heinz R. Pagels, *The Cosmic Code: Quantum Physics and the Language of Nature* (Harmondsworth: Penguin, 1984), 83.
（10）Paul Davies, *The Mind of God: Science and the Search for Ultimate Meaning* (London: Penguin, 1992), 77.
（11）John Polkinghorne, *Science and Creation: The Search for Understanding* (London: SPCK, 1988), 20-21.

うたことは有名です。「なぜ数学は、物理的世界を理解するために不合理なほどに有効なのか?」[12]。彼の問いは答えられなければなりません。しかし、科学はそれに答えることができないのです。科学はこの「不合理なほどの有効性」そのものに依存しているのです。科学は数学を道具として利用します、実際、科学はこのように信頼できるものなのかということを理論的に説明することができないのです。しかしなぜそれがこのようにになっているか、

ポーキングホーンの言いたいことは、キリスト教信仰がそれらの観察を理解するための、現実世界の俯瞰図を与えることができるということです。「内なる理性」と「外なる理性」の両方が——つまり、人間の精神の理性と宇宙の構造に確実に埋め込まれている理性の両方が——共通したより深い理性を起源としており、それこそが「神の精神（mind）」なのです。自然科学はたびたび、科学的方法論が答えることのできない重要な問いを投げかけています。それらの問いは往々にして非常に興味深く重要なものですが、科学自身が語れる範囲を超えているのです。科学は、この世界が理解可能であるということを前提とせざるを得ず、科学的方法論はそこに依存せざるを得ません。キリスト教信仰は、科学が問いつつも他からの助けなしに答えることのできない、この世界が理解可能であるということについての問いに答え、そのことを深く理解することができるための「意味の俯瞰図」を提供することができるのです。

C・S・ルイスも、なぜ人間の理性が自然界の構造と調和しているように見えるのかについて考えました。

宇宙に関するいかなる説明も、私たちの思考は真実の洞察でありうるという可能性を認めずには、真実ではありえないということである。全宇宙のあらゆるものを説明しながら、しかも私たちの思考の有効性を信じえなくさせるような理論は、一顧だにする価値すらないであろう。なぜなら、その理論そのものが思考によって到達されたものであり、思考が有効でないとするならば、その理論自体が当然のこと粉砕されてしまうことになるからである。[13]

人間が理性を用いて世界を研究することができるのは、世界に合理性があるからです。ルイスの議論は、被造物全体と、中でも人間の理性には、神の創造の秩序の痕跡あるいは刻印があると言うのです。世界を存在たらしめた神と同じ神が、人間の精神を創造され、その両者の間には神が与えられた調和が存在し、さらには神ご自身の本質との調和も存在するということです。

このアプローチはなぜ弁証学的に役に立つのでしょうか。ここではいくつかの点を指摘しなければなりません。第一に、このアプローチはキリスト教信仰が物事についての説明をつけることができることを強調しています。この世界で観察されること、あるいは自然科学の分野から生じる現実世界のより深い姿に、キリスト教は響き合っているのです。科学と信仰は時に対峙するものとして示されることがありますが、科学的方法論により深い文脈を与えることができるのが信仰だと理解する方が適切でしょう。言い換えるならば、信仰はなぜ科学が有効であるのかを説明することができるのです。

このことは、「ギャップを埋める神」という考え方との関係において特に重要です。これは比較的古い弁証学的書物に用いられる考え方で、神の存在を、科学的説明のギャップに訴えて擁護しようとするものです。私自身は、このアプローチに感心したことはないことは白状しておきましょう。オックスフォードの化学者であったチャールズ・クールソン（一九一〇―七四）は、このような考え方を激しく批判し、「神はギャップなどない自然全

（12） Eugene Wigner, "The Unreasonable Effectiveness of Mathematics," *Communications on Pure and Applied Mathematics* 13 (1960): 1-14.

（13） C. S. Lewis, *Miracles* (New York: Macmillan, 1947), 26.〔C・S・ルイス「奇跡論」『C・S・ルイス著作集2』柳生直行、山形和美訳（すぐ書房、一九九六年）、三二頁。〕

体の内にいるか、あるいは神は全く存在しないかどちらかである」(14)と論じました。キリスト教弁証学は、何か科学的な世界の見方の中に時折現れる説明のつかないギャップを探し求めることに躍起になってしまってはなりません。神こそが、宇宙全体に意味を与え、神だけがそもそもなぜ何かが存在するのか、そしてそこに何の意味があるのかを説明することができるのです。弁証学とは、キリスト教を通して見ることのできる「全体像」が、いかに世界に説明をつけることができるかを示すものなのです。

手がかり4　倫理——正義への渇望

古典哲学の偉大なテーマの一つは、時に「プラトン的な三つ組み」——真、美、善——と呼ばれます。これらは、ほとんどの人が重要であり意義があると認める理想です。弁証家は、これらのそれぞれを、信仰への架け橋として用いることができます。それぞれの理想は、的確にそして慎重に用いられたならば、それを通して神の真理、美しさ、そして善を見出すための窓となり得るのです。

古典的な弁証学は真理の問題に集中する傾向があります。そのようなアプローチから学ぶべきことは多くあります。人の精神というものは、事柄の意味を理解し、自らが自分を超越した何か大きなものの一部であるということに気付くための、神から与えられた能力を有しているように見えるのです。人間が理性的に考えるということを、神が創造された、神の本質と性質を反映する客観的な理性的秩序への参与として、またその反映として理解できると私たちは分かっています。人類は神の像として造られたので、たとえどんなにおぼろげにではあっても、神の理性を反映させているのです。私たちは神をも含む宇宙のより深い次元の姿を捉えることができますが、それは、私たちがまさにそのために造られているからなのです！　ヒッポのアウグスティヌスは、人が神の像であるという聖書の中心的な理解（創世記一章二七節）を土台としたこのアプローチを展開させた古典的キリスト教著作家の一人です。

人間の魂、すなわち理性的あるいは知解的な魂においてこそ……創造主の似姿は見出されなければならない。人間の魂は神を認識し、観るためにその理性や知解力を持ち得る限り、神の似像に従って造られたのである。[15]

アウグスティヌスやパスカルやルイスがそうしたように、私たちが神の像であることを認識することは、キリスト教弁証学に強力な神学的土台を提供します。人が皆、神の像であるならば、私たちは人間の奥底にある真理や美、そして善への渇望を用いて、人々が自分たちの究極的起源であり目的である、生ける神、私たちを愛してくださる神へと向き直ることを助けることができるということです。

そこで、この節では「善」について扱いたいと思います。言い換えれば、何が善であるか、そしてどうやってそれに基づいて生きるべきかについての耐久力のある考え方の土台に目を向けたいと思うのです。最近のあるラジオでの討論で、イギリスのジャーナリストが、著名な徹底した無神論者のリチャード・ドーキンスと共に、倫理の本質について論じ合いました。そこでジャスティン・ブライアリー（ＪＢ）がドーキンス（ＲＤ）に、自身の進化論的思考が道徳的価値観に関して信頼性のある土台を提供することができたかと尋ねたのです。このインタビューの中でも、次の部分はキリスト教弁証学の視点から特に興味深いものです。

（14） Charles A. Coulson, *Science and Christian Belief* (Chapel Hill: University of North Carolina Press, 1958), 22.

（15） Augustine, *On the Trinity* XVI.iv.6.〔アウグスティヌス『三位一体論』中沢宣夫訳（東京大学出版会、一九七五年）、三九一頁。〕

JB　でも、あなたが価値判断をするときは、すぐにこの進化のプロセスの外に自らを置いて、「これが善い理由は、実際にこれが善いからだ」と言って、それ以上そのことを説明することができないのではないですか。

RD　しかし、私の価値判断自体が進化の歴史から来ているとも言えます。

JB　ではつまり、その価値判断とは進化の結果と同じようにランダム（無作為）だということですね。

RD　まあ、そう言うこともできるでしょう。ただし、どうであれ、このことが何か超自然的なものが存在する可能性を高めることはないのです。

JB　いいでしょう。でも結局は、例えばあなたがレイプは間違っていると信じる場合、それは私たちが六本指ではなくて五本指に進化した事実と同じくらい根拠のない偶然だということですよね。

RD　そうですね。そう言うことができるでしょう。(16)

このインタビューは、討論の中でよく取り上げられる、最も重要な問題の一つを掘り下げるものです。つまり、倫理というものは、神のように超越的な基準あるいは土台の上に成り立っているのか、という問いです。討論では、多くの無神論者が、この問いを馬鹿馬鹿しいと言って無視します。どうやったら無神論者が倫理的でないなどと言うことができるのか！　と言うのです。しかし、問題はそこではありません。この問いの中心は、神を信じないで、客観的な倫理を説くことができるのかということなのです。キリスト者にとっては、神だけが客観的な倫理的価値観を提供することができ、それは有力者の気まぐれや絶え間なく変わる大衆の意見や風潮に左右されるものではありません。著名な無神論哲学者であるポール・カーツがこの点をうまく指摘しています。

倫理的・道徳的原理に関する中心的な問題は、この存在論的な基盤についてである。もしそれらが神から出た、あるいは何か超越的な根拠に根差しているのでないとしたら、それらは完全にただ一時的なものなのだろうか。(17)

歴史上の譬えがこの点の意義をより明らかにします。一九三三年にナチスがドイツで権力を握り、すぐに法律を使って全体主義的な支配を始めました。ナチスは、自分たちが合法的に自らの思想を強制しているのだと主張するために、ナチスの思想を支持する法律を制定しました。ナチスのやり方に対抗する唯一の道は、ドイツ国家よりも高い次元にある倫理的権威が存在すると論じることだけだったのです。当時のドイツの状況は、無視することのできない問いを明らかにします。つまり、倫理や正義というものに、単なる人間の取り決めの結果ではない、超越的な根拠が存在するのかという問いです。

ナチスの台頭とその影響によって提示されたこの穏やかならない問いは、今も消えてはいません。実際、この問題は影響力のある哲学者であるリチャード・ローティ（一九三一―二〇〇七）に代表される倫理に対する「実用主義的」なアプローチによって再び表面化しています。この立場によれば、人類は自分たちで価値や思想を創造し、その創造のプロセスの結果について、外的な客観性（自然法則）に対しても内面的主観性（良心）に対しても責任を負ってはいないというのです。「われわれはまずどのような習慣を取り入れるかを決め、そしてわれ

（16） この録音は以下で聞くことができる。http://media.premier.org.uk/music/4b519ce0-5a9e-4b1d-86ca-8def12ebd5c1.mp3（現在は https://www.apologetics315.com/media/Dawkins-Brierley.mp3）

（17） Paul Kurtz, *Forbidden Fruit: The Ethics of Humanism* (Buffalo: Prometheus Books, 1988), 65.

われの哲学者が『人間』や『理性的』の定義をそれに合うように調節してくれるだろうと期待するのです」[18]。ローティは、真理に対するこのような共同体主義的あるいは実用主義的なアプローチの辿り着くところは、次の認識でなければならないと述べています。

われわれの内面の奥深くには、われわれ自身が入れたものしか入ってはいない。われわれがしきたりを創造する過程で創造してきたのではない基準も存在はしないし、そのような基準に依拠しない理性の基準も存在しない、そしてわれわれ自身のしきたりに従っているのではない激しい議論も存在しないのである[19]。

この言葉に従えば、真理と倫理というものは人間の共同体によって作り出された社会のしきたりの反映として認識されなければならないということになります。しかし、もしローティが正しいとすれば、いったいナチズムに反対する絶対的な妥当性はどこにあるのでしょうか。ローティ自身も、自らの議論が全体主義を倫理的あるいは政治的に拒否するための説得的な議論を提供できないことを認めています。そのため、ローティは次のことを認めざるをえないとしています。

秘密警察がやって来る時、拷問者が無実の人を苦しめる時、次のような言葉を彼らにかけることはできない。「あなたの内には、あなたが裏切っている何かが存在する。あなたは全体主義的社会の習慣を体現しているが、その習慣を超えてあなたを断罪する何かがある[20]」。

ローティにとって真理と倫理的価値観は、それらが社会の中に存在するか、そしてどれほど受け入れられているかだけにかかっているのです。このような見解は、蔓延する社会的しきたりに関する無批判なアプローチであるとして酷評されています。リチャード・バーンスタインが指摘しているように、ローティはただ社会的習慣を具現化し、それらを真理や善や正義と同意義であるかのように扱う以上のことはしていないように見えるのです。

このような問題はすべて、倫理の基盤として何か超越したものが必要であることを示しています。そうでなければ、人はただ移ろいゆく影響力のある組織が、自分たちの必要に合わせて倫理を再定義し続ける中に囚われてしまうことになってしまいます。そこで、倫理に訴える弁証学的アプローチは、二つの微妙に異なる集団に分けることができます。神への信仰の知的優位性を倫理的価値観の土台とする集団と、神への信仰が倫理的価値観の安定を保証するという実践的な価値を訴える集団です。これらは両方、神が存在することを信じることは理性的であるとし、そしてその信念こそが客観的倫理的真理の存在、性質、そしてそれに関する人間の知識を最もよく説明してくれると考えるのです。

例えば、『キリスト教の精髄』においてC・S・ルイスはなぜ、私たちが何かが正しいとか間違っていると感じること自体が、「宇宙の意味を解明する鍵」となり得るのかを冒頭で語っています。彼の、神の存在についての倫理からの議論は次のようにまとめることができます。

---

(18) Richard Rorty, *Contingency, Irony, and Solidarity* (Cambridge: Cambridge University Press, 1989), 194 n.6.〔リチャード・ローティ『偶然性・アイロニー・連帯―リベラル・ユートピアの可能性』齋藤純一、山岡龍一、大川正彦(岩波書店、二〇〇〇年)。〕

(19) Richard Rorty, *The Consequences of Pragmatism* (Minneapolis: University of Minnesota Press, 1982), xlii.〔リチャード・ローティ『プラグマティズムの帰結』室井尚、吉岡洋、加藤哲弘、浜日出夫、庁茂訳(筑摩書房、二〇一四年)。〕

(20) Ibid.

前提１　人は誰でも客観的な倫理的真理が存在すると信じている。それがなければ、倫理的な議論をすることはできない。
前提２　客観的倫理的真理は「自然の法則」や「自然的」ファクトとは多少異なる。前者は私たちが何を「すべきか」に関することだが、後者はただ私たちが周囲の世界から観察するものである。
結　論　私たちが奥深くで客観的倫理的真理の存在を直観することは、自然の裏あるいは自然を超えて存在する知性があり、それが私たちの内に正しさと誤りとの知識を植え付け、私たちの倫理的判断の客観性の土台として働いているからだと説明するのが最善である。(21)

ルイスのアプローチは、この議論の言葉のほとんどがそうであるように、演繹的証明の論理的説得力があるわけではありません。これは、キリスト教信仰の本質的な合理性をより深く説明するものであると理解されるべきでしょう。もし神が存在するならば、客観的な倫理的価値が存在するという人間の深い本能的な直観に、より堅固な土台ができることになりますし、道徳的相対主義の無責任な言明に対して倫理を擁護することができます。ルイスにとっては、神とは深い倫理的そして美的直観によって知られる存在なのです。

宇宙の外にこれを支配する力があると仮定した場合、その力は宇宙の内の諸事実の一つとして自己を示すことはできない――それはちょうど、建築家が自分の建てた家の壁や階段や暖炉になることができないのと同じである。その力が自己を示す方法としてただ一つ考えられることは、われわれの心の内にはいってくることである。それは、われわれをある特定の仕方で行動するように導こうとする一つの影響力もしくは命令として、われわれの心の内にはいってくることである。そして、これこそまさにわたしたちが自分の心の内に、現実に、見出していることなのである。(22)

神の存在を信じることは、納得できることでありまた妥当なことである一方、役に立つことでもあるということです。とです。神の存在を信じたからといって、それで私たちが善人になるわけではありません。しかし、そこでその可能性への扉が開かれるのです。ルイスが「どれほど徳を正当化しても、それが徳のある人を作り出すことにはならない[23]」と述べている通りです。もし私たちが善人になろうとするならば、私たちはまず「善」とは何かを知らなければなりません。そして、それからその「善」を獲得できるようにならなければいけないのです。そしてそのためには、まさにルイスが考えていた通り、私たちは自分の置かれている本当の状況とその限界を理解しなければならないのです。もし善くなりたいのであれば、私たちは癒され助けられる必要がまだあるのです。そこでは、真の倫理への道において、神の恵みを発見しそれを体験するということが、重要なステップなのです。

では、このようなアプローチを弁証学的にどのように用いることができるでしょうか。ここで覚えておくべきことは、弁証学というものはキリスト教信仰を支持する議論を展開するという形をとることもできますが、逆に非キリスト教的なアプローチを批判するという形をとることもできるということです。フランシス・シェーファーがかつて、すべての非キリスト教的考え方は、究極的には一貫性に欠いており矛盾していると宣言したことは有名です。もしかすると、これは多少言い過ぎなのかもしれませんが、それでもここには大切な真理の一端が含まれています。「倫理からの議論」はその良い例です。安定した、客観的倫理的価値という考えは、キリスト教

(21) C. S. Lewis, *Mere Christianity* (London: HarperCollins, 2002), 3-8.〔C・S・ルイス『C・S・ルイス宗教著作集4 キリスト教の精髄』柳生直行訳(新教出版社、一九七七年)、四三―五〇頁。〕
(22) Ibid., 24.〔前掲書、五六頁。〕
(23) C. S. Lewis, *The Abolition of Man* (London: Collins, 1978), 19.

の神のような超越的存在を信じることなしに成り立つものでしょうか。
倫理からの議論が、キリスト教信仰は物事をうまく説明することができるという、前述したアプローチの延長線上にある基本的主張を堅固にするために有益であることは明らかです。しかし、このアプローチは無神論的世界観を批判する際に用いられた方がよいのかもしれません。例えば、無神論は倫理的真理という考えを擁護することができるのか、ということです。

一般的なレベルにおいては、無神論の弁証家たちは自分たちの立場がそのように掘り下げられることに対して、それは無神論者が非倫理的であるということを言おうとしているのかと怒って反応します。しかし、この問いはそんなことを言おうとしているのではありません。この問いは無神論者たちの倫理的価値観を否定するものではないのです。ただ、それらの価値観の妥当性をどのように説明するのかと尋ねているのです。例えば、ローティの道徳的アプローチに対する根本的な批判を取り上げてみましょう。ローティは、人間の習慣の善悪を判断する、人間の習慣を超えた基準を提供することができないのです。[24] 無神論哲学者であるアイリス・マードックは、もし人間の「善」と「正義」の正当な概念を保持したいならば、超越的な善についての概念が必要不可欠であると論じました。もし彼女が正しいのであれば、私たちが正義を求めること自体が物事の本当の意味へのヒントになると言うことができるでしょう。

手がかり5　欲求——神への帰巣本能

神の存在証明に関する議論は、主に理性に訴えるものが多くあります。しかし他の議論には、経験に訴え、その議論の妥当性を人の理性だけでなく心の内に見出そうとするものもあります。パスカルがかつて「心は自らの理屈（reason）を持っており、理性（reason）はそれについて何も知らない」と述べたことは有名です。このような議論の中で最も広く知られているのは、「欲求からの議論」です。この議論はさまざまな形をとることがありますが、最も一般的には次のような枠組みで語られます。つまり、人間には手には入れていないけれども、その魅力を感じさせる何かに対する欲求があるという自覚が存在するということです。キリスト教弁証家は、このような超越的なものに対する深い憧れの感覚は、究極的には私たちが神と交わるために創造されたということに根差すものであり、この欲求はそのように神と交わるまで満たされることはないと論じるのです。

このトピックについての最も厳密な神学的議論は、ヒッポのアウグスティヌスの著作に見出すことができます。アウグスティヌスによると、神は人類を創造して、それをすべての創造の秩序の頂点に置き、彼らが神を創造主・救い主として関係を持つことで、自らの存在目的を果たすことができるようにしました。もしこの関係がないとすれば、人類は自分たちが本来そのために造られた存在となることができないのです。アウグスティヌスが有名な祈りの中で神に述べた通りです。「あなたは、わたしたちをあなたに向けて造られ、わたしたちの心は、あなたのうちに安らうまでは安んじない[25]」。

この弁証学的アプローチを用いた最も重要な二つの手法がブレーズ・パスカル（一六二三—六二）とC・S・ルイス（一八九八—一九六三）によって展開されました。パスカルは、人間の空しさや憧れという経験は、人類の本当の目的を指し示すものであると論じます。それらの経験は、人間の本性を照らし、私たちが究極的に目指すところを明らかにします——そしてそれは、パスカルによれば神なのです。

それならば、この渇望とこの無力とが、われわれに叫んでいるものは次のことでなくて何であろう。すなわ

（24）　Philip E. Devine, *Natural Law Ethics* (Westport, CT: Greenwood, 2000), 32-34.
（25）　Augustine, *Confessions* I.i.1.〔アウグスティヌス『告白録』五頁。〕

ち、人間のなかにはかつて真の幸福が存在し、今ではその全く空虚なしるしと痕跡しか残ってはいない[26]。神以外の何者も、この「深淵」を埋めることはできません。この深淵は、人間の本性に刻まれた深く、神の形にかたどられた溝であり、神がご自身に人々を呼び戻すために刻まれたものなのです。

この無限の深淵は、無限で不変な存在、すなわち神自身によってしか満たされえないからである。神だけが、人間の真の善である[27]。

ここに記されているパスカルの思想は、よく人間の本性にある「神の形の隙間」あるいは「神の形の空洞」と表現されます。パスカル自身はそのような言葉を用いたことはありませんが、彼のアプローチをよくまとめていると言えるでしょう。パスカルは、キリスト教信仰は多くの人が経験する「渇望と無力」を解釈するための枠組みを提供できると論じているのです。そして、その解釈には二つの要素が含まれています。一、経験の意味が適切に説明される。二、それが何を指し示しているのかを明らかにすることで、人の経験が変えられることができるようになる。

C・S・ルイスもこれと関連するアプローチを展開させ、そのアプローチは明らかにキリスト教弁証学にとって重要な意味を持っています[28]。ルイスは、多くの人が次のようなもどかしい願望を抱いていることに気付いていました。「最初にわれわれの心を捉えたあの憧れは、現実にぶつかると自然に消えてしまうものなのである」。では、このことをどのように解釈すればよいのでしょう。ルイスはまず、ルイス自身は誤りであると考えている可能性を二つ挙げています。一つ目の可能性は、このもどかしさは間違った場所を探していることによって生じているという考え方です。そして二つ目は、これ以上の探究は度重なる失望につながるだけだから、この世界が提供する以上のものを見出そうとすることは間違いだという考え方です。そこでルイスは、第三の可能性について論じるのです。つまり、それらの地上での渇望というものは私たちの本当の故郷の「単なる写し、反響、あるいは蜃気楼のようなもの」だという考え方です。

そしてルイスはある人々が「欲求からの議論」と呼ぶ議論を展開するのですが、それは以下のように形式化することができます。

1　自然な欲求はすべてそれに対応する対象を持っていて、それが手に入ったり経験されたりした時にのみ、その欲求は満たされる。

2　超越次元の充足を求める自然な欲求というものが存在し、それは現在の世界の何によっても手に入れることも経験することもできない。

3　したがって、この超越次元の充足を求める自然な欲求は、この世界を超えたところでしか満たされることができず、現在の物事の秩序はその世界を指し示している。(29)

---

(26)　Blaise Pascal, *Pensées* (Mineola, NY: Dover Publications, 2003), 113.〔パスカル『パンセ』二九〇頁。〕

(27)　Ibid.

(28)　以下を参照。C. S. Lewis, *Mere Christianity*, 134-138.〔ルイス『キリスト教の精髄』二〇九―二一五頁。〕また、C. S. Lewis, "The Weight of Glory," *Screwtape Proposes a Toast* (London: Collins, 1965), 94-110 における類似した議論も参照。

(29)　ルイスのアプローチについては、以下を参照。Peter Kreeft, "C. S. Lewis's Argument from Desire," *G. K. Chesterton and C. S. Lewis: The Riddle of Joy*, ed. Michael H. MacDonald and Andrew A. Tadie (Grand Rapids: Eerdmans, 1989), 249–72. より一般的な議論については、以下を参照。John Haldane, "Philosophy, the Restless Heart, and the Meaning

さて、この議論は厳密な意味で神の存在を証明するための議論とは言うことができません。そもそも、まずルイスの議論には神ご自身が人間の超越的次元の充足を求める欲求を満たすもの、あるいはそれが満たされるための根本的な条件であるというキリスト教的主張を含める必要があります。しかしその場合でも、この議論は神の存在を演繹的に論証するための議論として理解されるべきではないのです。

ただ、ルイス自身は、このような考え方が信仰と経験との相互的な関係を明らかにし、自分たちの内面的経験によって、現実をキリスト教的に見ることの「経験的妥当性」を深堀りするものであると考えていました。これは演繹的議論ではありません。しかし——再びパースの用語を用いるなら——アブダクティブ（訴求推論的）なのです。ルイスは明らかに、キリスト教信仰が主観的な体験の現実に光を当てると信じていました。ヒッポのアウグスティヌスは、キリスト教教理の中心的なテーマである創造と贖いについて次のような祈りをしたためました。「あなたは、わたしたちをあなたに向けて造られ、わたしたちの心は、あなたのうちに安らうまでは安んじない」[30]。ルイスもこの考えを後押しし、この議論を人間の経験という文脈に置こうとしたのです。そしてルイスは、人間の経験がこの真理を指し示していると信じていたのでした。

ルイスは、キリスト教弁証学はこの究極的な意味を求める「憧れ」という人間の根本的な経験と取り組まなければならないと主張します。キリスト教信仰は、この「憧れ」を人の本質が真に目指すものをつかみ取るためのヒントとして解釈するのです。これは、肉体的な飢えというものが、食べ物によって満たすことのできる人間のリアルな必要があることを指し示しているように、霊的な飢えは神によって満たされることができるリアルな必要と対応しているのだということです。ほとんどの人は、自分たちの内にある、一時的なものや被造物によっては満たされない深い憧れの念があることを知っているとルイスは論じます。「もしわたしが自己の内部に、この世のいかなる経験も満たしえない欲求があるのを自覚しているとするなら、それを最もよく説明してくれるのは、わたしはもう一つの世界のために造られたのだ、という考え方である」[31]。

さて、このことは何をも証明するものではありません。言ってしまえば、人は金のユニコーンに会いたいという深い欲求を持つことだってあるかもしれないのです。しかし、だからといって金であれ何であれユニコーンが実際に存在することにはなりません。しかし、問題はそんなことではないのです。ルイスが指摘しているのは、人間は神との交わりのために創造されたのだから、神への憧れというものは、あってしかるべしと捉えられるようにキリスト教は教えているということです。人々が経験する神への憧れは、キリスト教的な考え方にマッチしており、したがって間接的にその信憑性を確かなものとしているのです。ここでは、仮説と観察――つまり、神学的枠組みと個人の経験の現実――が強く響き合っているのです。

では、このアプローチはどのように弁証学的に適用することができるでしょうか。このアプローチの本質的な側面は、人間の経験に訴えるというものです。つまり、客観的な自然界の解析ではなく、感情という主観的な世界に訴えているということです。しかし、この主観的な経験というものは人々にとって大切なものです。これは人々が、自分が深い意義を持った存在であると感じているからに他なりません。必ずしもすべての人が、このような経験について説明された時に、自分にもそれがあると気付くわけではありません。しかし、このような「憧れ」の存在は十分に一般的であるので、重要な弁証学的戦略の土台として用いることができるでしょう。そこで、このアプローチに関して三つの点を挙げる必要があります。

of Theism," *Ratio* 19 (2006): 421–40.
(30) Augustine, *Confessions* I.i.1.〔アウグスティヌス『告白録』五頁。〕
(31) Lewis, *Mere Christianity*, 136-37.〔ルイス『キリスト教の精髄』二一三頁。〕

1　このアプローチは人類が共有する経験に結びつく。このアプローチは、多くの人が共感できる事柄を扱うものであり、多くの人が感じ、それが何であるか不思議に思ったことのある感覚を説明するものである。

2　この経験には解釈が加えられている。これは単に無意味でランダムな経験ではなく、その先にある何かを指し示しているというのである。つまり、ある人が無意味な現象と考えるものが、重要な意味への道標となる。

3　この経験は、神へと続く門であると宣言されている。神だけが、人間の経験に変化をもたらすことができる。神だけが、パスカルが人間の本性にある「深淵」と呼んだものを満たすことができる。そして、そのように人間の経験を解釈することは、ご都合主義でも気まぐれなものでもなく、むしろ人間の本性と運命についての神学的理解に固く根差している。

この「欲求からの議論」は厳密には神の存在を論理的に「証明」するものではありません。これは、より深い次元の問題なのです。もしかすると、論理的な説得力には欠けているかもしれませんが、この議論には実存的な深さがあります。ここで問題になっているのは、キリスト教信仰がいかに人間の存在の深み——私たちが本当に重要だと感じている事柄——に関わることができるかを示すことなのです。この議論は、人間の本性の内にある落ち着かない思い、満ち足りない思いを土台として、それが人間の真の本性と運命を指し示すヒントであるということを示すのです。ルイスが論じたように、もしこの世界にその深い憧れや切望を満たすことができるものが何もないのだとすれば、私たちは自分たちの故郷が別の世界にあることを受け入れなければならないのかもしれない、ということです。ルネサンスの詩人であるフランシス・クォールズ（一五九二—一六四四）のイメージを用いるならば、私たちの魂というのは、神という磁極に引き寄せられていく鉄の針のようなものなのです。私たちが正義を求め、この世界をより良くしたいと思う心を消すことができないと同じように、神を私たちの心から消し去ることもできないのです。私たちには、変えるべき故郷があるからこそ、帰巣本能も備わっているのです。

そして、これこそは新約聖書の大きなテーマの一つでもあるのです。

この欲求というものは、西洋社会の性質について考える際にも重要な点となります。政治哲学者のチャールズ・テイラーは、「世俗の時代」を分析した最近の膨大な研究を締めくくるにあたり、宗教というものは、人間の本性の独特な特性のゆえになくなることはないし、失くすこともできないと断言しています。その人間の本性の独特な特性の中で筆頭に挙げられるのは、フランスの哲学者のシャンタール・ミロン゠デルソルが「永遠への願望（desire）」[32]と呼んだものなのです。人間の本性の中には、経験の限界を超えて、意味や意義を求める何かに到達したいと思わせる何かが存在しているのです。

ここでさらに重要な点を挙げておかなければなりません。つまり、人類が神の像を有しているというキリスト教的な考えは、想像力の役割ということに関して重要な意味を持っているということです。ルイスもトールキンも、私たち人間の想像力というものが、私たちの本来のアイデンティティと運命を反映させた世界への扉を開いてくれることを強調しました。私たちは時に美しい世界というものを夢見ますが、それは、私たちがこの世界から逃げ出したいと思っているからではなくて、私たちの奥深くにある何かが、そのようなリアリティを求めさせているのです。以下の議論で見るように、このこともキリスト教弁証学に深く関わることなのです。

手がかり6　美――自然界の美しさ

多くの人が、自然の美しさを目の当たりにした時に大きな感動を覚えます。例えば、雄大な山脈、光り輝く夕

（32）Charles Taylor, *A Secular Age* (Cambridge, MA: Harvard University Press, 2007), 530.〔チャールズ・テイラー『世俗の時代　下』千葉眞訳（名古屋大学出版会、二〇二〇年）、六二九頁。〕

日、森の広がる谷間など。では、そのように神が造られたものを愛する人々を、どうすればその造り主である神を愛するように導くことができるのでしょうか。まず、最初の、そして最も明らかな点としては、人々がこの世界を違った目で見ることができるように助けるということがあるのではないでしょうか。つまり、この世界それ自体を目的として見るのではなく、道しるべとして見るということです。世界の美しさとは、より素晴らしい神の美を指し示すものであり、世界はあたかも月がより明るい太陽の光を反射するように、あるいはダイヤモンドが日の光を捕らえて煌めかせるように、神の美を反映しているのです。

このことは、アメリカの偉大な神学者ジョナサン・エドワーズの主要なテーマでもありました。エドワーズは、自然の美しさに訴えることを基礎とした弁証学的アプローチの堅固な神学的基盤を提供したのです。エドワーズに言わせると、神は被造物が御自らの美を知り、愉しむことを欲しておられ、その美を被造物の秩序を通して人に伝え、すべての人がそれを見、認め、そして応えられるようにすることを選ばれたのです[33]。自然は、神の美を明らかにするためにあり、人間が神の栄光を仰ぎ見て、信仰と驚きをもってそれに応答することを学ぶための、欲求の学び舎（school of desire）として機能していると言うのです。

ただ、美というコンセプトについてはさらに掘り下げる必要があります。理性的な議論を理解する場合には、それについて深く考える必要があります。議論の意味というのは、すぐに明らかなわけではないのです。しかし、美しさというものは、理性的な議論とは大きく異なります。美とは、私たちがすぐに理解することができるものなのです。私たちが美しい景色、人、あるいは美術作品を見る時、私たちはすぐにそこに何か特別なものがあることを理解します。何かや誰かが美しいと思うことに、説得は必要ありません。私たちの奥深くにある何かがそのことを教えてくれるのです。美ということをベースにする弁証学は、もともと議論を問題としているのではありません。これは、物事の真価を見極める能力の問題なのです。そして議論というものが始まるのは、自然の美しさが何かを指し示しているとしたならば、それがいったい何であるのかを問う瞬間なのです。

もしかすると、私たちが自然を美しいと感じることには全く何の意味もないのかもしれません。それらはすべて偶然なのかもしれませんし、気まぐれで無意味なものなのかもしれません。しかし同時に、それはC・S・ルイスが「宇宙の意味を解明する鍵[34]」と呼ぶものであるかもしれないのです。欲求からの議論の別のバージョンとして、ルイスはもし人が真の美を被造物や儚いものに見出そうとするならば、私たちの美への憧れは完全に欲求不満の状態に陥ると論じました。それはまるで、虹のふもとに金の壺を探すようなものなのです。ルイスにとっては、この世界にあるものは皆、しるしでした。それらはそれらが意味するものが見つかる場所を指し示してはいますが、それ自体が真の美を届けるわけではないのです。もし、それらの内に真の美を見出そうとするならば、私たちは惨めで混乱した状態に陥ってしまうのです。

　人類の真の美への探究は、ルイスに言わせると、キリスト教の福音との重要な接点です。このことは、彼の短めの説教の中でも最も重要であると言うことのできる一九四一年の「栄光の重み[35]」という説教の中心的なテーマなのです。ルイスはそこで、人間は美によって刺激される、超越への直観を有しているのだと論じています。「自分自身のはるかな国へのこの願望は今だって自分自身のうちに見出される[36]」。ルイスにとって、美というものはこの過ぎ行く世界の中で出会う何にも増してリアルな理想を呼び起こすものなのです。そして美は、憧れの心――前の節で扱ったような――を起こさせます。その憧れとは、今現在は私たちがそこから追放されてしま

---

(33) Avihu Zakai, "Jonathan Edwards and the Language of Nature: The Re-Enchantment of the World in the Age of Scientific Reasoning," *Journal of Religious History* 26 (2002): 15-41.
(34) Lewis, *Mere Christianity*, 1.〔ルイス『キリスト教の精髄』一三頁。〕
(35) Lewis, "Weight of Glory," 94-110.〔ルイス『栄光の重み』五―二九頁。〕
(36) Ibid., 97.〔前掲書、一〇頁。〕

っている、おぼろげな記憶しかない世界への憧れです。それは、「自分の経験に姿を見せたことは一度もないもの[37]」、しかし私たちの経験上いつも示唆され身近に感じられているものなのです。

つまり、人間の美への探究は、実はその美の源の探究なのであり、その美はこの世界の物を通して示されてはいますが、その内に収まるものではないのです。「そこに美がところを得ているとわたしたちが考えた書物や音楽は、それをあてにしようものなら、わたしたちを裏ぎることでしょう。美はそういうものの中にではなく、それはただそういうものを通じて現れたのであって、そういうものを通じてあらわれたものは憧れであったのだからです[38]」。だからこそ、美への探究は欲求不満と絶望に終わってしまうのです。「美人はほほえみはしましたが、それはわたしたちを迎えるのではありませんでした[39]」。人は、美がメッセンジャーとして運んでくるたとえようもない何かをかすかに垣間見、そのメッセンジャーがメッセージそのものであると勘違いしてしまうのです。

そこでルイスは、私たちは自然をより偉大な美である神を指し示す道しるべとして見ることを学ばなければならないと論じます。キリスト教の伝統的な「権威を持つ表象（イメージ）」は、私たちが知っており、そして経験しているこの憧れを取り上げ、現在は隠されているもの――「まだ知らずにいて、そして知らなければならぬものを匿しているもの[40]」――を明らかにすることを約束します。そのイメージは、美への探究を「今は切り離されていると感じられる宇宙の中の何物かと再び結ばれようとするわたしたちの願い、常に外側から眺めてきた扉の内側に入ろうとする願い[41]」として解釈します。このような美を求める思いは、実は「自然を通り抜け、超越して、自然がただちらちらと映し出してみせる輝きの中に、はいる[42]」ようにとの招きだということです。

したがって、自然とはそれが指し示すものの「初めの素描……心象、象徴にすぎぬもの」だということになります。つまり、自然とは人々が自分の求めているそれ自体だと誤解してしまうものの「優れた像」だということです[43]。美は、目に見える個々の事象の世界を超えた世界を指し示すことで真理を明らかにするのです。美は、今は閉じられている扉の向こう側の世界を垣間見させ、その扉を開いてそこを通り抜けていくことを待ちわびさせるものなのです。

［わたしたちは、］わたしたちの目にしている輝きとまじり合うことができずにいるのです。しかし新約聖書の全篇全葉が、それはいつまでもそうだとは限らぬという噂の風にざわめいています。いつの日か神のおぼし召しがあって、わたしたちは中に入ることでしょうと。(44)

似たような考え方は、ジョナサン・エドワーズやハンス・ウルス・フォン・バルタザールのような著作家たちにも見ることができます。天と地の両方、つまり創造の秩序にあるすべての美は、イエス・キリストの光から出るものであり、キリストはすべての美の源である、美しい神の像なのです。

では、このような美への訴えをどのように弁証学的に用いることができるでしょうか。ルイスに言わせれば、答えはシンプルです。美とは理性的な分析の横道を行き、私たちの内にあるはるかに深いところに訴えるものです。例えば、弁護士である私の友達とその彼女が結婚することにしました。彼らは指輪を買いに宝石店へ行きま

(37) Ibid.
(38) Ibid., 98.［前掲書、一一一頁。］
(39) Ibid., 105.［前掲書、一二一頁。］
(40) Ibid., 100.［前掲書、一一四頁。］
(41) Ibid., 106.［前掲書、一二三頁。］
(42) Ibid., 108.［前掲書、一二五頁。］
(43) Ibid., 107-8.［前掲書、一二五頁。］
(44) Ibid., 107.［前掲書、一二五頁。］

した。彼らには、欲しいもののチェックリストがありました――どのようなセッティングがいいか、どんな宝石がいいかなど……。しかし、結局はその宝石店で二人ともが一目ぼれした指輪があったのです。その指輪は、チェックリストに当てはまるようなものではありませんでした。それでも二人は、その指輪がぴったりだと思って、その買い物を喜んで家路に就いたのです。

この話の弁証学的意味を知るのは難しいことではないですね！　時には、福音自体が人々を説得することに任せるということも大切なのです。「高価な真珠」の譬え話で、その真珠の価値を認めた商人は、その価値について説得される必要はなかったのです（マタイによる福音書一三章四五―四六節）。真珠自体が、その商人を説得しました。私たちには、人々が福音の美しさを捉える助けをすることはできるかもしれません。それはちょうど、宝石店の店員がダイヤモンドを光に掲げて断面をきらめかせ、その美しさがよく分かるように見せるようなものです。しかし、美しさは既にそこにあるのです。店員はただ、それが最高の状態で見えるようにしているだけなのです。

手がかり7　関係性――人格としての神

創世記の創造物語は、神の被造物が良いものであったということを強調しています。しかし、ただ一つの点において、神は変更が必要であると思われました。アダムが一人でいることはよくなかったのです（創世記二章一八節）。ここに、人間という存在が関係性の内に生きるものであることが示されています。私たちは、関係性の内に生きるようにと造られたのです。その関係とは、お互いとの関係であり、神との関係です。聖書は、アダムとエバがお互いと、そして神との調和の内に生きる場所としてエデンの楽園を描き出しているのです。本当の意味で人として生きるとは、関係の中に身を置くということであり、私たちはそうするようにと創造されたのです。

人間という存在が関係の中に生きる必要があるということは、昔から知られていました。古典時代の代表的な哲学者であるアリストテレスが、人間を「政治的動物」と呼んだことは有名ですが、彼はこの言い回しによって、人間には共同体——古典的ギリシアのポリスのような——の中で共に生きるという生まれつきの傾向があることを意味していたのです。しかしほとんどの人は、自らが他者との関係を必要としているということを考えるとき、それを政治的な言葉で表現するのではなくて、非常に人格的で個人的な言語である愛という言葉で表現するものです。

「人生の最高の幸せは、私たちが愛されていると確信することだ」。著名な劇作家であるヴィクトル・ユーゴー（一八〇二—八五）はこのように記しました。自分が愛されていると知っていることは、私たちが人生を歩んでいく中で確かな土台を備えてくれます。私たちは、自分が誰かにとって大切であるということを知る必要があるのです。つまらない学問的論文から、くだらないロマンス小説まで、あまりにも多くのものがこの同じことをテーマにして書かれています。つまり、「なぜ裕福で権力を持った人々がこんなに幸せでないのか？」ということです。要するに、富や権力ではなく、愛こそが人々にとって本当に大切なのだということでしょう。私たちは、意義のある人格的関係を抜きにして生きることはできないのです。

この点を説明するための物語というものは、枚挙にいとまがありません。私のお気に入りは、アメリカの哲学者であるポール・エルマー・モア（一八六四—一九三七）に関連するものです。彼がまだ若かった時、モアはプラトンのイデア——地上に見えるものすべての背後にあるリアリティ——という考え方に夢中になりました。しかし、プラトンの「イデア界」というものについて思索を深めていくほど、彼にとってその魅力は薄れていったのです。モアにとって、プラトンの世界というものは、言葉も語られず愛の優しさも知られていない、冷たくて非人格的な世界に見えたのです。しかしキリスト教は、私たちが冷たく感情のないイデアの世界を捨てて、生き生きとした神の存在に満たされた世界へと行けるようになるために、神が私たちの歴史に介入してくださったことについて語っています。この違いは非常に重要です。だからこそ、モアが後にキリスト者になったことには何の不思議もないのです。[45] 人間は誰しも、抽象的で非人格的な世界の中で満足して憩うことはできないのです。私たちは、他者と関わることが必要なのです――そしてそこには、神も含まれます。

キリスト教というのは、基本的に関係を重んじる信仰なのです。私たちは、福音を純粋に理性的にだけ捉えるようなことがあってはなりません。福音は、例えば神が存在することを信じるとか、信仰がただ箇条書きにされた事柄に同意することのように考えられてはならないのです。もちろん、信仰には確かな内容というものがあって、私たちは神や私たち自身に関して特定の事柄が真実であると信じています。しかし、信仰とはそれだけではないのです。私たちは、聖書が語る信仰というものが、基本的にはご自身を信頼に足る存在として言葉と行いをもって私たちに示してくださる神を信頼することを意味していることを決して忘れてはなりません。信仰と希望と愛という概念は、お互いに深く関わっているのです。私たちは、私たちを愛し、私たちに未来への希望をくださる神を信頼するのです。

信仰の関係性としての側面は、聖書の至る所に見ることができます。例えば、アブラハムの召命について考えてみてください（創世記一五章、一七章）。これらの聖書の物語の中心には、人間が神の約束を信じるという概念を見出すことができます。これらの物語は、アブラハムが信じ、従うという神との関係を築いていくことに焦点が当てられているのです。あるいは、ガリラヤ湖の畔で最初の弟子たちが召された時のことを考えてみてください（マルコによる福音書一章一六―二〇節）。主イエスは漁師たちにご自分についてくるようにと招かれます――つまり、ご自分と人格的関係を持つようにと招かれるのです。

聖書全体を通して、神は人格（person）として理解されています。非人格的な力としてではなく、私たちを愛し、私たちと関係を持ちたいと願っておられる存在として理解されているのです。そして、私たちが神との関係について語るときの言葉は、私たちが他の人々と関わるときに使う言葉と似ているのです。例えば、「愛」や

「献身」など。他にも、パウロが手紙の中で「和解」という言葉を、疎遠であった人々との関係が修復されることと、神と人類の関係がキリストによって修復されることの両方に用いています。

ここで指摘しておくべき重要な弁証学的ポイントは、固い神学的土台の上に立つものです。つまり、私たちは神と関係を持つために創造されたので、その関係が実現するまでは私たちは満たされず、安んじることもないということです。私たちは「神の像」に造られました（創世記一章二七節）。だからこそ、私たち一人一人の中には神に対応する（神と同じということではありません！）ものが生まれつき備えられているのです。私たちは、私たちの創造主であり贖い主である神と関係を持つことができるという、神から与えられた能力のゆえに人間であると定義されるのです。私たちは、神への信仰を持つことで、ようやく自分たちがあるべき姿になることができるのです。人間の本来の在り方とは、何を持っているか、どんな地位があるか、あるいは権力があるかによってではなく、神を抱き、また生ける愛なる神によって抱かれることによって初めて実現するのです。

このことは、既に扱ったテーマにも直結するものです――つまり、欲求からの議論と結び付くのです。しかし、この場合、その欲求は人格に対する求めであり、何か非人格的な物や力に対する求めではありません。私たちは神を知っているのであり、ただ神について知っているのではないのです。確かに、私たちの内には「神の形をした穴」が存在し、その穴が、私たちが神が望まれる通りの存在になるために、神と関係を持つ必要があることを指し示しているのです。神なしには、私たちは空っぽであり、満たされることはないのです。

（45） 以下を参照。Paul Elmer More, *Christ the Word* (Princeton: Princeton University Press, 1927).

手がかり8　永遠——希望の直観

聖書の言葉の中には、言語のヘブライ語やギリシア語があまりに複雑で深い意味を持っているために、英語に訳すのが難しいものがあります。よく言われているように、翻訳の中で失われてしまうものがあるのです。例えばコヘレトの言葉の第三章は、流れる時の中での私たちの立ち位置についての長い黙想です。その中の一つの箇所は、特に英語に訳すのが難しいものです。神は人間を創造なさるにあたり、「人の精神に過去と未来の感覚を置かれた（put a sense of past and future into their minds.『新共同訳』では「永遠を思う心を人に与えられる」）」と記されています（コヘレトの言葉三章一一節）。しかし、このような言い回しは、この箇所の本当の意味を正確に表現してはいないのです。この箇所を別の仕方で訳すとすれば、神が「彼らの心に永遠を植え付けられた（planted eternity in their hearts）」とすることができるでしょう。私たちは既に、人生が短いものであることを感じています。それと同時に、現実というものには、私たちに与えられたほんの一かけらの時間と場所を超えたものがあることを、深いところで直観しているのです。この世界での私たちの過ぎ行く存在は、それを超え、またそれに優る何かが存在することを指し示しているのです。私たちは、自分がこの世界での命を超えたもののために造られたのではないかと、いわば第六感で感じ取っているのです。ではどうやってそこに到達したらよいのでしょうか。

私たちの真実な目的は過ぎ行くこの世界を超えたところにあるという感覚は、いくつかの要素によって強められます。一つには、私たちがこの世界には属していないという深い感覚があります。五世紀に著作活動をしていたヒッポのアウグスティヌスは、私たちが振り払うことのできない、忘れ得ぬ楽園の思い出について語りました。忙しい生活のただ中でも、私たちは別の世界、別の存在の仕方について思い起こすことがあるのです。あたかも地の果てから声が呼びかけて、私たちが今持っていたり知っていたりするよりもはるかに深く、優れたものを指し示しているかのように思えるのです。詩人のマシュー・アーノルド（一八二二―一八八八）が、ヴィクトリア朝時代の最盛期に記した『埋もれた生』という詩の中で以下のように記した通りです。

しかしたびたび、世界一混雑した街角で
しかしたびたび、争いの騒がしさの中で
言葉にできない欲求がこみ上げてくる
われわれの埋もれた生の知識から来る欲求が

私たちの魂には、エデンの園の思い出が刻まれていて、私たちが自分のアイデンティティやゴールを見失ったときに、私たちを試し、また新たにしてくれるのです。

同じようなアイディアは、アメリカのミュージシャンであるジョニ・ミッチェル（一九四三―）が一九六九年の有名な「ウッドストック」という歌で表現しています。彼女は、私たちが「星屑から造られた」と言いました。しかしこれは、あたかも私たちの存在が宇宙の化学的な要素によって形作られているという事実によって定義されているかのように、私たちが物質的な要素に還元されてしまうということではありません。私たちには、何か特別なものがあるのです。何かが私たちを他とは区別しているのです。私たちは、自らのアイデンティティと存在の目的を取り戻さなければなりません。でもどうやって。ミッチェルの答えは、ドラマチックでパワフルです。「私たちは、あの園へ帰らなくちゃ」。

このような希望への意識は、西洋文化に深く根付いています。ジャーナリストのリサ・ミラーが、最近の社会の天国に対する態度を調査したところ、個人も社会も「すべての最善のもの……しかしその最善のものの先に……最も美しく、愛に満ち、正義であり、真実であるものを体現している場所」[46]を今でも固く信じているという結果が出たのです。もちろん、そのような期待はただの幻想であるかもしれません。私たちの人生の暗い現実から目をそらすための絵空事かもしれません。しかし同時に、その期待は私たちの真実のアイデンティティと存在の意味を知るためのヒントかもしれないのです。ミラーが語るには、私たちは悲惨な状況の中でも自らを前進させることのできる「徹底的な希望」を持っているのです。そしてこのことが、イエス・キリストの復活と新しいエルサレムにおいてついに神にまみえるという確信に満ちた期待というキリスト教的な希望の考え方と結び付くというのは想像に難くないのです。

弁証家の役割は、人の心の奥深くにあるこの直観に寄り添い、いかにキリスト教信仰がその思いを説明することができるかを示し、神の現実に根差した本当の希望を差し出すことです。私たちはまず、心の内にある希望の感覚から始めて、それが何を指し示しているかを尋ねるのです。そこから、キリスト者の希望の本質について説明し、いかにこれが人間の心の根本的な直観を満ち足りさせることができるかを語るのです。もしかすると、神が私たちの心に宇宙の本当の意味を知るためのヒントとして永遠への思いを植え付けられたのかもしれない。もしかしたら、私たちが永遠を思い、それを慕い求めるのは、神が私たちをそのように造られたからなのかもしれない……と。

これは厳密には論理的な議論ではありません。むしろこの議論は、キリスト教信仰がいかに人間の置かれている状況を適切に説明でき、私たちの直観的な思いがキリストによって満たされることができるかを説明するものなのです。つまりこれは、人間が置かれている現実を、新たに導かれ、造り変えられるための準備として捉えるという、解釈の問題なのです。

手がかりを編み上げる――法則を求めて

自身の詩の中で、空から降り注ぐ「事実の流星群」について記したアメリカの詩人エドナ・ヴィンセント・ミレイについて既に記しました。彼女は、これらの事実はタペストリーとして織り上げられなければならない糸のようであると言いました。全体像を明らかにするために寄せ集めなければならないヒントということです。ミレイが指摘したように、このような事実の流星群に遭遇するとき、私たちは「それを布にするための機織り機」が必要なのです。諸事実の裏にある規則性とは何なのでしょうか。

この章では、宇宙の意味を指し示す八つのヒントについて考えました。これらはそれぞれに単独でも重要なものです。しかし、それらの本当の重要性は、それらが全体として示しているある規則性にあるのです。それらのヒントは、信仰というタペストリーを織りなす糸のようなものです。そこでキリスト教神学は、それらのヒントの重要性が織り上げられ、本当に理解されるようになるための機織り機と言えるでしょう。糸はそれぞれにその価値を認められることもできますが、それらが織り上げられ、まとまりのある美しい模様を生み出した時にこそ、その糸の重要性が明らかになるのです。

ヒントのうちのいくつかは、私たちの世界の観察に関するものです。また別のヒントは、私たちの内的な経験の世界に関わるものです。しかし、自分の考えについて思いめぐらすにせよ、自分が抱いている憧れについて思いめぐらすにせよ、キリスト教信仰こそがそれらのヒントの意味を解き明かし、福音によって明らかにされているこの世界の現実の全体像の中で正しい場所に位置づけることができるのです。このように、キリスト教信仰が

(46) Lisa Miller, *Heaven: Our Enduring Fascination with the Afterlife* (New York: HarperCollins, 2010).

私たちの経験と結び合うことができ、その経験の本当の意味を解き明かすことができるということ自体が、キリスト教信仰が理性的な真理であり実存的に意義があることの確かな証拠なのです。

哲学者のジョン・コッティンガムが最近、なぜキリスト教的な神への信仰が知的活力に満ち、霊的な満足を与えることができるのかについて、素晴らしい説明をしています。

キリスト教信仰は、他の助けを必要とせず自律的であると言われている世俗の倫理の水面下に潜む不確実さと虚しさという脅威から私たちを自由にする枠組みを提供してくれる。キリスト教信仰は証拠を提供するわけではないが、私たちの人間界という「洞窟」（プラトンのイメージを使うならば）は、完全に遮断され封じられているのではなく、私たちの微かで暗示的な倫理的行いが、すべての善の究極の源を反映するものであるという希望を与えてくれる。[47]

コッティンガムは、これと同じように、暗示的な美というものも、美の究極的源を指し示すのだと論じています。つまり、福音はそれらの「ヒント」の意味を明らかにし、同時にそれらを真の源と目的へと改めて向き直させるのです。

このアプローチは、ジャン・カルヴァン（一五〇九―六四）の『キリスト教綱要』の冒頭において展開されている神学的枠組みを用いることによってより深く掘り下げることができます。[48] カルヴァンはそこで、私たち人間は神の存在を直観したり知ったりすることができると語り、それは周囲の世界について思いめぐらすことによってか、自らの内にある神の存在への気付きによるものだと論じています。しかし、カルヴァンによればそれらは有効でありながら不完全なものなのです。それらは、より素晴らしく、より大きなものを指し示しているのです。そこでカルヴァンは、神の啓示に根差した完全な神の知識というものが、その感覚に結び付き、そしてそれが正しく理解され、再解釈され、改めて方向づけられ、そしてキリストの贖いによって完全にされることができると論じるのです。

　ですから、この章で用いられた弁証学的アプローチは、宇宙に秘められた意味についてのヒントを洗い出すものなのです。それは、周囲の世界を観察することから得られたヒントかもしれませんし、人類が心の深くに抱く主観的な感情や憧憬の念というものから得られたものかもしれません。それらを皆合わせると、キリスト教信仰が人生や命の意味を明らかにすることができる可能性を指し示す重要な手がかりとなるのです。ただ、それらは個別に理解され、用いられる必要もあります。それらのヒントは一つ一つそれぞれに重要で、独自の弁証学的作戦とアプローチを生み出すことができるのです。それがどういうことか説明してみましょう。

　まず、上記のヒントのうちの一つを取り上げたいと思います。例えば宇宙の秩序。これを工夫してどのように弁証学的に用いることができるでしょうか。このヒントをどのように掘り下げれば、人々がここに見出し得る重要性を理解することができるでしょう。宇宙の秩序や規則性に訴えることで、どうやって人々にそれらが神に起源を持っていることを示すことができるでしょう。私がここに一つの例として、二〇一〇年の三月に放送されたBBCでの私の講義の一部を記したいと思います。この短い講義の中で、私はこの「ヒント」を活用して、古典古代に起こった出来事に触れることから始めました。

（47）　John Cottingham, *Why Believe?* (London: Continuum, 2009), 47.

（48）　これについては古典的研究である、以下を参照。Edward A. Dowey, *The Knowledge of God in Calvin's Theology* (New York: Columbia University Press, 1952); T. H. L. Parker, *Calvin's Doctrine of the Knowledge of God* (Edinburgh: Oliver & Boyd, 1969).

ギリシアの哲学者であり、ロドス島の岸に流れ着いたアリスティッポスについてのある物語が語り継がれています。彼はその場所について何も知りませんでした。ここに人は住んでいるのだろうか。彼は海岸線に沿って歩きました。そして砂の上に描かれた幾何学的模様を見つけたのです。彼は「希望があるぞ！」と叫びました。「誰かがここに住んでいるのだ！」。アリスティッポスは自然の風景の一部を見て、そこに人間の知恵が働いていることを悟ったのです。そこにあった模様は、彼自身のような人間によってデザインされ、描かれたものとして浮かび上がってきたのです。彼は、島に独りきりではありませんでした。

ここで私は、宇宙には独自の規則的なパターン——ファイン・チューニングなど——があることを示しました。そして、アリスティッポスがロドス島の岸で見た知的なデザインの存在から、それをデザインした知的存在がいると考えたように、私も、宇宙の秩序から創造主の存在について論じたのです。そしてその講義は、以下のように、宇宙の不思議な秩序や規則性をどのように説明することができるかを語ることによって閉じられました。

一つの答えとしては、私たちの本当のアイデンティティと存在意義は、神を知ることによって見出されるということです。これが私自身が出した答え——少なくとも答えの一部——なのです。私は、これまで常にこのように考えてきたわけではありませんでした。私が何年も前にオックスフォード大学の学生だった頃、段々とこのような考えが私の思考と想像力を捕らえるようになっていったのです。

そしてこの答えは、私にとって今でも心を震わせ、わくわくさせるものです。私にとって神を見出したことは、物事をよりはっきりと見るためのレンズを見出したようなものでした。信仰は、現実の全体像を示してくれます。私が、それを理解できるというだけではなく、それによって自分を理解できるようにもなるのです。C・S・ルイスがかつて、「わたしは太陽が昇ったことを、それが見えるだけでなく、それによってその他もろもろのものが見えるがゆえに信じるように、わたしはキリスト教を信じるのです」と語りました。私は、神を信じることが科学に矛盾するとは思いません。むしろ、神を信じることによって、科学の成功を喜び、理解し、そしてその限界をも知るための知的で倫理的な枠組みが与えられるのです。

最後に、一七世紀の科学革命に最も大きな貢献をした人物の一人であるアイザック・ニュートンについて語って、話を終えたいと思います。ニュートンによる科学的・数学的業績――惑星の運動に関する法則の発見や彼の光学の理論など――は、自然を新たな科学的知見により理解する最前線へと彼を導きました。しかしニュートンにとって、自然の中に見られるものは、より深い、その先にあるものを指し示すものであり、目に見えるものはそれを示す標識のようなものだったのです。ニュートンは晩年、次のように記しました。「私は浜辺で遊ぶ幼い男の子のようだったようだ。他より滑らかな小石や普通よりきれいな貝殻を見つけることに気を取られて、目の前に広がる真理の大海原には気が付いていなかった」。その大海原は、まだそこにあります。未だその深さが測り尽くされたことのないその海が、私たちをより深く、そしてより遠くへと進むように誘っているのです。

ここで私は、弁証学的なアプローチを展開しているのであり、伝道的なアプローチを展開しているのではないことには注意してください。私はここで、人を改宗させようとしているのではなく、人々を惹きつけ、興味関心を持たせ、最終的には説得しようとしているのです。このヒントを説明できる最善の道は何か。そしてそのことの人間の存在に対する意味は何か。ここで示されたことよりも多くのことが語られなければならないことは、皆分かっているでしょう。しかしある意味で、弁証学というのは、私たちが掘り下げているような深い問いによって、聞き手（それが一人の人であっても、部屋を埋め尽くすほどの人数であっても）の興味関心を惹きつけて、真剣な対話を始めるためのものと捉えることができるのです。つまり、弁証学はその対話を始めるためのものであり、伝道はそれを結論へと導くものなのです。

次に向けて

この章では、私たちの身の回りに散りばめられている、宇宙の意味についての「ヒント」について考えました。私たちが語る相手も、それらの大部分について知ってはいます。しかし、その人たちはそれらのヒントの意味についてまでは深く考えたことがないかもしれません。弁証家としての私たちの役目は、それらの点を結んで、一つ一つのヒントを的確な文脈に置くことなのです。

しかし、ここでまだ指摘しなければならない点があります。もっと前の章で、聞き手がいかに重要であるかを強調しておきました。聞き手とは、それぞれに異なるのです！　理性的な議論に価値を見出す人もいるでしょう。しかし、より深い次元――例えば美や究極的な意味を慕い求める人間の思いなどに訴えること――に訴えかけるアプローチに価値を見出す人もいるのです。私たちは、人間の理性に訴えかけるアプローチに縛られているわけではなく、人間の想像力や気持ち、直観なども含めた人間の性質のすべての側面に取り組むことができるのです。続く章では、信仰へ続くいくつもの入り口と、それらの重要性、そしてそれらの最善の用い方について考えたいと思います。

さらなる学びのために

Craig, William Lane. "In Defense of Theistic Arguments." In *The Future of Atheism*, edited by Robert B. Stewart, 67-96. Minneapolis: Fortress Press, 2008.

Dubay, Thomas. *The Evidential Power of Beauty: Science and Theology Meet.* San Francisco: Ignatius Press, 1999.

Evans, C. Stephen. *Natural Signs and Knowledge of God: A New Look at Theistic Arguments.* Oxford: Oxford University Press, 2010.

Feingold, Lawrence. *The Natural Desire to See God According to St. Thomas and His Interpreters.* Rome: Apollinare Studi, 2001.

Haldane, John. "Philosophy, the Restless Heart, and the Meaning of Theism." *Ratio* 19 (2006): 421-40.

Hart, David Bentley. *The Beauty of the Infinite: The Aesthetics of Christian Truth.* Grand Rapids: Eerdmans, 2003.

Keller, Timothy J. *Counterfeit Gods: The Empty Promises of Money, Sex, and Power, and the Only Hope That Matters*, New York: Dutton, 2009.

McGrath, Alister E. *Surprised by Meaning: Science, Faith, and How We Make Sense of Things.* Louisville: Westminster John Knox, 2011.

Peters, James R. *The Logic of the Heart: Augustine, Pascal, and the Rationality of Faith.* Grand Rapids: Baker Academic, 2009.

Plantinga, Alvin. *Warranted Christian Belief.* Oxford: Oxford University Press, 2000.

Polkinghorne, John. *Science and Creation: The Search for Understanding.* London: SPCK, 1988.

Spitzer, Robert J. *New Proofs for the Existence of God: Contributions of Contemporary Physics and Philosophy.* Grand Rapids: Eerdmans, 2010.

Swinburne, Richard. *The Existence of God.* 2nd ed. Oxford: Clarendon Press, 2004.

Warren, Rick. *The Purpose Driven Life: What on Earth Am I Here For?* Grand Rapids: Zondervan, 2002.

Wolterstorff, Nicolas. "The Migration of the Theistic Arguments: From Natural Theology to Evidentialist Apologetics." In *Rationality, Religious Belief, and Moral Commitment*, edited by Robert Audi and William J. Wainwright, 38-80. Ithaca, NY: Cornell University Press, 1986.

第七章　弁証学への入り口——信仰への扉を開く

弁証学というものは、幕を開けてその向こう側に何があるかを人々に見えるようにする作業に譬えることができます。あるいは、ダイヤモンドを光にかざして、断面が日の光にキラキラと輝くようにさせるようなものだと譬えることもできるでしょう。つまりこれは、信仰への入り口を用意することなのです——それは扉を開くことのようにも、幕を開けることのようにも、人々がより良く見ることができるための明かりを点けることのようにも、あるいは物事の焦点を合わせるためのレンズを用いることのようにも理解することができます。ここで鍵となることは、私たちはもしかすると生まれて初めてはっきりと見ることができるように人々を助けているのかもしれないということです。以前は捉えることのできなかった洞察を見出し、なぜ人々がキリスト教信仰を知的な説得性を持ち、想像力を掻き立てるものだと感じるのかが、急に腑に落ちるようになるために。

弁証学とは、橋を架ける作業であり、人々が自分が既に知っている世界から、自分が見出さなければならない世界へと渡ることができるようにするのです。弁証学は、人々が自分は全く知りもしなかったドアを見出すことができるように助けるものであり、自分たちの想像をはるかに超える世界を見て、そこに入ることができるよう手伝うものなのです。弁証学は目を開き、扉を開き、キリスト教信仰への入り口を用意するのです。それでは、その入り口とは具体的にどのようなものなのでしょうか。

最近になるまで、キリスト教信仰を論理的に擁護する議論を用いることが弁証学の一般的な流れでした。しかし、これは非常に合理的な社会への応答であった部分が大きく、その文化の中では真理の条件というものは理性に矛盾しないということだと考えられていたのです。これから記しますように、議論を用いることは、キリスト教弁証学の中でも不可欠の要素であり、それが疎んじられてはなりません。しかし、西洋社会において合理主義が衰退した今、議論というものは以前ほどの重要性を持ってはいません。現在では、キリスト教信仰の別の側面が見出されなければならない文脈が生まれているのです。そしてその新たな側面とは、キリスト教信仰の、力強く想像力を掻き立てる、倫理的、また美的・感覚的な魅力なのです。古い時代のキリスト教著作家たち、特に中世やルネサンス期を生きた人々は、信仰者を教育する際に聖書の物語や視覚的なイメージに重きを置いていました。近代世界になって、それらは価値がないものとされたのですが、ポストモダンの到来により、物語やイメージが持つ力が再発見されてきたのです。

近年のポストモダンの台頭は、物語やイメージの重要性を新たに強調するものとなっており、物語やイメージは人間の想像力に強く訴えるものなのです。キリスト教弁証学の歴史に詳しい人であれば、それらが特にルネサンス期には信仰への入り口として古い世代の弁証家たちに広く用いられていたことにすぐ気が付くはずです。私たちは、移り変わっていく社会の文脈の中でキリスト教信仰を擁護し、また推奨するためのバランスの取れたアプローチを構築する中で、そのような古いアプローチを取り戻さなければならないのです。

私たちは、福音と人間の魂の間をつなぐ扉はいくつもあることを認めて、その弁証学的方法も、聞き手に合わせていかなければなりません。新約聖書そのものも、福音をさまざまな聞き手の思想的・体験的世界と結び合わせることを意識していることは明白です。もし魂が「渇いた大地」（詩編一四三編六節）のように神を渇き求めているとすれば、どうすればそこに水を撒くことができるでしょうか。私たちの仕事は、福音の生きた水が人の魂を生き返らせ、そして造り変えるためのパイプを見出し、そのパイプを誠実に、そして効果的に用いることなのです。そこでこの章では、入り口のイメージを用いてさまざまなアプローチについて考えたいと思います。

入り口と弁証学　省察

中世の神学者たちが、人間の魂がどのようにして神の恵みによって変えられるかを論じる際に用いた最も重要なイメージは、太陽と雨戸のイメージです。その良い例が、アラン・ド・リール（一二〇三年没）の著作にあります。彼は人間の魂を、寒く暗い部屋に譬えます。雨戸が勢いよく開かれると、太陽の光が部屋に溢れ、部屋を明るく暖かくします。雨戸が開いたこと自体が、部屋を明るくしたり温めたりしたわけではありません。雨戸を開けるということは、ただ実際に部屋を明るくしたり温めたりすることができる力を妨げる障害を取り除いたというだけのことなのです。ですから、部屋の変化の本当の原因は太陽です。私たちは、ただ妨げを取り除いて、太陽の光と熱が部屋に入ることができるようにしただけなのです。

こういったイメージは、私たちが回心を起こすわけではないという神学的ポイントを分かりやすく示してくれます。アランは、私たちこそが、心の雨戸を勢いよく開いて、神の恵みが私たちの人生の中で働くことができるようにする者なのだと論じています。私たちはただ、神の恵みを妨げるものを取り除くだけなのです。そして神の恵みこそが人の魂を新しく造り変える源なのです。アランのイメージは、神こそが人々を回心させるということと同時に、私たちも神の恵みの障害や妨げとなるものを除くという仕方で、そのプロセスを手伝うことができることを改めて示してくれるのです。

信仰への入り口というものは、私たちの目が自らが置かれている状況の現実に対して真実に開かれ、福音がその状況を変革できるようになるための道筋です。この重要な点を理解するために、例えばあなたが深刻な病に侵されていると想像してみてください。あなたは敗血症を患っていて、それを治すための薬を手に入れなければ数時間以内に死んでしまうとします。しかし、あなた自身は自分の身に何が起こっているのかきちんと理解できていません。加えて、治療法が存在することもあなたは知りません。そのような状況に自分が置かれていることを想像してみてください。そして、以下のアプローチについて考えてみてください。これらは二つとも、何らかの変化に向けての入り口です。

1　医者の友人がいます。彼女はあなたの症状が敗血症だと言っています。彼女は、治療が行われない限り、あなたの命は危険にさらされていると説明しています。そして、治療のための薬をいくつか紹介し、それをどこで手に入れることができるか、そしてどのように投薬するかも教えてくれました。

2　別の友人が、自分もあなたと同じような症状だったことがあると言っています。彼もひどく具合が悪くなりました。しかし彼の場合、誰かがある薬について教えてくれたので、それを飲んで一命を取り留めたと言います。彼は、同じ薬を使うようにあなたに勧めています。言い換えれば、彼はあなたの人生の物語のこの重要なタイミングに関わる自分の物語を伝えているのです。

一つ目のアプローチは、証拠に基づく議論です。そして二つ目のアプローチは、物語の語り手が、あなたの状況に関係があると思う自らの経験を語る物語です。これらはそれぞれ非常に異なるアプローチです。それでも、両者は「入り口」として機能しています。どのようにしてでしょうか。

第一に、これらは二つとも物事を違う仕方――その実際の姿――で見るように促すものです。第二に、これらは二つとも状況を変えるために何をすることができるかを示してくれます。第三に、これらはあなたに、薬を手に入れ、それを飲んで回復するという重大な一歩を踏み出すようにと促してくれます。

あなたを癒すのは薬です。しかし、自分が置かれている本当の状況――つまりあなたにはその薬が絶対必要だったこと――に気付いていなければ、あなたは癒されることがなかったでしょう。神の恵みとはその薬のようなものです。そして、あなたがそれによって癒されたなら、あなたは他の人たちにも、その恵みが必要であることを知らせ、その恵みの力について証言することができるのです。人々を回心させ、信仰を持たせるのは神です。しかし、あなたもそのプロセスの、小さいながらもリアルな役割を担っているのです。ですから、あなたが語る言葉が、人々が物事を違うように見て新たな考え方や生き方を想像し始めるための「入り口」となることができるのです。

入り口1　説明

キリスト教を擁護するための最善の策は、それがどのようなものであるかについての説明です。言い換えれば、もしあなたがキリスト教を擁護したり勧めたりしたい場合、人々にキリスト教とは本当にはどのようなものであるかを説明することから始めるのが最善だということです。多くの人々は、キリスト教についての誤解を抱いていて、それが彼らが信仰を持つことへの妨げとなっています。このことの良い例の一つを、偉大なる神学者のヒッポのアウグスティヌスに見ることができます。彼は哲学の不毛地帯を長くさまよった後に、信仰を持つようになりました[1]。アウグスティヌスは、マニ教というキリスト教に非常に批判的なセクトに没頭していた、北アフリカ出身の若く有能な弁論家でした。彼のキリスト教に関する知識の大半は、その批判者たちから聞いたもので、それらは正確ではありませんでした。アウグスティヌスは、キリスト教を自分のような文化的で知的な者にとっては考慮するほどもないものとして退けていたのです。

（1） Peter Brown, *Augustine of Hippo* (London: Faber & Faber, 1967).〔P・ブラウン『アウグスティヌス伝』上下巻、出村和彦訳（教文館、二〇〇四年）。〕

アウグスティヌスは野心的な人物だったので、帝国の首都で自らの名を挙げようと考えました。そこで北アフリカを出て、ローマへと旅立ったのです。ローマに着いてほどなくすると、彼は北イタリアの主要な都市であるミラノで弁論術の教師としての仕事に招かれました。彼はこれが自分の帝国の行政における自分のキャリアの重要な第一歩だと感じたので、この申し出をすぐさま引き受けたのです。しかし、彼は自分の政治的出世が自らの修辞学的技量にかかっていることも承知していました。誰か、彼の弁論家としての技術向上を助けることができる人がいないでしょうか。

ミラノに到着してから、アウグスティヌスはアンブロシウスという地元のキリスト教の司祭がいることと、彼の優れた弁論家としての評判を耳にしました。そこで、彼はアンブロシウスが噂に見合う人物かどうかを確かめに行ったのです。毎週日曜日、アウグスティヌスはミラノの大きな教会堂に紛れ込んで、司教の説教を聞きました。初めは、アウグスティヌスは純粋に職業的な関心から、説教を素晴らしい演説として受け止めていました。しかし次第に、その内容がアウグスティヌスを捕らえるようになってきたのです。

わたしは、かれが民衆にむかって説教するのを熱心に聞いたが、それは正しい意図をもってではなく、いわばかれの弁舌を探るためであった。即ち、司教の弁舌はその名声にふさわしいか、その流暢なことは世間の評判にまさるかそれともおとるかを知ろうとした……わたしはアンブロシウスの語ることを学ぶつもりではなく、ただどのように彼が語るか、その話しぶりを聞こうと思ったのである……わたしが喜んで聞いていた言葉とともにわたしが注意しなかった言葉の内容もわたしの魂のうちにはいっていた。わたしは言葉と内容とを区別することができなかったのである。それで、わたしが心を開いて、かれがどんなに巧みに語るかを聞こうとしたとき、かれがどんなに真実を語るかということも徐々にではあるがわたしの心のなかにはいってきた。(2)

このアウグスティヌスの信仰への長い旅路の物語が明らかにするように、アンブロシウス（アウグスティヌスはこの人を神学的英雄と考えるようになりました）は、信仰への大きな妨げを取り除けたのです。彼は、マニ教が描くキリスト教のステレオタイプを打ち砕いたのです。アンブロシウスの語りを聞いてからは、アウグスティヌスはキリスト教というものが、自分が考えていたよりもはるかに魅力があり説得力があるものだということに気が付きました。信仰への妨げは取り除かれたのです。アウグスティヌスがキリスト教に改宗するまでには、それからもなお時間を要しましたが、アンブロシウスとの出会いはその道のりの中で里程標となったのです。

私たちが弁証学的なミニストリーを行う中で出会う人々のうちには、キリスト教がいったい何であるかということについて、仰天するほど見当違いで混乱した考えを持った人たちが必ずいます。それらの誤解――無意識に集められたものもあれば、誰かが故意に広めたものもありますが――は、指摘され、確実にしかし賢く解かれる必要があります。

では次に、おそらく信仰への入り口として最も馴染み深いと思われるもの、つまり理性に裏打ちされた議論について考えてみましょう。

入り口2　議論

弁証学への古典的なアプローチは、神の存在を知的に立証し、それ以外の選択肢を批判する際に、理性の重要性を強調します。既に、神の存在を擁護するための議論の役割を、以下にまとめた通り考えてきました。

（2）　Augustine, *Confessions* V.xiii.23–xiv.25.〔アウグスティヌス『告白録』一五八―一六〇頁。〕

1　デザインの存在からの議論。ここでは、世界がデザインされているという観察結果——例えば、明らかに「ファイン・チューニング」があること、あるいは世界の複雑さ——は、世界が神によってデザインされたことを示している（一三四—一三八頁）。

2　起源からの議論。宇宙が起源を持っていたということへの気付きは、それが誰かあるいは何かに「原因」を持つことを示している——つまり、このことは神がすべての造り主であられるというキリスト教的思想を自然と指し示している（一三一—一三四頁）。

3　一貫性からの議論。ここでは、キリスト教信仰が、私たちが身の回りの世界から観察できることや私たちの内面的な経験と一貫性を持っていることに重きが置かれる（一〇五—一一八、一三八—一四二頁）。

4　倫理からの議論。この議論は、倫理的価値観というものは、例えば「義なる神」などの超越した基盤を想定しない限り、安定した信頼性のある基礎を持つことができないと論じる（一四二—一五〇頁）。

ここに挙げられたもの以外にも、容易に他の議論を並べることができるでしょう。覚えておいてほしいのは、これらの議論は論理的に厳密な意味で「証拠」として理解されるべきではないということです。これらの議論が完全に明確にしていることは、神を信じることは理に適っている——あるいは、別の言い方をするならば、神への信仰は証明されることはできなくても、正当なものであるということなのです。

厳密な意味において、「証拠」とは論理学と数学においてだけ用いられるものです。例えば私たちは、2＋2＝4を証明することとは、「全体」が「部分」よりも大きいことを証明することができるのと同じように証明することができます。しかし、ここで重要なのは、「証明可能性」を「真理」と混同しないことなのです。二〇世紀の初頭に、偉大な数学者であるクルト・ゲーデルは、人がどれだけ多くの推論規則を定式化させても、それらによってはカバーしきれない有効な推論が存在するということを証明したことは有名です。言い換えるならば、人がそれを真実であると証明することができないであろう命題があるということです。(3) このことが哲学的に意味することは非常に大きいものがあるのです。(4)

議論というものは、キリスト教信仰以外の選択肢の立場を批判する際に——例えばその論理的矛盾や信頼できる証拠となる基盤の欠如を指摘することで——用いることもできます。例を挙げるならば、これまで本書全体を通して、いかにキリスト教の福音が物事に説明をつけることができるかを強調してきました。そうすることによって、私たちはキリスト教の魅力を理性的な側面に限定しているわけではありません。実際、キリスト教には豊かな感情的、倫理的、実存的側面、また想像力を掻き立てる側面があり、責任ある弁証家であればこれらを存分に用いなければなりません。しかし、多くの人々がキリスト教信仰の物事に説明を加えることのできる力に惹かれてきましたし、今もそうであることは疑いようもないのです。

しかし、キリスト教以外の選択肢はどうなっているのでしょうか。ライバルとなる他の思想はどれほど物事に説明をつけることができるのでしょう。それらは経験的に妥当でしょうか。言い換えれば、それらの理論は、どれほど観察の結果や経験に説明をつけることができるのでしょうか。これまでの章において、キリスト教信仰が観察や経験に説明をつけることができることの弁証学的重要性を強調してきました。しかし、弁証家はこの点に

（3） James Robert Brown, *Philosophy of Mathematics: An Introduction to the World of Proofs and Pictures* (London: Routledge, 1999, 71-78); George Boolos, "Gödel's Second Incompleteness Theorem Explained in Words of One Syllable," *Mind* 103 (1994):1-3.

（4） これに関して非常に影響力のある議論については、以下を参照。John Lucas, "Minds, Machines and Gödel," *Philosophy* 36 (1961):112-27.

おけるキリスト教信仰の素晴らしさを言い放つだけではなくて、別のアプローチの限界を指摘することも必要なのです。

このような戦略は、二〇世紀における北米の福音派の弁証家の中でも最も重要な人物の一人であるフランシス・シェーファー（一九一二―八四）によって展開されました。シェーファーの弁証学的方法論は、本書で挙げてきた多くの点を強調するものです[5]。例えば、シェーファーは万人受けするアプローチを用いようとするのではなく、特定の聞き手に対して語ることに正しい注意を払っています。「もし私たちが何かを伝えたいと思っているなら、私たちは聞き手が私たちが伝えようとしていることを理解することができるように、彼らの言葉遣いを学ぶことに時間と労力を費やさなければならない[6]」。弁証家は、意図している聞き手が理解できる言葉で彼らとコミュニケーションをとるために、彼らの言語を学ぼうと耳を傾けなければならないのです。

シェーファー自身も、一九五〇年代から六〇年代にかけて、スイスのフランス語圏において宣教師として仕えていた時に、自らが語りかけている相手の思想、心配事、そして願望に耳を傾けることの重要性を意識していたようです。シェーファーは、ユエモーズというアルプスの村にあるシャレー（「避難所」や「逃れ場」を意味する「ラブリ（L'Abri）」と名付けられていました）を拠点として、ヨーロッパを旅するたくさんの学生たち（特にヨーロッパをバックパッキングで回る若いアメリカ人）を受け入れました。そこで彼らの最近の映画や小説についての感想を聞いたり、その時代に新しかった哲学についての考えに耳を傾けたのです。いったいどのようにすれば、当時影響力を持っていたジャン＝ポール・サルトルやセーレン・キェルケゴールの、人を陶酔させるような実存的思想に対抗することができるのか。シェーファーは学生たちが語る自分たちの考えに耳を傾けることで、彼ら自身のレベルに立って、彼ら自身の言葉を用いて語りかけ、彼ら自身が説明する世界の中から譬えを用い、彼らがキリスト教信仰の正当性を理解できるよう助けることができると分かったのです。

しかし、シェーファーの最も重要な弁証学への貢献は、彼がキリスト教以外の世界観の内にある緊張関係とその緊張がもたらす影響について探ることに重きを置いたということです。世界観というものは、ある前提の上に成り立っているものです。もしその前提が人間によって造られたものであって、神からの付託と権威を与えられていなかったとすれば、神によって創造された宇宙の構造と一致することができないことになります。

キリスト教以外の立場を表明する人が、自らの抱く前提に論理的であればあるほど、彼は現実の世界からは遠くなってしまう。そして彼が現実世界に近づけば近づくほど、彼は自らの抱く前提に対して非論理的になってしまう。(7)

シェーファーは、人は誰でも片足を一本ずつ二つの世界に入れて生きていると論じました。深みと複雑さをその特徴とする、現実の外的な世界と、理解と愛と意味を求めることによって形作られた思想の内的な世界です。もしこれらの二つの世界が緊張関係にあるならば、その人は有意義に生きることができません。私たちの外的世界と内的世界の経験は一致していなければならないのです。(8) そこでシェーファーは、弁証家は論理的な議論を

(5) シェーファーのアプローチの優れた分析は、以下を参照。Thomas V. Morris, *Francis Schaeffer's Apologetics: A Critique* (Grand Rapids: Baker, 1987); Bryan A. Follis, *Truth with Love: Apologetics of Francis Schaeffer* (Wheaton: Crossway, 2006).
(6) Francis Schaeffer, *The God Who Is There, Complete Works of Francis Schaeffer*, vol.1 (Westchester, IL: Crossway, 1982).〔フランシス・シェーファー『そこに存在する神』多井一雄訳（いのちのことば社、一九七一年）。〕
(7) Ibid., 134.
(8) この点についての優れた分析は、以下を参照。Morris, *Francis Schaeffer's Apologetics*, 21-22.

用いて、キリスト教以外の世界観の中にある矛盾や緊張関係を指摘して明るみに出さなければならないと論じています。それらの世界観は、結局は人間の真実の存在と矛盾し相容れない前提や仮定の上に成り立っているのだとシェーファーは断言するのです。

私たちが語りかける相手は、ショップ店員であろうと大学生であろうと誰でも、本人がそれを分析したかどうかに関わらず、何らかの前提を持っている……キリスト者ではないどんな人や集団も、自分たちの抱く体系に論理的にも実践的にも一貫性を持つことは不可能なのである……その人は、そこにある緊張関係を隠そうとするかもしれないが、あなたは彼がそれを見出すことができるように助けなければならない。一貫性が欠けている点は必ずどこかにあるものだ。その人は、自分が最後まで達成することのできない立場に身を置いているのである。そして、これはただ単に知的次元の緊張関係というものではなく、彼が人として何者であるかということに深く関わっているのである。(2)

ですから、弁証家は人がこの「緊張関係」に気付き、その知的・実存的影響力を知ることができるように助けなければならないのです。このことは、まずその人自身がその緊張関係を発見し、そして次にその意味を理解できるように助けなければならないことを意味しています。シェーファーは、人々は自分たちの思想が単純に物事の在り様と一致していないという不都合な気付きを経験しなくて済むように、一種の知的な殻に閉じこもってこの緊張関係から身を守ろうとしていると言います。シェーファーは、スイスの冬の生活という彼に身近なところからの譬えを用いて、人々の知的な殻を、旅人を雪崩から守るためのアルプスにあるシェルターの屋根になぞらえています。

これは、たびたび山から転がり落ちて来る岩や石の雪崩から車を守るために山道に建てられた大きなシェルターのようなものだ。その雪崩は、キリスト者でない人にとっては、彼を取り巻くリアルで異常な堕落した世界なのである。キリスト者は、そのシェルターを愛をもって取り除き、外の世界と人間についての真理が彼の上に降り注ぐことができるようにしてあげなければならないのである。(10)

したがって、弁証学はそのようなシェルターの屋根を取り除き、聞き手が自らの考え方では自らの外にある現実世界との対峙を耐え忍ぶだけの能力をただただ持っていないことに気付かせることだと考えることができます。では、この方法を実際にどのように用いればよいのでしょうか。シェーファー自身が、このアプローチを示す良い手本を見せてくれています。ある時彼は、ケンブリッジ大学の一室で、何人かの学生たちと話をしていました。お茶を淹れるための湯をやかんで沸かしている間に、キリスト教は意味が分からないというインド人の学生からの挑戦を受けました。そこでシェーファーはまず、その学生自身が信じる考え方は何かを尋ねました。「では、あなたの考え方に従えば、残虐と非残虐は究極的には同じであり、そこには本質的な違いは存在しないと言って間違いはないですか?」。学生はその通りだと言いました。そこでシェーファーは次に何が起こったかを伝えています。

私たちが集まっていた部屋の主であった学生は、シーク教がどのような結論を容認するかということを明らかに理解し、お茶を淹れるために沸騰させたお湯が入ったやかんを手に取り、湯気の立つそのやかんをイン

(9) Shaeffer, *The God Who Is There*, 132.
(10) Ibid., 140.

ド人の頭の上にかざして立った。インド人の学生は上を見て、いったい何をしているのか尋ねた。すると部屋の主は冷たい、しかし優しく言い切る調子で「残虐と非残虐の間には何の違いもない」と言ったのです。すると、そのインド人学生は夜の闇へと立ち去って行ったである。[11]

シェーファーのアプローチは、使い道が広く正確なものでもありますから、いろいろな状況に合わせて用いることができます。例えば、一九六〇年代に英語圏の国々で一定の影響力を誇った哲学運動である論理実証主義の主張を見てみましょう。論理実証主義は、神に関する言明も含む形而上学的な言明はすべて無意味であると主張しました。そのように主張した根拠は「検証可能性の基準」であり、これは命題に対する意味のある言明を、それ自体において真実である事柄（例えば、「すべての独身男性は結婚していない」）と経験によって確認されている事柄（例えば、「一九六八年一二月一日の午前五時二三分には、バッキンガム宮殿の前庭に六羽のガチョウがいた」）に限定するというものでした。しかし、シェーファーのアプローチを用いれば、「検証可能性の基準」そのものが無意味であると言うことができます。なぜなら、「検証可能性の基準」自体が、論理実証主義の語る、何が意味を持つかという基準に合致することができないからです。

あるいは、もっとシンプルな例を挙げるとすれば、北米の大学のキャンパスでよく聞かれる、「何についても確信を持つことはできない」という言葉を思い起こしてみてください。このような台詞は、キリスト教信仰のように現実の「全体像」を描き出す思想を覆す意図を持って語られ、人生や世界について何かを断言する人に対しては懐疑的にならなければならないということを示唆しています。しかし、これは明らかにしっぺ返しをくらわすような言葉で、「あなたはそのことに確信を持っているのですか？」と返されてしまえばすぐに崩され、覆されてしまいます。このような言葉は、それ自体の内にある論理によって論破されてしまうのです。

しかし、私たちは自分たちの仕事が議論で人を負かすことであるとか、信仰の理性的な証明を打ち立てることだと思わないように気を付けなければなりません。啓蒙主義は西洋社会に、特に信念に関する証拠の要求を生み出すという、消えることのない影響を与えました。その結果として、弁証学はたびたび、キリスト教信仰が真実であると人々を説得するために効果的な議論を展開するだけのこととして提示されてきたのです。しかし、これではキリスト教は簡単に、つまらない事実と抽象的な思想の羅列であるかのように見られてしまいかねません。このようなアプローチには三つの問題があるのです。

第一に、このアプローチは聖書によく根差したものではありません。真理とは、特に旧約聖書においては、主に信頼性や誠意を意味します。弁証学的で問題となるのは、神が信仰的生き方を建て上げるための、確実な基盤であり安全な場所であるということです。「真実な神」とは、ただ単に神が存在することを意味するのではなく、信頼することのできる神を意味しているのです。真理を命題の正確さと同一視する合理主義的な理解は、真理とは関係性にまつわるコンセプトであるという聖書的な思想を取り違えてしまいがちなのです。

第二に、キリスト教信仰の魅力はその信仰内容の合理性にのみ限定されることはできません。C・S・ルイスの著作が示しているように、キリスト教は人間の想像力に対しても強く訴えてくるものです。ルイスは若者であった時、存在もせず、存在することもできないと思い込んでいた、情熱と美と意味の世界に憧れている自分に気付きました。「わたしが愛していたもののほとんどすべてを、わたしは想像の所産だと考えていた。一方、わたしが現実だと信じていたもののほとんどすべてが無味乾燥で、意味を欠いているように思われた」[12]。彼の想像力は、より良い世界があるのだと語っていましたが、彼の理性はそれがナンセンスだと語っていました。それゆえ

(11) Ibid., 110.
(12) C. S. Lewis, *Surprised by Joy*, 138.〔C・S・ルイス「不意なる喜び」『C・S・ルイス著作集1』中村妙子訳（すぐ書房、一九九六年）、二二五頁。〕

に、ルイスは自分にはこの無意味な世界と自分の無意味な存在という暗い現実と向き合うより他に選択肢はないのだと信じ込んでしまったのです。

最終的には、ルイスはキリスト教信仰の理性的な力を発見することになりました。しかし、彼が福音に惹かれた理由は、その命題的な正確さではなくて、福音が意味をもたらしてくれたということに拠っていたのです。後にルイスが記したように、「理性とは真理の自然な器官であるが、想像力は意味の器官である」[13]。別の人たちは、キリスト教信仰の魅力をその礼拝の美しさや、人間の感情に訴える力や、倫理的な実りに見ることもあります。

第三に、合理的なアプローチは近代的な世界観に深く根差しているのです。しかし、現在の西洋社会のほとんどにおいては、近代的思想はポストモダンによって置き換えられ、近代的思想の根本的な信念の多くは逆転されてしまいました。信仰の本質的な合理性に訴えるという手法は近代社会の文脈ではうまく機能しましたが、別の文脈においては、議論と論理を基盤とする弁証学的アプローチは、社会の求めや偏見に向き合うことができないのです。この章で後から見るように、ポストモダンの時代の関心は議論にではなく物語にあり、そのことは聖書に基盤を置いた弁証学への重要な可能性を開いてくれます。なぜなら、聖書の大部分は物語の形式で記されているからです。

信仰の正当性を確認し主張することは決定的な重要性を持ち続けますが、そこでは理性が確信を持って証明できることに信仰を限定してしまってはいけません。世界や命についての大きな問いは、人間の理性が説明できる範囲をはるかに超えているのです。「私は誰なのか?」「私には存在意義があるのか?」「なぜ私はここにいるのか?」「私は変化をもたらすことができるのか?」[14]。このような質問に、科学も人間の理性も答えることはできません。しかし、これらの問いが答えられなければ、人生というのは無意味である可能性が出てきてしまいます。私たちは弁証家として、キリスト教信仰が世界や命についての大きな問いに答えを与えてくれることを示さなければなりません。一方で合理的であり、他方で実践においても有効なその答えを。キリスト教が真理であるということを伝えるのと同じように、キリスト教がリアルであるということを伝えることが大事になるときというものがあるのです。

入り口3　物語

弁証学にとって特に重要なポストモダンの特徴は、それが物語に重きを置いているという点です。近代は、現実に向き合うための手段としての物語というものに懐疑的で、合理的な議論や分析に訴えることでそれを抑え込んだり代替しようとしたりしました。そしてその合理的な議論や分析は、歴史の偶発的な出来事という邪魔で面倒な事柄との関わりを一切断ち切ったものでした。このことが特に明らかに示されているのが、聖書解釈の分野です。イェール大学の神学者であったハンス・フライ（一九二二―八八）が指摘している通り、啓蒙主義は聖書の物語としての特徴を避けたり無視したりして、歴史的記述や物語の形式（譬え話など）を実質的に無時間的な思想に還元してしまったのです。[15] 物語は、聖書の知的、倫理的核心を見えにくくする、単なる邪魔で面倒な殻として捉えられていたのです。

ポストモダンにおいては、例えばナザレのイエスが神の国について教えるために語ったような譬え話といった

（13）C. S. Lewis, *Rehabilitations and Other Essays* (London: Oxford University Press, 1939), 158.

（14）以下を参照。Roy Baumeister, *Meanings of Life* (New York: Guilford Press, 1991). バウマイスターの、アイデンティティ、価値観、目的や方法についての分析は、キリスト教弁証学においても非常に重要です。

（15）Hans Frei, *The Eclipse of Biblical Narrative: A Study in Eighteenth and Nineteenth Century Biblical Hermeneutics* (New Haven: Yale University Press, 1977).

特定の形式も含めて、聖書の物語に対する興味関心が復活しました。真理とはもはや議論によって定められるものではなくなりました。変わって、物語こそが、独自の倫理的・思想的アイデンティティを構築することができると考えられるようになったのです。キリスト教は、物語によって形作られた世界を宣べ伝え、またその中に息づいています。その物語とは、神がその民と関わる物語――究極的にはナザレのイエスの物語――を土台とし、またその物語に形作られた思想や価値観に溢れているのです。つまり、キリスト教というのは単に、そして本質的に思想の集合体というのではないのです。

一九七〇年頃から、神学や哲学の分野で物語の役割を探ることへの関心がどんどん高まってきています。ポール・リクール、アラスデア・マッキンタイア、そしてチャールズ・テイラーのような著作家に代表されるイギリスの系譜に立つアメリカの哲学者たちは、物語という基本的なテーマを厳格さと意欲をもって取り上げました。リクールは、あらゆる世界の理解にも、そして人がその中でどのように生きるかということにとっても、いかに物語が基礎的な部分を成しているかということについて研究をしました。マッキンタイアは、人の人生における重大な決断は、それがより大きな「物語」（あるいは伝統）の中にどう当てはまるかという自らの感触によって形作られ、秩序づけられていると論じます。彼が次のように断言したことは有名です。「『私は何をおこなうべきか』との問いに答えられるのは、『どんな（諸）物語の中に私は自分の持ち場を見出すのか』という先立つ問いに答えを出せる場合だけである」[16]。次に分かるように、このようなアプローチはキリスト教弁証学にとって大きな価値があるものなのです。

今では、人間が基本的に何を通して現実を見るかというと、それは物語を通してであるという考え方は広く支持されています。私たちが世界を見るとき、私たちはそれを存在やアイデンティティ、そして未来についての本質的な問いに答える物語として見ているのです。これらの物語は、哲学者のカール・ポパーが「究極的問い」と呼んだものに答えを与えることができるのです。「究極的問い」という言葉によって、ポパーは人々にロイ・バウマイスターが掲げるような大きな「命の意味」に関する問いを理解させようとしたのです。[17] つまり、それらはアイデンティティ、目的、力、価値に関わるもので、「私は何者か？」「人生の意味は何か？」「変化をもたらすために、私に何ができるか？」といった形の問いとなります。

このような、物事を見る際に規範となり理解を促す物語というコンセプトの社会的、知的重要性は長く認められてきました。専門用語としての「神話」は、そうした現実を説明し、個人や社会のアイデンティティを確立させるような、規範となる物語を指して学問の世界でたびたび用いられています。（「神話」とは、よく「本当ではない話」のことだと誤解されていますが、ここではそのような意味を意図しているのではありません。）ルイスや他の人々が指摘したように、「神話」という言葉は基本的に、それによって人が世界を理解し、その世界の中で行動することができるようになるために、世界について語る物語を指しているのです。これらの「神話」は、ある社会が世界を見る際に用いるレンズであり、そのレンズは世界にある複数の、そしてたびたび互いに矛盾する経験を解決させ結び合わせるための枠組みを提供してくれるのです。

ルイス自身にとって、彼が、人間の神話を作る試みの集大成であり成就として神から与えられたものとして理解していたキリスト教の物語は、そこに立って現実を眺め理解するための最高の場所を提供してくれるものだったのです。キリスト教の、創造、堕罪、贖罪、そして完成の物語は、私たちが自らのアイデンティティや本当の目的について語る際のすべての物語の意味を明らかにしてくれるのです。これぞ物語の王様、最高のストーリーであり、人間の起源や定めについての他のすべての物語を正しい場所に位置づけるものなのです。

（16） Alasdair MacIntyre, *After Virtue* (London: Duckworth, 1985), 216.〔アラスデア・マッキンタイア『美徳なき時代』篠崎榮訳（みすず書房、一九九三年）、二六五頁。〕

（17） Baumeister, *Meanings of Life*.

この点は、イギリスの新約学者であり弁証家であるN・T・ライトが強調していて、彼は私たちが聖書全体の物語を語るとき、私たちはキリスト教的現実理解を示していると同時に、他の世俗的な視点に対して挑戦しているのだと指摘しています。聖書の物語を語ることによって、

私たちは必然的に、世の中が物事を理解する仕方（つまり、世の中の権威と力についての理解）のいくつかの側面に挑戦状をたたきつけていることになります。私たちは、世界が何であるか、それは何のためにあるかについての世の中の理解すべてを覆し、最善の方法で新しい世界観を提供しているのです[18]。

ライトによれば、聖書は他の考え方に異議を唱え、自らの考え方を推奨し体現しているのです。聖書の物語は、四つの基本的な問いに答えています。

1 私たちは誰なのか。聖書は、人間が創造主の似像として造られたとして、根本的なアイデンティティは人種や性別、社会的階層や地理的場所によるのではないと語っています。

2 私たちはどこにいるのか。私たちは、私たちがその似像として造られている神によって創造された、善であり美しくありながらも過ぎ行くものである世界に生きていると教えられています。

3 何が問題なのか。人類は創造主に逆らい、その結果として世界は創造の目的から外れた状態にあることが聖書から分かります。

4 その解決策とはどんなものか。神が人間の反逆の邪悪な結果に対処するために、既に行動され、また今も働いておられ、そしてこれからもイエス・キリストと聖霊を通してこの被造世界の中で働かれ、遂にはご自身の世界を本来の創造の目的に向けて――つまり被造世界が神ご自身の存在と栄光と完全に響き合うようにな

るよう――終わりへと導かれることが保証されています。[19]

似たような考え方は、小説家のJ・R・R・トールキンの著作にも見ることができます。トールキンは、現実を理解するために神話を作り出すことの必要性を力強く擁護し、またその考えに従って『指輪物語』という壮大な三部作を自ら作り上げたことで知られています。[20] このアプローチでは、他のメタナラティブを位置づけ、解釈し、説明する能力によってキリスト教のメタナラティブが持つ、物事を説明する力が示されています。他の物語と同じように、キリスト教の物語を客観的な知的あるいは科学的方法によって「証明」することはできません。物語は、それが現在競合している、あるいはその可能性のある物語たちに比べて、いかに物事を説明することができるかということで、その真価が問われるのです。その単純さ、簡潔さ、そしてそれがどれほど包括的であるかや、その物語自体が意図する話の中心を超えたところにあるものにも説明をつけることができるかどうかが問題になります。

では、物語に対するこのような新たな関心というものは、私たちがキリスト教信仰を社会に対してどのように伝えたらよいのかを考える際、どういった助けになるのでしょうか。私個人の考えを示したいと思います。私が

(18) N. T. Wright, "How Can the Bible Be Authoritative?" *Vox Evangelica* 21 (1991): 7-32.
(19) N. T. Wright, *The New Testament and the People of God* (Minneapolis: Fortress, 1992), 132.〔N・T・ライト『新約聖書と神の民　上巻』山口希生訳（新教出版社、二〇一五年）、二四五頁。〕
(20) 以下を参照。Verlyn Flieger, *Splintered Light: Logos and Language in Tolkien's World* (Kent, OH: Kent State University, 2002); Jeffrey L. Morrow, "J. R. R. Tolkien as a Christian for Our Times," *Evangelical Review of Theology* 29 (2005), 164-77.

まだ若かった頃、私は人々が真理とキリスト教の喜びを見出すことを助けるために最善のことは、彼らと議論をすることだと信じていました。言い換えれば、人々にキリスト教が正しく、真理であることを説得しようとしていたのです。つまり、私は今では多くの人が「近代的」アプローチと呼ぶ方法に従っていたのです。しかし今なら、福音の真理を別の仕方で伝えるでしょう。私自身がどのようにして信仰を持つようになったかを伝えるのです。なぜでしょう。物語の方が議論よりもずっと興味深いからということもありますが、それよりも大切なことは、私の物語はキリスト教がリアルなものであることを示すことができるからです。言い方を変えれば、物語には人の人生を変える力があり、人々に生きるための新たな理由と未来への確かな希望を与えることができる力があるのです。物語とは、世界観が体現されたものであり、人を新たにし、造り変え、そして活力を与える力があるのです。私の物語を伝えることで、私は福音が私の人生の中でリアルなものであることを裏付けているのです。

私たちは、物語によって形作られた世界に住んでいます。「大いなる物語」は、世界に筋を通して、それを見る人々や出来事を互いに有益となるところに位置づけることができます。これらの物語は、私たちが紡ぎ出す意味の網であり、これによって私たちは自分の経験を捉えたり、それらが伝えたり示したりしている意味を捉えたりするのです。キリスト教もそのような一つの物語を語りますし、新無神論もまた別の物語を語ります。他にも無数の物語が、自身の達成すべき目的や、共有したいビジョン、あるいは強力な主張を背後に語られています。物語は、現実の諸々の要素を話の枠組みの中に位置づけるのです。

さて、弁証学における物語の重要性を強調することについて、理論的な基礎は築きましたので、次にそれをどのように用いることができるかを考えましょう。少し後に、キリスト教に反論しようとする著者の意図を強化するために用いられた二つの物語に目を向けます。そして、それらをどのように批判できるかを見ていきたいと思います。

キリスト教弁証学は、キリスト教を攻撃し、隅へと追いやろうとする世俗的なメタナラティブなどの、他の大いなる物語を批判しなければなりません。しかし、キリスト教弁証学は、自らも自分の語るべき物語があることを理解しなければならないのです。キリスト教的な創造と堕罪、贖罪と完成のメタナラティブは、ルイスや他の人々が示したように、私たちがこの世界を理解できるようにしてくれます。しかし、それらは「大いなる物語」です。では、普通の物語はどうなるのでしょうか。こうした物語は、どうしたらキリスト教弁証学の中で用いることができるのでしょう。

一番分かりやすいスタート地点は、譬え話でしょう。ナザレのイエスが、聞き手の人々としっかりと向き合うために物語を用いたのは偶然ではありません。それらの物語の多くは、一世紀のパレスチナ地方の田舎の農村の平凡な生活に根差したものでした。それらの物語は、この上なく親しみやすいもので、聞き手の関心と想像力に訴えかけるものでした。それらの譬え話は、それぞれに相当な弁証学的可能性を秘めているので、それは指摘され、理解され、そして何より用いられなければなりません。譬え話は、もし賢明に用いられるならば、今でもそれが最初に語られた時と同じような可能性と力を帯びているのです。

賢い弁証家は、主な譬え話を次のような非常に重要な問いを尋ねつつ読んでいきます。この物語は、どのようにして私が福音を伝えるのを助けてくれるか。この物語は、どのようにして私が聞き手に寄り添うことを助けてくれるか。問題は、一世紀のユダヤ教に照らしてこの譬え話の譬えや言葉の意味を明らかにすることではなく、この物語を今現在、どのように用いることができるかということなのです。

この点を明らかにするために、譬えを用いると分かりやすいでしょう。「高価な真珠の譬え」としてよく知られている、馴染み深い福音書の物語について考えたいと思います。

また、天の国は次のようにたとえられる。商人が良い真珠を探している。高価な真珠を一つ見つけると、出かけて行って持ち物をすっかり売り払い、それを買う。

（マタイによる福音書一三章四五―四六節）

この物語は、実に原語のギリシア語では二五単語だけで綴られた、言語的に最大限の節約をして描き出された物語ですが、人間の想像力はたやすくこの物語に取り組み、その力を理解することができます。この物語は経験と合致していますし、展開したり適用したりするのも簡単です。では、これを弁証学的にはどのように用いることができるのでしょう。私がどのようにするかをご覧に入れますので、ご自分でこれをどうしたらより良くできるかを考えていただければと思います。

私たちは皆、何か本当に価値のあるものを人生の中に探しています。しかし、私たちがこれこそが自分を幸せにし、喜びを運んできてくれると思ったものが、実は何もしてくれないことがたびたびあることに気付きます。だから私たちは、いったい本当に喜びと平安をもたらしてくれるものがあるだろうかと疑問に思うのです。イエス様は、このことについてある時一つの話をされました。ある商人が、値段も付けられないほど価値のある真珠が売られているのを見つけ、それを買うために自分の持ち物を全部売ってしまいました。なぜでしょう。商人がその特別な真珠を見た時、自分が既に持っている物はすべて、その真珠に比べるとつまらなく、輝きに劣ることを知っていたからです。太陽の輝きが、他の星々の輝きを呑み込んでしまうので、星の輝きは夜にしか見えてこないように、この素晴らしい真珠は商人が自分が既に持っていた物を別の角度から見られるようにしてくれたのです。彼が自分を満足させてくれるだろうと思っていた物は、彼の不満をあらわにさせただけで、その時は手の届かないところにあった物を求める心を生じさせただけだったのです。商人は、その真珠を手に入れなければならないと確信していました。彼は、最高の価値を持ったものを見つけたのです。ついにここに、持つべき価値のあるものが現れたのです。実は、もしあなたが深く探究するならば、キリスト教の福音というものもこれと同じようなものなのです。福音は本当に素晴らしいもので、他の何にも優るものなのです。

ここでは、聖書の物語が大切な弁証学的ポイントを押さえるために用いられています。しかし、聖書の物語は、人生の意味を読み解くための解釈や意味の枠組みとして用いられることもできます。聞き手は物語の中へと足を踏み入れ、その物語が自らの経験や見てきたことの意味を明らかにする助けとなるかどうか尋ねてみるようにと招かれるのです。

しかし、聖書の物語がすべてこのように特定の一つの点を明らかにするわけではありません。別の物語は、私たちが自らの人生の経験や見てきたことを新たな仕方で理解することを助けてくれるのです。例えば、旧約聖書の大きな物語を見てみましょう。エルサレムのバビロン捕囚と、バビロニアの滅亡に伴う人々の故郷への帰還の物語です。

旧約聖書の中でも最も重要な物語の一つは、エルサレムの人々が紀元前五八六年にバビロニアに捕囚になった話です。紀元前六〇五年に、バビロニアの皇帝であったネブカドネツァルがカルケミシュに集結したエジプト軍を倒し、その地方の軍事的・政治的権威支配者としてのバビロニアを打ち立てました。ユダの王であったヨヤキムはバビロニアの支配に抵抗しました。するとユダはバビロニア軍によって侵略されたのですが、当時の著作家たちは明らかにこの出来事を、不信仰な人々と王に対して約束されていた主の裁きであると解釈していたのです。彼紀元前五九七年の初頭に、王と王家の人々、そして王家の顧問の一団が包囲する武力に対して降参しました。彼らは何千人もの捕虜たちと一緒に、バビロニアに連行されました。そして、さらに多くの人々が紀元前五八六年にバビロニアに連れて行かれました。紀元前五三九年にペルシアによってバビロニアが滅ぼされるまで、エルサレムの人々は自由に故郷へと戻ることはできなかったのです。

このパワフルな歴史物語は、人の置かれた状況を理解するためにたびたび用いられます。キリスト者の視点から言えば、エルサレムのバビロニアへの捕囚の状況は、人類が置かれている状況を象徴するものです。エルサレムの人々は、バビロニアに属してはいませんでした。彼らは故郷へ戻ることを願う捕囚の民だったのです。詩編一三七編には、彼らの故郷への思いと、生まれた地の思い出が力強く語られています。「バビロンの流れのほとりに座り／シオンを思って、わたしたちは泣いた」（一節）。

この枠組みは、人の人生の意味も明らかにします。私たちは、ここにいるようにと造られたのではないのです。ここは私たちの故郷ではありません。私たちは、本当は別の場所に属しているのです。私たちの奥深くで、何ものも消し去ることのできない、故郷の記憶が息づいています。私たちには、故郷へ帰りたいという思いがあり、いつの日か、私たちが本当にいるべき場所に辿り着く希望を抱いて生きているのです。この枠組みは、私たちの本当の起源と定めについて語り、「欲求からの議論」において指摘された深い憧れと欲求の意味を明らかにしてくれます。

では、キリスト教に異議を唱える物語はどうなるのでしょうか。伝統的なキリスト教の語るナザレのイエスの重要性の歴史的信憑性を覆そうとする二つの物語に目を向けてみましょう。ダン・ブラウンの『ダ・ヴィンチ・コード』（二〇〇三年）と、フィリップ・プルマンの『善人イエスと悪党キリスト』（二〇一〇年）です。これらはどのようなアプローチを用いているでしょうか。そして、それにどのように対応すればよいのでしょう。

物語は、私たちを想像上の世界へと招き、それと自分たちの世界を比較するようにと誘います。どちらの世界の方がより正当性があるでしょうか。どちらの方がより魅力的でしょうか。このように歴史を読み直すということには、印象の悪い歴史的人物の汚名返上であるとか、逆に、愛されている歴史上の人物の印象を悪くするなど、何らかの反論的あるいは道徳的意図が秘められていることが多いのです。例えば、ロバート・グレーヴスの小説

『この私、クラウディウス』（一九三四年）は、伝統的には無害な愚か者とされていたローマ皇帝のクラウディウス（紀元前一〇―紀元五四年）に肯定的で同情的な物語になっています。グレーヴスはクラウディウスを、他者から愚か者と思われるように意図的に仕向けて、政治的に危険な時代にあって生き延びることと最終的な勝利を収めたように描き出しているのです。

ダン・ブラウンの二〇〇三年の大ヒット作は、読者をその巧みに語られるプロットで魅了します。その物語は、初期のキリスト教の歴史をもっともらしく語り直すもので、その巧みさゆえに読者はそこに密かに挿入されている過激な改変にあまり気が付きません（この本の初期の版には、「小説」という大切な副題が付けられていましたが、これは後の版では削除されています）。ブラウンの基本となる物語は、教会がイエスが神であるという考えを捏造し、それを政治的策略と暴力による脅しによって強要したというものです。皇帝コンスタンティヌスは目的のためには手段を選ばないマキャヴェッリとして描き出され、キリスト教の本質を自分の政治的必要に合わせて変えてしまったとされています。

ブラウンは、欺きと抑圧という物語を紡ぎ出し、その最後に人々を自由にする「真理」を明らかにする結末を描き出しています。話の多くの部分は、初期のキリスト教の歴史に焦点を当てています。ブラウンによれば、皇帝コンスタンティヌスはキリスト教をローマ帝国の国教にしたいと考えたのですが、そのためには自分の目的に沿うための改訂が必要だと気付いたのです。ナザレのイエスの地位を田舎の農民出の教師よりも高める必要があったのです。そこでコンスタンティヌスは、イエスが本当は神であったと宣言しました。そしてこのような宣言をするためには、票数を改ざんしたり、言葉をこねくり回したりする必要がありました。読者は、このような秘密をその歴史についてよく知るリー・ティービング卿を通して知らされます。ティービングが語るには、三二五年のニカイア公会議でその問題について投票で決められる前は、誰一人イエスが神であるなどと考えたことがなかったのです。そしてその決定はすれすれのところで採択されたのでした。暗号学者のソフィー・ヌヴーは、この言葉を聞いてショックを受けてこのように言います。「どういうことかしら？　イエスを神とするかですって？」

「いいかね」、ティービングは声を大きくした。「その時点まで、信者たちはイエスを人間の預言者だと――影響力に富んだ偉大な人物ではあるが、あくまでも人間とみなしていたのだよ」。

「神の子ではないということ？」

「そうだ。〝神の子〟というイエスの地位は、ニケーア公会議で正式に提案され、投票で決まったものだ」。

「ちょっと待って。投票の結果、イエスが神になったの？」

「かなりの接戦だったがね」、ティービングは言い添えた。(21)

ティービングは、いかにコンスタンティヌスがイエスを純粋に人間として描き出していた福音書を力づくで抑え込んだかを説明します。イエスの神性を指し示した福音書だけが許されたと言うのです。(22)

小説の読者は、隠された秘密の守り人であるシオン修道会に注目しつつ、キリスト教会の歴史の中の抑圧された危険な事実だとして確信的に、そして秘密裏に伝えられる事柄に通じることを許されます。ブラウンは読者に、この修道会が一〇九九年に設立され現在も存在するという情報が事実として正しいと伝えています。しかしこれは全面的に間違った主張です。この組織は一九五六年にピエール・プランタール（一九二〇―二〇〇〇）が作り出したものです。プランタールは夢想家で、自らが作り出した共同体についての手の込んだ物語を紡ぎ出し、それを中世やイスラエルでの出来事に結び付けて語りました。(23)　そこには事実らしいことは何もないのです。

『ダ・ヴィンチ・コード』に記されている主な主張は、いとも簡単に論駁されるもので、それらの真剣な歴史的擁護などは聞いたことがありません。しかし、問題はそこではないのです。ブラウンは、多くの人が本当だったらよいのにと思っている物語を語り、それが真実であると信じるように招いているのです。ブラウンの物語は、伝統的キリスト教が伝えるさまざまな事柄についての説明が、あたかも不適切に用いられた権力と、信仰における女性的な要素を抑圧した結果として生じたかのように描き出して、それを大衆的なレベルで覆してしまうのです。イエスについて私たちが「新たに知る」実際の真実とは、彼が実はマグダラのマリアと結婚しており、その娘がフランスの王家の血筋を生んだことだと言うのです。ブラウンは、この小説の酷い歴史的誤りについて多くの批判をされた際、自分はただ物語の登場人物の口に台詞を吹き込んだだけであって、それらをどう理解するかは読者にお任せすると応えました。

ブラウンのアプローチの魅力というものは、主にそれが権威を転覆させようとしているところにあるでしょう。『ダ・ヴィンチ・コード』は、いくらかぎこちない文体で書かれたものですが、ほとんどの読者は、物語の展開の早さゆえにそれを許容することができるようです。そのようなブラウンの作品とフィリップ・プルマンが二〇一〇年に発表した『善人イエスと悪党キリスト』の作品の差は歴然としています。[24] プルマンの文体は、聖書の欽定訳（*King James Bible*）を模していて、ブラウンのぎこちなく重苦しい文章には著しく欠けている雄弁さがあ

（21） Dan Brwon, *The Da Vinci Code: A Novel* (New York: Doubleday, 2003), 233.〔ダン・ブラウン『ダ・ヴィンチ・コード 中』越前敏弥訳（角川文庫、二〇〇六年）、一三三—四頁。〕

（22） ブラウンはこれらすべての点において大いに誤っている。例えば、以下を参照。Bart D. Ehrman, *Truth and Fiction in the Da Vinci Code: A Historian Reveals What We Really Know About Jesus, Mary Magdalene, and Constantine* (Oxford: Oxford University Press, 2004), 23-24.

（23） この物語の捏造についての最善の解説は、以下を参照。Massimo Introvigne, *Gli Illuminati e il Priorato di Sion* (Milan: Piemme, 2005). この著作の英語の要約は、以下を参照。http://www.cesnur.org/2005/pa_introvigne.htm.

（24） Philip Pullman, *The Good Man Jesus and the Scoundrel Christ* (Edinburgh: Canongate, 2010).

ります。

プルマンの著作は、もともとの福音書の文体を保ちながら、その内容を根本的に変えて、想像上の福音書物語を語り直しています。福音書物語の作り変えは、プルマンの主張の中核となる仮説を示すことから始まります。まずマリアは学習に問題のある少女で、自らを天使であると信じ込ませた男に騙されて彼と寝てしまう、単純な人物として描き出されます。そして彼女は双子の男の子――イエスとキリスト――を産み、その二人の関係はどんどんと誤った方向に進むのでした。

イエスは、聖人のような人へと成長し、神の国の到来について告げながら旅をする伝道者となり、彼の弟子たちに倫理的な変革を求めました。一九世紀の自由主義のプロテスタント説教者のように、プルマンもイエスは実際には奇跡など行わなかったと語ります。イエスはただ、自然に物事が起こるようにしただけだと言うのです。五〇〇〇人の給食ですか？　あれはただ、みんながサンドイッチを分け合っただけのことです。と、いうふうに。

イエスは、浮世離れした善人となり、政治的権力の次元においてはあまり牽引力のない人でした。しかし、キリストは違ったのです。キリストは「ストレンジャー（The Stranger）」という謎めいた人物に出会い、イエスの人生と教えを書き換えて、それをより魅力的で恒久的なものにするようにとそそのかされます。その結果として生まれたのが、基本的にはそう悪くはない理由によってイエスの想像上の双子の兄弟によって書かれた、神話的な福音書物語だったのです。そしてプルマンが暗に示唆していることは、キリストが「改善」し細工をした福音が、新約聖書のパウロ書簡の根底にあるということなのです。

つまり、教会というのは想像上のキリストの福音を基礎として建てられたのであり、失われた実際の歴史的イエスの上に建ったのではないということです。キリストはメタナラティブや魅力的な世界観が、歴史上長く続くような教会を保つためには必要であることに、抜け目なく気付いていていました。イエスはそれを提供することができなかったので、キリストがその欠けを補って、制度のしっかりとした土台となり力づけとなる物語を編み出したのです。制度が不死身であるためには、無慈悲に強制され思想的に堅固な神の命令が不可欠だからです。さて、このような物語を描くプルマンが明らかに標的としているのは、彼の『ライラの冒険』三部作の場合と同じく制度化された教会です。

「ストレンジャー」は、最終的にはキリストに兄弟を裏切って死へと追いやるように仕向けます（お察しの通り、キリストは実はイスカリオテのユダだったのです）。復活の出来事は、キリストが死んだイエスになり替わって登場する劇場の一幕となります。復活とは言うまでもなく、キリストがあまりにも普通の死を遂げたイエスを補うために捏造されたものだったと言うのです。このようなテーマは、イエスの生涯の一八世紀の合理主義的書き直しを読んだことのある人には馴染み深いものです。そこに、歴史的信憑性の低いプルマンのひねりが新たに加えられたのです。

そして、それこそが問題なのです。プルマンの攻撃的な作り話は、歴史的な信憑性を測るどれほど些細な基準も通過できないほどありえないものです。プルマンの物語はあまりにも捻じ曲げられているので、真剣に歴史として扱われることなどありません。プルマンの物語を作り出すという意味では、プルマンは非常に優れた語り手です。でも、誰か他の人の物語を作り直すというと――特にナザレのイエスほどによく知られた人物では――、そう簡単にはいきません。作り直された物語の展開はあまりにも不自然で、プルマンの文才をもってしても、彼の反正統的な目的を達成するために必要な複雑な物語をうまく展開させることができていないのです。

プルマンは、聖書の物語に明らかに自らを挿入していて、その役割が大人しいものだとは言えません。このことは、イエスがゲツセマネの園で祈った祈りの改訂版に最も顕著で押しつけがましく示されていると言えるでしょう。そこでイエスは、――意外や意外！――神などいないと結論付けるのです。プルマンの声ですら、ここまで来るとつまらなく白けて聞こえてきます。特に彼が自分の読者に向けて間接的に、金切り声で威圧的なトーンで説教するこのような場面においては。この小説は、『ライラの冒険』とは同じ部類のものとは言えず、ひどく説教染みていて、時に先が読めてしまうのです。

独創性はあるけれども、ありえない物語である『善人イエスと悪党キリスト』は、明らかに制度化された宗教的権威を覆す意図をもって書かれています。プルマンの意図は、彼がこの書物の出版後ほどなくして、インタビューの中で投げかけた問いによく表れています。「もしあなたが、時間を遡ってあの男を十字架から救い出すことができるとしたら、それで教会というものが存在しなくなってしまうと分かっていても、彼を救いますか？」。この議論は、プルマンのより古い著作で明らかにされている、制度化された教会に対しての彼の強い嫌悪感に読者が共感していることを前提にしています。しかし、物事は本当にそれほど単純なのでしょうか。それに、本当に私たちが事実であってほしいと願っていることが、歴史的事実だと言えるのでしょうか。そしてまた、本当に福音とは制度化された教会を問題としているのでしょうか。

プルマンがキリスト教信仰の基盤を崩したいと願っていることは広く知られています。では、この本はどれほど彼の議論に寄与しているのでしょうか。数々の無神論者たちのウェブサイトにある、この書物に対する明らかに微妙な反応は、この書物の重要性がはっきりとはしないことを示しています。「だけど、だから何だって言うんだい？」。私の大学の無神論の同僚がある時私に聞いてきました。「誰がこんなくだらないものを真剣に受け止めるって言うんですか？」。確かにそれは良い質問で、当然の質問ですし、プルマンの文章を楽しみつつ、そのやっかいな話の筋に対する不信感を押さえつけるのに苦労をしている間に、私の頭に何度もよぎった問いでもあります。正直に申しまして、私は同僚の問いに対する説得的な答えはまだ持ち合わせていないのです。

入り口4　イメージ

ポストモダンの作家にとっては、言葉ではなくて絵画こそが最高のコミュニケーションのかたちです。広告代理店は、一つの会社にとってどのようなイメージが最適であるかを決めるために莫大なお金をつぎ込みます。彼らは、私たちが他者の製品ではなくて自分たちの製品を買いたくなるようなイメージを表したテレビＣＭを作り出すのです。しかし私も含めて多くのキリスト者は言葉（私の場合は特に書かれた言葉）を用いて自らの信仰を伝え、勧めることを好みます。ただ覚えておかなければならないのは、私たちが生きるポストモダンの世界では、イメージには言葉に課せられた限界を超えた特別な権威と力があると考えられていることです。

人間の精神は、イメージを作り出すことで機能します。イメージは私たちを取り巻く世界を「描き出し」、そして理解することを助けてくれるのです。イメージというものは、心の中の地図と結び付けて考えることができます。心の中の地図は、現実のさまざまな区域を図式化し、自分を取り巻く地形の中で自分がどこに位置しているのかを理解することの助けになります。このようなイメージは、弁証家にとってとても役に立つものです。キリスト教的世界観の知的なビジョンは、人の想像力を虜にする力を持つイメージを用いて表現されることが可能なのです。私たちはあるイメージの内に住むことを体得し、それが実際の世界の現実にどれほど合致しているかを何とかして見出そうとするのです。

この節では、そのようないくつかのイメージを掘り下げて、どうすればそれを用いて福音を伝えることができるかを考えたいと思います。そのうちのいくつかは聖書からの引用ですし、他のものは世俗社会からのものです。最初に目を向けたいイメージは、古典ギリシア哲学の著作である、プラトンの『国家』からのものです（もしあなたがルイスのナルニア物語の『銀のいす』を読んだことがあれば、このイメージは既に馴染み深いものでしょう。ただし、そのイメージの歴史的起源については気が付かなかったかもしれませんね）[25]。

（25） 次の興味深い文献は、楽しく読んでもらえるかもしれない。William G. Johnson and Marcia K. Houtman, "Platonic Shadows in C. S. Lewis' Narnia Chronicles," *Modern Fiction Studies* 32 (1986): 75-87.

プラトンは、ある人々の一団が生まれてからずっと住み続けている暗い洞窟を想像するように言います。その人たちは、生涯その洞窟の中で囚われているので、他の世界を知りません。洞窟の片方の端では、火が明るく燃えており、暖と光を提供しています。炎が燃え上がると、洞窟の壁に影が映ります。人々は目の前の壁に映された影を見ながら、その意味は何なのかを考えています。彼らのように洞窟に住み続けている人々にとっては、ちらちらと動く影の世界だけが、彼らの知っている世界のすべてなのです。彼らの現実理解は、この暗い牢屋の中で彼らが見たり経験したりすることに限定されているのです。もしその洞窟を超えたところに世界があるとしても、それは彼らが知らないものであり、イメージすることもできないものなのです。彼らの認識の限界は、影と薄明かりに限定され、またそれによって決定付けられているのです。しかし、彼らはその洞窟が牢屋であることも、自分たちが囚われの身であることも知りません。彼らが別の世界を知って初めて、そのような判断が可能になるのです。

　プラトンはこのようなイメージをさまざまな方向に膨らませました。その人々は鎖をかけられ、縛られているので、その洞窟の中で動き回ることもできません。彼らは、自分のまっすぐ目の前にある壁しか見ることができないのです。彼らの後ろには廊下があって、そこを人が荷物を頭に載せて歩いています。すると燃える火が、洞窟の壁に動く影を映し出します。廊下を行き交う人々はお互いに語りかけ、その声が洞窟中にこだまし、壁があるせいでそれは聞き取りにくくされています。ですから、囚人たちは動く影を見、こだまする声を聞いています。しかし、何かを直接見たり聞いたりすることはないのです。すべては、間接的そして不明瞭な経験なのです。[26]

　さてしかし、私たちの関心はプラトンの哲学的な比喩の展開自体ではありません。その弁証学的可能性こそが私たちの関心事なのです。このイメージが、どのようにして今日の世界で福音を伝えるために用いられることができるでしょうか。少し時間をとって、このイメージに自らを浸透させてみてください。今私たちが皆知っている世界――明るい日光、新鮮な空気、花や湖や木々など――を一旦すべて忘れるのです。あなたが知っている世界はただ暗い洞窟です。その暗闇こそが、あなたにとって現実とは何であるかを決定付けるものなのです。あなたは影を見、そしてこだまを聞いています。その他には何も見るものもなければ、聞こえてくるものもありません。そこに表れているものだけが現実なのです。

ここで、その洞窟を他の現実と比較はしないということは理解しておいてください。このイメージのポイントは、あなたがその洞窟以外、他に何も知らないということなのです。その洞窟こそが、あなたにとっての現実なのです。さて、あなたがこのイメージに慣れてきたところで、これが弁証学的にどのように掘り下げられ、用いることができるかを考えてみましょう。

自分自身に、次の問いを投げかけてみてください。その洞窟の中にいる人々は、どうすればその洞窟の暗く煙たい壁を超えたところに別の、より良い世界が広がっていることに気付くことができるだろうか。この問いについてしばらく考えてみてください。そして、その答えを出せた時点で、次を読み進めてもらいたいと思います。

洞窟の中にいる人々が本当の状況を把握するためには、三つの明らかな方法があります。

1 外の本当の世界から、誰かが洞窟の中に入って、そこの住人たちに本当の世界について伝える。弁証学的に言えば、これは神的啓示に相当します。

2 洞窟の構造自体が、壁の外にある世界の存在を示すヒントを含んでいる。弁証学的には、これは世界の構造に見られるヒントをもとに神の存在について語る議論に相当します。

3 囚人たち自体が、暗くて煙たい洞窟以外の、より良い世界が存在することを直観する。弁証学的には、これ

---

(26) 詳細は、以下を参照。Gail Fine, *Plato on Knowledge and Forms: Selected Essays* (Oxford: Oxford University Press, 2003).

は欲求からの議論のように、人間の感情をもとに神の存在について語る議論に相当します。ここから、この洞窟のイメージを引き続き用いつつ、これら一つ一つの弁証学的可能性について掘り下げていきましょう。

第一に、誰かが別の世界から洞窟の中に突入してくることがあるかもしれません。その人たちは、洞窟の譬えに従えば、他の世界がどのようなものかを私たちに教えてくれるでしょう。それだけでなく、その人たちは私たちに外に出る道を教えようとしてくれるかもしれません。さらには、その人たちは私たちを外へ連れ出そうとしてくれるかもしれないのです。このアプローチは、キリスト教の受肉の教理の特徴とも言えるでしょう。受肉の教理においては、イエス・キリストは人間の経験と歴史の世界の中に入って来て、物事が本当はどのようになっているのかを私たちに伝え、そしてこの世界の縄目と制限から私たちが自由になれるようにしてくださるのです。この主題は、新約聖書を通して見られるものですが、ヨハネによる福音書において特に重要なもので、次の聖句にそのことが表れています。

言は肉となって、わたしたちの間に宿られた。わたしたちはその栄光を見た。

（ヨハネによる福音書一章一四節）

わたしは、天から降って来た生きたパンである。

（ヨハネによる福音書六章五一節）

二つ目のアプローチは、洞窟の中の世界そのものに、そこだけが世界のすべてではないことを示すヒントやしるしが散りばめられている、というものです。アリスティッポスがロドス島の海岸にある模様を観察したように

（一七二頁）、洞窟の壁にはその起源や本当の定めを指し示すしるしが付けられているかもしれないのです。その洞窟は、何らかの意図が働いていた形跡を残しているかもしれませんし、その複雑さから、それがどうしてそこにあるのかという根本的な問いを生じさせるかもしれません。その壁には、その起源や歴史を語るヒントやデザインが施されているかもしれません。

第三に、洞窟を見ている人々自身が、既に他の世界が存在するということを深いところにある直観で感じているかもしれません。このことは、人生には暗闇と煙たい洞窟以上の意味があるはずだという深い確信、自分たちは別の場所のために存在するのだという直感的な確信という形をとるかもしれません。決して満たされることのない何かへの欲求というのは、そのようなヒントの中の一つです。つまりそのヒントとは、私たちの知っている世界が唯一の世界ではなく、その欲求が本当に満たされるのはこの世界においてではないことを示すものです。私たちが持つ、この世界で経験されることによっては満たされることのない憧れというものは、それ自体が私たちが置かれている真実の状況を示すヒントであり、そのヒントが指し示しているより素晴らしい現実を発見することへの招きなのです。

このように、プラトンの洞窟のイメージを基準にして、三つのアプローチが簡単に掘り下げられ、説明されることができます。それぞれが、弁証家がキリスト教信仰のある側面を掘り下げ、それがこの世界での経験や私たち自身の奥深くにある憧れや直観にどう関わり、その意味をどう明らかにするかを発見する手助けとなるのです。この強力なイメージは、講演や説教、講義などで簡単に用いることができますし、いろいろと創造的な方向に展開することもできます。上に挙げた三つ以外にも、このイメージを掘り下げる他の方法も容易に加えることができるでしょう。

では、他にどのようなイメージを弁証学的に用いることができるでしょうか。パウロは、私たちがキリストが十字架と復活を通して何をしたのかを理解することを助けるために、数々の力強いイメージを用いています。そのうちの一つは、養子縁組のイメージです。パウロは、私たちがキリストを通して、神の子として養子になったことを断言しています（ローマの信徒への手紙八章二三節、ガラテヤの信徒への手紙四章五節）。ローマ帝国の家族に関する法律になぞらえてあるこのイメージは、神との関係におけるキリスト者の立ち位置や特権に光を当てています。[27] このイメージは、私たちがそれを頭で理解して、心で認識することを求めるものです。

養子縁組のイメージは比較的理解しやすいものです。一つの家族が、自分たちのところに生まれたのではない子供に、自分たちのところに生まれた子供と同じ法的権利を与えようと決断します。すると、養子になった子供は実子と同じ相続権を持つことになるのです。したがってキリスト者は自分たちを、神の家族の中に入れられ、実子と同じ法的権利を持つ存在として理解することができるのです。そして、その神の実子とはいったい誰なのでしょうか。それはキリストご自身に他なりません。つまり、パウロは神がその子としてキリストにお与えになったものはすべて、最終的には神の子供である私たちにも与えられるということを力強く示しているのです。

この霊こそは、わたしたちが神の子供であることを、わたしたちの霊と一緒になって証ししてくださいます。もし子供であれば、相続人でもあります。神の相続人、しかもキリストと共同の相続人です。キリストと共に苦しむなら、共にその栄光をも受けるからです。

（ローマの信徒への手紙八章一六―一七節）

ですから、神の子供にとっての家族の証しは、この命における苦しみと、来るべき命における栄光なのです。栄光は苦しみの先にあり、私たちは苦しみとは神の相続人としての新たな立場に置かれた結果として喜んで受けるべき特権であることを学ばなければならないのです。

しかし、養子のイメージは私たちの頭だけではなく、私たちの想像力や心にも訴えかけてきます。このイメージは、ただ理解されるだけではなく、想像力豊かに感動をもって受け止められることを強く求めているのです。

養子縁組とは、養子になる側が養子をとる側から求められることを意味します。また、養子縁組とは親密な関係を意味します。そしてこれらは感情に深く関わるテーマであり、どんどんと分断の進む私たちの社会において多くの人の関心や心配事と共鳴するのです。養子にされるということは、愛と思いやりのある環境へと招き入れられるということです。歓迎され、求められ、尊ばれるということです。養子縁組は、部外者が信仰と愛の輪の中に歓迎されるという、招きという光栄を喜ぶものなのです。

　このパウロが用いた養子縁組のイメージは、どこかにつながっていたいという人間の深い憧れと強く響き合うものです。私たちには、自分が受け入れられ、求められていると感じる必要があるのです。この点の重要性は、シモーヌ・ヴェイユの著作の中で頻繁に強調されています。彼女の著作である『根をもつこと』の中で、ヴェイユは自らの個人的アイデンティティを確立するための共同体の重要性について指摘しています。「ルーツを持つということは、もしかすると人間の魂にとって必要な物の中で最も重要で最も見過ごされているものかもしれない」[28]。このような思想を、著名な旧約学者であるウォルター・ブルッゲマンはさらに展開して次のように述べています。

> 自分が迷子になっている、いるべき場所にいない、帰るべき家がないという感覚は、現代社会において蔓延している。どこかにつながっていたい、帰るべき家が欲しい、安全な場所にいたいという願いは、深くそし

（27） James C. Walters, "Paul, Adoption, and Inheritance," *Paul in the Greco-Roman World*, ed. J. Paul Sampley (Harrisburg, PA: Trinity Press International, 2003), 42-76.

（28） Simone Weil, *The Need for Roots* (London: Routledge, 2002), 43.〔シモーヌ・ヴェイユ『根をもつこと』冨原眞弓訳（岩波書店、二〇一〇年）。〕

て感情を揺さぶる探究なのである。(29)

アメリカのテレビドラマの「チアーズ」が成功を収めたことも、この点をよく反映していると言えるでしょう。このシリーズは、ボストンにあるバーを舞台にしており、一九八二年の放送開始から一九九三年の放送終了に至るまで、二七一話が放送されました。この番組の大成功の鍵となったのは、番組の中に描き出された強い共同体の雰囲気でした。(30) バーというものは、他愛のない会話をしたりうんちくを語ったりする場です。逃れ場であり、歓迎される場で、そこにいるみんなが自分のことを知っています。バーの外には、どこの誰とも分からない人々の群れがいます。しかし、バーの中では、あなたは特別な人なのです。あなたの存在は、他の人たちにとって意味があるのです。あなたはどこかにつながっていることになるのです。この番組のテーマソングは、そのことを絶妙に表現しています。あなたは「みんながあなたの名前を知っている場所」にいたいと思うのです。

そこで、弁証家はこのパウロが用いた養子のイメージを工夫して用い、そこに秘められているいくつかの意味を指し示すことができます。このイメージは、ただキリストの死と復活が私たちにもたらす益を明らかにするだけではないのです。このイメージは、どこかにつながっていたいという、人間の心の中で深くて絶大な意味を持つ願いに訴えるものなのです。

聖書の中にある他のイメージも、容易に弁証学的に用いられることができるでしょう。例えば、羊飼いとしての神、生けるパンとしてのキリストなど。この点で弁証学は豊かな宝箱を持っています。そこからさまざまなイメージを取り出して、想像力を人の魂への入り口として用いることができるのです。優れた弁証家は、新しい物語やイメージを追加して、この宝箱を定期的にリフレッシュさせる必要もあります。

次に向けて

この章で論じられた信仰への四つの入り口はすべて重要で、弁証学的に適用するにも優れているものです。しかし、これらはいくつかの例を挙げただけであって、すべてを網羅しているわけではありません。他の入り口というものも、容易に加えることができるでしょう。例えば、キリスト者がどのように生き、信仰を体現しているかということは大切な弁証学的機能を果たしています。多くの人は、自分の友人が自分にはない何かを持っていると感じる時、信仰についての問いを尋ねたくなるものです。例えば、平安や目的といった感覚や、人格に深く根差した他者への同情や愛などです。「それはいったいどこから来るの?」。彼らは聞くでしょう。それを自分も持つことができるかを密かに問いながら。神の愛は、キリスト者が隣人と世界とに仕える時、体現されると同時に宣べ伝えられているのです。

キリスト者がどのように死に向き合うかということも、キリスト教の福音の中でも非常に重要な復活という、人を変える希望への証しとして大切です。真理を実際に生きるということは、「受肉した弁証学」というふうに考えることもできるでしょう。そして、それ自体がその真理への強力な証しとなります。私たちに必要なものは、議論以上のものなのです。私たちは、キリスト教信仰が人生を変えるものであり、人生に力を与えるものであることを示さなければならないのです。フィリップ・D・ケネソンがいみじくも指摘した通りです。

(29) Walter Brueggemann, *The Land: Place as Gift, Promise, and Challenge in Biblical Faith*, 2nd ed. (Philadelphia: Fortress Press, 2002), 1.

(30) Bill Carter, "Why 'Cheers' Proved So Intoxicating," *New York Times*, Sunday, May 9, 1993.

私たちの世界が待ち望んでおり、そして教会がそれを差し出すのを躊躇しているものは、客観的真理についての終わりのない演説ではなく、なぜそもそも人がこのことに気に留める必要があるのかを明確に説明するような、真理を体現した証しなのである。(31)

加えて、キリスト者の生活は福音が人生を変えることができるということへの重要な証しでもあります。自分たちの物語の証人として、私たちは間接的に福音がただ真理であるだけでなくてリアルであることを証ししているのです。

他のアプローチを挙げることも難しくはありません。それぞれの弁証家が、自分の関心を引く問題や、応えなければならないと思う社会の風潮に照らして、アプローチを展開すればよいのです。すぐに挙げられる、確かな弁証学的可能性を持った分野の例を以下に記します。

1　映画。物語とイメージ（映像）を併せた映画という媒体は、現実に通じるために文章ではなく視覚的な媒体を第一とする世代に対しては最善のコミュニケーション手段かもしれません。最近の多くの映画は、主要な神学的・弁証学的問いを投げかけるもので、弁証学的な議論の良いきっかけを提供してくれます。

2　詩。多くの詩が、現在の世界についての不安や人類の究極の目的についての憧れを表現しています。弁証家にとって、問いを投げかけたり、弁証学的な入り口を開いたりする可能性を秘めた詩——流行りの歌の歌詞も含む——を見出すことは比較的容易です。

3　美術作品。流行りの絵画だけでなく、古典的な美術作品も弁証学的な入り口として用いることができます。例えば、インターネットで調べればすぐに、有名なムンクの油絵の『叫び』（一八九三年）を見ることができます。これは、深い実存的な悲しみの中にある人の姿を描き出しています。彼――あるいは彼女？――は、この世界に耐えることができないのです。どうしたらよいのでしょうか。これは優れた弁証学的入り口です。その他にも、いろいろな作品を簡単に見出すことができるでしょう。

ここまでで、キリスト教信仰を勧め、それを一般の人々の人生と結び付けるための方法について見てきましたが、次は信仰について人々が感じる難しさや心配についてどのように応えるべきかを考えなければなりません。これらのことに私たちは、どのように応えたらよいのでしょうか。

さらなる学びのために

Carson, D. A. *The God Who Is There: Finding Your Place in God's Story*. Grand Rapids: Baker, 2010.

Johnston, Robert K. *Reel Spirituality: Theology and Film in Dialogue*, 2nd ed. Grand Rapids: Baker Academic, 2006.

Keller, Timothy J. *The Reason for God: Belief in an Age of Skepticism*. New York: Dunton, 2008.

Marsh, Clive. *Theology Goes to the Movies: An Introduction to Critical Christian Thinking*. New York: Routledge, 2007.

McGrath, Alister E. *Surprised by Meaning: Science, Faith, and How We Make Sense of Things*. Louisville: Westminster John Knox, 2011.

Nash, Ronald H. *Faith and Reason: Searching for a Rational Faith*. Grand Rapids: Academic Books, 1988.

（31） Philip D. Kenneson, "There's No Such Thing as Objective Truth, and It's a Good Thing, Too," *Christian Apologetics in the Postmodern World*, ed. Timothy R. Phillips and Dennis L. Okholm（Downers Grove, IL: InverVarsity Press, 1995）, 155-70.

Peters, James R. *The Logic of the Heart: Augustine, Pascal, and the Rationality of Faith.* Grand Rapids: Baker Academic, 2009.

Piper, John. *Think: The Life of the Mind and the Love of God.* Wheaton: Crossway, 2010.

Sire, James W. *Naming the Elephant: Worldview as a Concept.* Downers Grove, IL: InterVarsity, 2004.

Wright, N. T. *Simply Christian: Why Christianity Makes Sense.* San Francisco: Harper SanFrancisco, 2006.〔N・T・ライト『クリスチャンであるとは——N・T・ライトによるキリスト教入門』上沼昌雄訳（あめんどう、二〇一五年）。〕

第八章　信仰についての疑問——新しいアプローチを構築する

弁証学というのは、一方でキリスト教信仰の喜び、その一貫性、そして人々の人生との関連性を伝えることですが、他方で、人々が抱いている信仰についての不安や難しさ、あるいは関心事に応えるものでもあります。これは、新約聖書の時代からいつもそうでした。[1] 弁証学は、人々が信仰について心からの問いを投げかける時、それらに対して心からの、そして説得力のある答えを確かに持っていると断言するものです。人々が抱いているそれらの問いは、敬意をもって扱われるべきですし、真剣に考えられるべきなのです。そして、より重要なのは、それらの問いに答えが与えられることです。そしてさらに重要なことは、その答えというものが実際に存在するということなのです。

信仰について寄せられる疑問というのは、それぞれの社会によって違うものです。初期のキリスト教著作家たちの関心は、一方で自分たちの信仰に対するプラトン主義からの批判にどう対応するかということであり、他方でプラトン主義者たちに自分たちの信仰を伝え、また勧めるにはどのようにしたら効果的かを考えることでした。中世初期の多くの西ヨーロッパの神学者たち——偉大なトマス・アクィナスも含めて——が集中したのは、イスラム教の著作家たちによって問われた弁証学的問いでした（当時、イスラム教はスペインと南フランスにおいて存在

（1）　新約聖書における弁証学のモチーフに関しては、以下を参照。Avery Dulles, *A History of Apologetics* (San Francisco: Ignatius Press, 2005), 1-25.

感があったのです）。ですからここで今一度、弁証学においての聞き手の重要性というものを理解しなければなりません。聞き手がどのような人々であるかによって、彼らがキリスト教に関して尋ねてくる質問も変わってきますし、キリスト教信仰がどのように紹介されるかということも変わってくるのです。

例えば、イスラム教社会の文脈では、教会の歴史についての疑問（特に、十字軍の時代について）、三位一体についての疑問、そしてキリストの神性についての疑問が問われることがよくあります。三位一体とキリストの神性については、イスラム教の神の一性という中心的な教えに矛盾するものであると広く受け止められています。また、合理主義的な社会の文脈では、「不合理」と思われる教え（例えば三位一体の教理やイエスが人であり神であるというキリスト教に特徴的な信仰内容）に関して、あるいは人間の性善説や自律性を疑うような教え（例えば原罪の教理）などに疑問が呈されることがよくあります。そしてポストモダンの社会の文脈では、イエス・キリストが救いへの唯一の道であるという新約聖書が強調している教えについて疑問が生じてくることでしょう（このような教えは、ポストモダニズムの多様性を評価する価値観と相容れないと考えられています）。

重要なことは、聞き手を理解し、そこから生じてくる関心や疑問を理解することです。それらを歓迎しがたい脅威だとは思わずに、かえって信仰への入り口だと思って歓迎するべきです。もし誰かが質問をしてくるならば、それは興味があること、聞く気があることの表れだと理解することが大切です。もしかしたら、あなたに質問をしてきた人は、あなたに致命的な挑戦をして、あなたを言い負かしてやろうと思っているかもしれません。そうだとしても、あなたには尊ばれるべき、そして真剣に取り組まれるべき福音を伝えるチャンスが与えられているのです。それらの質問は、あなたに命の偉大なる謎を開いてみせる機会を与えてくれます。そして、それをすることによって、キリスト教的な現実理解を説明し、勧めることができるのです。キリスト教を擁護する際に、保身的な態度を取る必要はありません。そうではなくて、一つ一つの質問を、誤解を解き、信仰が信頼できるものであること、魅力あるものであることを説明し、人生に対するインパクトについて語るためのチャンスだと思ってください。質問は歓迎されなければなりませんし、そのための良い答えが整えられ、差し出されなければなりません。その答えというのは、実はもう既に存在しているのです。ただ、私たちはそれらを見つけ、そして特定の聞き手に向き合っている者として、話し手としての自らの賜物に合わせて語り直すのです。

さてそれでは、それらの問いに対して、どのように取り組めばよいのでしょうか。弁証学の教科書の中には、標準的な問いに対して標準的な答えが示されており、キリスト教信仰の忠実で効果的な擁護者となるためには、それらの決まった応答を習得する必要があると勧めるものもあります。(2) 教育理論の専門家としましては、正直に申しまして私は別のアプローチが良いと思っています。人々が私たちの信仰について尋ねてくる疑問に対する最良の答えというのは、標準的な定形に基づいた教科書的な答えではなく、個々の弁証家が尋ねられた疑問について、そしてその問いを投げかけてきた相手について考え、さらにはその答えを出すために自分が持ち合わせているものについて考えた末に生み出されたものだと思うのです。弁証家は、どこかから借りてきただけの答えに甘んじることはできないのです。弁証家は、自分で答えを築き上げなければなりません。つまり、弁証家はその答えを自分自身のものとして責任を持たなければならないのです。そもそも自分も納得できないような答えを示すようなことは、絶対にあってはなりません。

この章は、信仰について考えられる限りの障害とそれに対しての答えのリストを提供するものではありません。この章は、あなた自身が自分で答えを生み出すことができるように励まそうとするものです。ここでは、あなたにでき合いの答えの詰め合わせを、ただあなたの弁証家としての心にコピーするために提供するのではなく、答

---

(2) 良い本の一例は、以下の包括的な著作である。この本から、すべての弁証家は何かを学ぶことができるであろう。Peter Kreeft and Ronald K. Tacelli, *Handbook of Catholic Apologetics: Reasoned Answers to Questions of Faith* (San Francisco: Ignatius Press, 2009).

えの出し方を教えたいと思っています。ですからまず、人々の疑問、不安、関心にどのように寄り添うかについての基本的な原理について触れたいと思います。

しかし、これらの問いについて考える前に、私たちが自らの弁証家としての役割を理解するための枠組みが必要です。これについては、視覚的なイメージが助けになります。多くの弁証家は、人々の心からの問いに対して自分が良い答えを出したと思ったのに、それが聞き手に何のインパクトも与えなかったように感じた時、落ち込んでしまいます。もし良い答えが与えられたなら、その人がすぐにでも信仰に入ることを妨げるものはないはずではないか、と思います。しかし残念ながら、人生というものはそのような単純な図式に見られるよりも、もっと複雑なものなのです。

私が、長年役に立つと思ってきたイメージは、人々をそれぞれが疑いや疑心から信仰へと続く道の途上にあるかのようにして考えることです。人によっては、その道のりは平坦で簡単なものかもしれません。大したことのない障害物が少しあるだけです。しかしまた別の人にしてみれば、その道のりは長く険しいものであり、たくさんの落とし穴や信仰を妨げるものが途中に多くあるのです。そして問題は、外から見ている人にとっては、その人の道がどのようなものであるかを知ることはできないということなのです。弁証家には、自分が話をしている相手が尋ねてきた問題が、その人にとって信仰への最後の一つだけの問題であるのか、それとも取り組まなければならない問題が他にも山積しているのかは分からないのです。弁証家ができることは、良い答えを差し出して、そして種は蒔かれたのだ――信仰への妨げは一つ減ったのだ――と信じることだけなのです。私たちの仕事は、人々を一歩ずつ前へと進めることなのです。ある人にとっては、それが最後の一歩となるでしょう。そして別の人にとっては、それはまだまだ続く長い道のりの中のたったの一歩ということになるかもしれません。しかし、それでも彼らは前よりは一歩信仰に近づいているのです！　ですから、弁証家の仕事というのは、誰かが信仰へと歩む道を共に歩むことであり、その人が歩き始めた時よりもゴールに近づいた場所にいられるようにすることなのです。

この章の後半では、話し合いの中で頻繁に尋ねられる、キリスト教に関する反論や不安についてのケース・スタディを二つ見ていきたいと思います。それらのケースは、人々の正直な関心の代表的なものとして選んでありますが、良い答えというものがどのように生み出されることができるかを考えるためにも良い材料になります。

疑問と不安　いくつかの基本的なポイント

問題と取り組むときは、広い視野をもってそれらにどう最善に対処するかに気付けるとよいものです。ほとんどの弁証家は、経験を経るほどにうまく問題に気付いたり、それに対応したりできるようになります。

⑴優しくなりましょう

パウロは、私たちが「キリストの使者」（コリントの信徒への手紙二、五章二〇節）であることを覚えておくように言っています。私たちは、自分たちが人々に対応するとき、福音の価値観を体現すべきことを覚えておかなければなりません。人間の傲慢さや短気さではなく、神の優しさがここで示されなければならないのです！　できるだけ、丁寧で、気配りの効いた、相手の助けとなるような返事をするように努めましょう。特にその質問において、相手があまりキリスト教信仰についてよく理解していなかったり、自分自身の知的能力について過度な自信を持っている場合は気を付けなければなりません。

⑵本当の質問は何か？

弁証家というものは、質問の裏にある質問が何かを突き止めるように言われます。それはどういう意味でしょう。例えば、誰かがあなたに、なぜ神が善い神であるなら世界に苦しみがあるのかと尋ねてきたとしましょう。それを聞いてきた人は、この問いを純粋に知的に理解しがたいことだと考えて、上質な哲学的答えを求めているのかもしれません。これにはしっかりと答えられるようにしておきましょう！

しかし、そうでない場合もあるのです。その質問をしてきた人は、実はつい先週、末期の骨ガンの母親が死に至るまで痛みに苦しみ続ける姿を、何日も隣りで見ていたのかもしれないのです。彼女の視点は、知的好奇心ではなく、深い個人的な苦しみにあるのです。その人は、あなたに哲学的講義をしてほしいとは思っていないのです！　彼女が求めているのは、共感と理解なのです。その人が求めている答えは、知的な答えというよりも、実存的な答えなのかもしれません。言い換えれば、人生の暗闇においても神が存在しておられると、安心させてもらいたいのです。

この問題に取り組むために、私が役に立つと考えている方法は、その質問を歓迎して、それからその質問をしてきた相手に、なぜその問いに関心があるかを教えてくれないか頼むことです。こうすることで、何が本当の質問なのかが分かり、それに適切に応える助けとなるのです。

(3)心からの質問に、でき合いの答えを示さない

作られた質問のリストに対する決まった答えを覚えて、信仰についての人々の疑問に応える際にそれらを用いるという方法は魅力的に見えてしまいます。しかし、この方法は効果的ではありません。それにはもっともな理由が二つあります。第一に、そのような方法を取ることで、あなたはまるでそのようにプログラムされた機械のように聞こえてしまいます。特定の聞き手に合わせてあるわけではない決まりきった答えを大量生産しているかのようです。あなたはまるで別の質問に答えているかのように聞こえてしまいます。聞き手というものは、そういうことに敏感で、その答えが不十分で説得力に欠けるものだと感じてしまいます。私たち弁証家は、しっかり

と相手の言うことを聞かなければなりません。その上で、そこで尋ねられている問いに本当に取り組まなければならないのです。その時、私たちは「標準的」な答えを応用したり発展させたりする必要があるかもしれません。

⑷他の弁証家から学ぶ重要性を理解する

オックスフォードのキリスト教弁証学センターで私が学生と一緒にすることで最も有意義なことは、六人から一二人の学生を集めて、人々が尋ねてくるような問いに対して何を言うかを話し合うことです。私が先に質問を投げかけて、学生たちは何分間か自分たちの答えを簡単に書き出します。そして、それらの答えを一緒に分析して、そのスタイルと内容を見ていくのです。その結果とは。ここで学生たちは質問に答えるという経験を積めるだけでなく、どのように重要な問いに取り組むかについて、いくつもの異なる方法に触れることができるのです。こうすることによって、皆が、そうした質問に対して、どのように助けになる形で応えることができるかをより深く理解して帰っていくことができるのです。

信仰に対する疑問や異議に対する自分の対応を構築する上で、最善の道の一つは、ウィリアム・レーン・クレイグやピーター・クリフトのように弁証学の技術を身に付けた人々から学ぶことです。問いに対する答えも含む彼らの講義の動画やオーディオレコーディングは、インターネット上で簡単に見つけることができます。会場からの質問に対する彼らの答えをよく聞いてみてください。彼らの声のトーンと、その答えの中身に注意を払ってみてください。肝心なのは何を言うかということだけではなく、それをどう言うかも重要なのです。

あなたが自分のやり方を作り上げるための助けとして、弁証学的な発表や会話の中で自然と生じてくるいくつかの問いと、それに対応するためのアプローチの例をいくつか見ていきたいと思います。これらはただ、それぞれの問いに対してどのようなアプローチが可能か、そのアイディアを示すだけのもので、あなたが実際に自分でどう答えるかを考えるための助けとなるものです。それぞれのケースにおいて、あなたが自分の答えに埋め込むことができる基本的なパーツを指摘しておきたいと思います。これらは糸のようなものです。あなた自身が、それらを用いて、あなたの弁証学的アプローチと答えなければならない特定の問いを反映した布を織り上げなければなりません。では、苦難の問題を取り上げることから始めてみましょう。

ケース・スタディ1　なぜ神は苦難があることを許されるのか?

最初のケース・スタディは、公の討論でも個人的な会話においても頻繁に尋ねられる問題を取り上げましょう。もし神が善い神であるならば、なぜ世界には苦しみがあるのか。なぜ慈しみ深いはずの神が造ったと言われている宇宙の中で、悪いことが起こるのか。これは、問い自体としても重要なものですが、このような質問に対してどのように答えの枠組みを組み立てるかについても考えさせるものです。

以下に、苦難についての問いかけに対する答えの中のいくつかの点を並べて見ていきたいと思います。その一つ一つが、単独で用いられることもできますし、より豊かなタペストリーを織り上げるための一部として他の糸の中に織り込まれることもできます。

まず、なぜそれほど多くの人が苦難が存在するということを問題だと思うのかについて考えてみましょう。ぱっと見には、これは単純なことに見えるかもしれませんが、実はここには論理的な矛盾が存在するようなのです。神が善であるならば、なぜ世界に悪が存在するのか。人によっては、これは答えられなければならないリアルな問題です。信仰はこの点が弱点なのではないか。その場合、この質問には、合理的で論理的な答えが必要になってきます。

しかし既に触れたように、苦難の存在は人によってはより深い次元での不安を生じさせるものなのです。その人たちは、自分の愛する誰かの苦難や死によって困惑し、悲しんでいるのです。その場合、その人たちは論理的な説明にそれほど関心があるわけではありません。問題は、苦難を理解することというよりも、その苦難にどう対処することができるかなのです。その人たちの不安は、キリスト教が非合理的なのではないかということよりも、この宇宙が無意味なのではないかということにあるのです。コメディアンのウッディ・アレンがかつて皮肉を込めて言ったように、「歴史上のどんな時よりも、今、人類は岐路に立たされています。一方の道は悲しみと絶望へとつながっています。そしてもう一方の道は全くの絶滅です。正しい道を選ぶ知恵を持つことができるようにと祈りましょう」。

弁証家は、この問いが異なるレベルで答えられなければならないことに気を付けておかなければなりません。知的な問題を冷たく分析し解剖することは、ある人々にとっては役に立つかもしれません。しかしそれは、別の人たちを混乱させ、当惑させるかもしれません。なぜなら、彼らの関心は知的であるよりも実存的であるからです。多くの人々にとって、苦難の存在は頭の問題であるよりも、心の問題なのです。その人々が関心のある問いは、「このことをどうやって知的に理解したらよいのか?」ということではなくて、「この現実にどうやって対処したらよいのか?」ということなのです[3]。ですからここでは明らかに、知的な知恵と同時に感情に寄り添うことが求められているのです!

一つ目に指摘しておくべき点は、私たちは疑問と共に生きていかなければならないということです。苦難の問題に対して一撃で解決できる答えを持っている人はいません。好戦的な無神論者であるリチャード・ドーキンスは、苦難とは無意味であり無目的であると言います――何の目的も持っていない宇宙においては当然のことです。

---

(3) この問題に関する、マルティン・ルターとC・S・ルイスの異なるアプローチについての拙論を参照。Alister McGrath, "The Cross, Suffering, and Theological Bewilderment: Reflections on Martin Luther and C. S. Lewis," *The Passionate Intellect: Christian Faith and the Discipleship of the Mind* (Downers Grove, IL: InterVarsity, 2010), 57-69.

私たちはただ、それに慣れなければならないというのです。この答えは分かりやすくはありますが、多くの人たちに深刻な不満が残ります。私たちはただ、世界の痛みと無意味さを乗り越えていくことを学ばなければならないというのです。古代世界における多くのストア派の著作家たちは、この無意味で不合理な世界の中で、人は自分の個人的な意味のある世界を築き上げなければならないと言いました。それが、私たちが望むことのできる最善だというのです――本質的に無秩序で目的を書いた世界に、意味を上乗せするということです。

無神論者の中には、苦難の存在は悪であり、それ自体が神の存在を否定するに十分であると論じます。この議論は興味深いものです。なぜなら、よく見てみるとこの議論は自己破滅的な議論であるからです。悪の存在から神の非存在を論じることは、苦難が悪であるという前提が土台になっています。しかし、これは経験的な観察によるものではなく、倫理的な判断です。苦難そのものは自然なものです。これを悪とするには、前提となる倫理的枠組みが必要になります。しかし、その枠組みはどこから生じるのでしょうか。この議論を成立させるためには、絶対的な倫理的枠組みが存在しなければならないのです。しかし、そのような絶対的な枠組みの存在自体が、神の存在を指し示していると広く考えられています。結局、神の非存在の議論は、神の存在に依拠することになってしまうのです。これは最善の議論とは言えません。しかし、もしただ私の個人的な理解が、自然は悪であるというものであるとしたら、それは神の存在に関する議論と何も関係がないことになります。それはただ、私の単純で感傷的な好みの問題で、宇宙の深い仕組みについては何も言っていないことになるのです。

この問題は、もっと深く掘り下げなければなりません。キリスト教は、神がキリストにおいて苦しみを受けたと言っているのです。言い換えれば、神は苦しむとはどういうことかをご存知なのです。ヘブライ人への手紙は、主イエスが私たちの傍らで苦しみを受けられる方であることを語っています（ヘブライ人への手紙四章一五節）。このことは、苦難の意味を解明するものではありませんが、確かにその苦しみに耐えやすいようにはしてくれます。ここには、私たちが苦しむとき、神がまず苦しまれたのだという深い理解が示されているのです。受肉において、創造主である神が痛みと苦しみのこの世界へと入って来られるのです――興味本位の旅行者としてではなく、献身的な救い主として。だからキリスト者は、苦しむ世界に対する神の慈しみ深い献身があまりにも壮大であったので、神はご自身、その世界へと入られたということを知っています。誰か代理人を立てるのではなく、その痛みと苦しみを共に受けることを選ばれたのです。有名な小説家であり、アマチュアの神学者であったドロシー・セイヤーズは次の言葉の中でこのことをうまく指摘しています。

神が人をそのようなものとして――限界があり、苦しみがあり、悲しみと死にさらされるものとして――造られた理由が何であったにせよ、神は自らの薬を自分で飲む誠実さと勇気を持っていた。神がその被造物とどのようなゲームをしていたにしろ、神は自らのルールをしっかりと守ってフェアなプレイをした。神は、自らに要求しないものを、人から要求することはない。神は自ら人間の経験をすべて経験した。家族間の些細ないざこざから重労働による肉体的な苦しみ、金銭的な貧しさ、そして痛み、恥、敗北、絶望、死という最悪の恐怖まで。(4)

神は苦しむことを選ばれたのです。イエス・キリストの苦しみは、私たちが、この堕落した世界に生きる中で味わう痛みや悲しみをご存知の神と交わる光栄に与れることを確かにします。福音書の受難物語は、苦しみを本当に理解し、それをご自身で経験された救い主について語っています。また詩編は、最も暗い時にさえ私たちの

---

(4) Dorothy L. Sayers, *Creed or Chaos?* (New York: Harcourt Brace, 1949), 4.〔ドロシー・L・セイヤーズ『ドグマこそドラマ――なぜ教理と混沌のいずれかを選ばなければならないか』中村妙子訳（新教出版社、二〇〇五年）、九頁。〕

旅路をいつも共に歩んでくださる神について語るものです（詩編二三編）。

医師という仕事について有名な言い回しがあります。「傷ついた医者だけが癒すことができる」。もちろん、これが本当かどうかということには議論の余地があるでしょう。しかしこの言葉は、私たちが実際に同じ問題を経験したことがある人、私たちが今経験していることを経験したことのあり、それを乗り越えた人との方が接しやすいという事実を明らかにしています。多くの人が経験から知っているように、同じ問題を経験したことのない人と関わることは難しいことが多いのです。ですから、これに弁証学的に対応する一つの方法としては、相手に共感するということが挙げられます。相手の問題や恐れに共感する（empathize）のです。たとえあなたが同じような思いをしたことがなかったとしても――そしてその気持ちを理解することすらできなかったとしても！――あなたはその人の状況に自分を当てはめようと努め、その人がどう思っているかを本当に確実に理解できると心から言えるようにするのです。ただし、受肉というキリスト教の中心的な教えは、あたかも神がその経験を直に経験したことがないかのようにただ私たちの苦しみに共感するのではなく、神が私たちと共に苦しんでくださる（sympathize）ことを教えています。神は sympathize という言葉の厳密な意味通り（訳注　sym は「共に」、pathos は「感情」）、私たちと「共に苦しんで」くださるのです。神へと自らを向ける時、私たちは自分を知り、理解してくださる方へと向かっているのです。

よく聞かれる、イースト・アングリアの素晴らしい話があります。そこはその昔イングランドの羊毛産業の中心地でした。中世後期の時代、羊飼いが亡くなると、彼は自分の飼っていた羊の毛でいっぱいにされた棺に入れられて埋葬されたそうです。なぜでしょう。そうすれば、裁きの日が来た時にキリストがその羊毛を見て、その人が羊飼いであったことに気付いてくださるようにです。キリストはご自身も羊飼いでしたから、その人が羊飼いとして直面していた数々の重圧、迷子になった羊を捜すためにどれほどの時間を割かなければならなかったか、そしてどうしてその人があまり教会に行くことができなかったかを理解してくださるだろうということです！

これは面白い話ではありますが、大事な点を指摘するものでもあります。つまり、私たちは神についての多くのキリスト教的理解の中でも最も重要なこのこと——私たちは遠く離れた、人間として、弱く、死すべき者として生きることについて何も知らない神を相手にしているのではないということ——を大事にしなければならないということです。神は私たちを知っておられ、理解してくださいます。だからこそ私たちは「大胆に恵みの座に近づ」くことができるのです（ヘブライ人への手紙四章一六節）。

それに加えて、キリスト教の福音は苦しみと痛みはより良い場所——神が「目の涙をことごとくぬぐい取ってくださる」場所——に取って代わられるのだと情熱と力を込めて宣言しているのです。「もはや死はなく、もはや悲しみも嘆きも労苦もない」（ヨハネの黙示録二一章四節）。ですから、私たちは希望の内に生きているのです。

このようなことを考えると、苦しみというものを正しい文脈に置くことができるでしょう。また、苦しみのいくつかの側面について説得的に語ることもできます。例えば、私たちは今、人がもはや神のご計画通りには生きていない、堕落した世界に生きている点を指摘することは重要です。人間の身勝手さと強欲さが、戦争や飢餓、土地の乱開発、そして世界の資源を根本的にそして損害を与えかねない形で変えてしまうということを引き起こしています。これらのことはすべて、神が望まれたことではありません。これらは人間が引き起こしたことなのです。私たちは、自分たちを絶滅させることを可能にするテクノロジーを開発したとしばしば指摘されています。これは私たちの選択であり、神が望まれたことではないのです。

加えて、苦難というものは、この世界の在り様から生じてくるものだということを理解することも重要です。もしかしたら「より良い」世界が存在したかもしれないと信じる理由は何もないのです。例えば、科学者たちは地球上に生命が存在するためには、「プレートテクトニクス」が必要だと信じています。言い換えれば、地球の表面は地質の圧力に反応して移動できる必要があるということです。その結果は何でしょう。それが地震や津波です。これらは悪でしょうか。そんなことはありません。それらはただ自然なことなのです。それらは苦しみを生じさせるものですが、そのためのものではないのです。これはただ、命が息づくことができる世界に生きるために、私たちが支払わなければならない代償なのです。神を批判するある人々は、神が彼らの注文通りのデザインで世界を創造しなかったことについて陰で文句を言っています。もし彼らがすべてを統括していたならば、すべてはもっとうまくできていたはずなのに！　しかし、そのようなことを真面目に考えている人々は、今よりも良い世界が創造される可能性があったとか、今よりも良い世界がどこかに存在すると仮定できる理由が何一つないという不都合な事実から目を背けているように思えます。

　しかし、ここではより深い問題があるのです。なぜ、私たちは他人が苦しんでいるのを見ると動揺するのでしょうか。なぜ、私たちは苦しみを間違ったものだと感じるのでしょうか。これは、頭の問題であるというよりも心の問題です。この、苦しみや痛みは正しくないと感じるこの深く染みついた感覚はどこからやって来るのでしょうか。私たちが、欲求からの議論や倫理からの議論で見てきたように、このような根本的な感覚というものは、多くの人が認めるよりも実に重要なものなのです。もし私たちの欲求や倫理が偶然であり無意味であるならば、私たちが世界をどのように見るかにも本質的な重要性はないはずです。

　しかし、このような状況がより深いものを指し示しているとしたらどうでしょう。何か、私たちの内に埋め込まれた真の本質とアイデンティティを指し示しているとしたら。もしこれこそが、既に記した「神への帰巣本能」の一面だとしたら。もし、苦しみと痛みに対する嫌悪感が一方で天国を思い起こさせるものであり、他方で新しいエルサレムを待ち望むためのものであったとしたら。もし、私たちが物事の現状を見て考えていることが、私たちの本来の起源と目的を本能的に察していることによって形作られているとしたら。

　このように、苦しみの問題は非常に重要な弁証学的問いへの扉を開くものであり、大切なチャンスへと道を開くものでもあります。しかし結局は、この問題は誰も――世俗的であれ宗教的であれ――完全に応えることはできないものなのです。そこで本当に問題となっているのは、いくつかの疑問を残しつつも（私たちの人間としての限界が、それらを究極的には解答不可能にしているので）、批判的な思考に耐え、実存的に最も満足のいく答えを誰が与えることができるかなのです。解決されない問題と共存できるというのは、ある人々が浅はかにも考えるように論理的ナンセンスということではなく、知的な成熟を意味しているのです。

この章の続きにおいて、この問題をより工夫して用いる方法について扱いたいと思います。この考えを、どのように弁証学的に用いることができるでしょうか。しかしその前に、別の古典的な弁証学的問いに関わる問題を概観していきたいと思います。つまり、神を信じるということは、無力な人々が人生を切り抜けるための単なる支えのようなものなのか、という問いです。

ケース・スタディ2　支えとしての神

よく聞かれる批判の一つとして、キリスト教とはただ人生の負け組に慰めを与えるものであるという批判があります。その気の毒な人たちが人生に向き合う唯一の道は、自分を慰めてくれる神を作り出すことだというのです。まともな人たちには、そのような怪しげな元気づけは必要ありません。まともな人たちは、ただ人生をしっかりと生きていくのです。宗教というのは、感情的に不適格な人のためのもので、人生の現実に向き合うことができず、自分の想像上の世界を作り上げることを好む人のための単なる支えだというのです。

ここで重要になるのは、このような批判は、証拠に基づく丁寧な論理的議論というよりも、ただの決めつけであるということに気が付くことです。このような主張には、何の科学的根拠もありません。しかし、このような批判は社会の多くの人に受け入れられていて、討論や議論においても頻繁に見られるものです。では、このような批判に対してどのように対応すべきでしょうか。

第一に、私たちはこのような批判の歴史的起源について知る必要があります。この批判はいったいどこから生じたのでしょうか。お分かりの方もいるでしょうが、近代におけるこのような批判は、無神論者の精神分析家であるジークムント・フロイト（一八五六―一九三九）の著作に見ることができます。フロイトにとって、神への信仰は幻想でした。フロイトは、神はただ人間の精神の内にのみ存在すると論じたのです。神という思想は「願望充足」であり、人が意味と愛を求めた結果であるとしたのです。

われわれにしても、宇宙の創造者であり慈悲深い摂理である神、道徳的な宇宙秩序、あの世での生活などがもし存在したらさぞや素晴らしいことだろうとは思う。ところがはなはだ奇妙なことに、これらすべては、われわれが必然的に抱く願望とまさにぴったり一致しているのである。(5)

言い換えるならば、私たちは自分を取り巻く実際の世界の厳しさと自分を和解させることをしないで、自分の欲求に合わせた見せかけの世界を作り上げているということです。

一般向けの著作の中では、このことは神が幻想である（リチャード・ドーキンスのように）とか、支え（crutch/松葉杖）であるなどとよく表現されています。このようなアプローチは修辞学的に重大な力を持つものです。なぜならこのアプローチは、神を信じる人が社会的適性を欠いた、人生の現実に向き合うために助けを必要とする傷ついた人々であり、神を見せかけの精神的支えとして捏造した人々であると言っているからです。フロイトは、（いかなるはっきりとした経験的証拠もなしに）私たちの神についての思想や態度は、子供じみた幻想であり、私たち自身の父親との経験によって形作られたものであると主張しています。大人になり切れない人々は、自分の父親に対する依存と信頼から抜け出すことができずに、その信頼と依存を自然と想像上の「巨大に高められた父」へと移行させるのだというのです。フロイトは、そのような神への信仰を知的に単純で世間知らずなものだと明言しています。

これらすべてのことは、その幼児的な性格があまりにも明白で、およそ現実離れしているから、人類に好意を寄せている者としては、大部分の人間は永久にこの種の人生観を脱することはできないだろうと考えるだけでも胸が痛む。(6)

このように神への信仰を非常に軽蔑した態度というのは、新無神論にも見られるもので、特にリチャード・ドーキンスの『神は妄想である』（二〇〇六年）に顕著に現れています。しかし、結局何を言おうとも、これは単なる宣言に過ぎません。この断言が社会から信用されているのは、経験的証拠によるのではなく、同じことが繰り返し語られているということと、それがあまりにも自信に満ちて語られているということによっているのです。

神というものは父親からの守りを求める子供じみた欲求の投影であるというこの大胆な宣言の証拠は、事実上ゼロです。フロイトの科学的信憑性というものは、近年厳しく批判されています。なぜなら彼の「科学的研究」は、彼の偏見——特に神への信仰に対する彼の嫌悪感——をただ振り返って検証したものに過ぎなかったことが次々と明らかになってきたからです。フロイトは、神は存在しないという前提から議論をスタートします。そして、なぜ人々がそのような存在しない神を信じるのかについて合理的な説明を見出そうとするのです。しかし、

（5） Sigmund Freud, *The Future of an Illusion* (New York: Norton, 1961), 42.〔フロイト「ある幻想の未来」『フロイト著作集　第三巻』高橋義孝訳（人文書院、一九九二年）、三八六頁。〕

（6） Sigmund Freud, *Civilization and its Discontents* (New York: Norton, 1962), 21.〔フロイト「文化への不満」『フロイト著作集　第三巻』高橋義孝訳（人文書院、一九九二年）、三八六頁。〕この書物の英訳（*Civilization and its Discontents*）は正確ではない。これは正しくは *Anxiety in Culture*（*Das Unbehagen in der Kultur*）である。

この決定的に不十分な思考方法の中では、無神論が前提であるのか結論であるのか、明らかな混乱が生じています。

しかし、証拠たる基盤が情けないほど欠けているという事実を脇に置いて、フロイトの議論自体はどれほど妥当なものなのでしょうか。フロイトの立場はどれほど一貫しているのでしょう。フロイトの仮説――特に、彼が提唱した、男性が自らの父親を殺害して母親と結婚したいというエディプス的欲望が普遍的に潜在意識下に存在するという奇妙な思想――には明らかな問題があるように思います。フロイトのこの考え方に従えば、男性には少なくとも「天の父なる神」を信じたいという気持ちと同時に、その「父」を排除したいと願う気持ちになってもおかしくない精神的基盤が備わっていることになります。フロイトによれば、人はこの「高められた父」に対して肯定的・否定的両方の気持ちを抱いており、その否定的な気持ちが神が存在してほしいとの願いと同じくらい強い、神が存在しないでほしいとの願いの原因となるというのです。

フロイトは宗教的信念を妄想だと考えましたが、C・S・ルイスはフロイトの物質主義的な無神論は自滅的であると考えました。結局、この「投影」であるとか「捏造」という議論はもろ刃の剣なのです。フロイトは、神とは父なる神が私たちの必要を満たしてくれるようにとの願望充足であると論じました。しかし、フロイトや他の無神論者たちが、自分たちが嫌いな父親から逃げたいと思うあまり、神の存在を否定していると論じることもまた、同じくらい論理的であり証拠に基づくことなのです。結局、フロイト自身は、自分の父親とある種の緊張関係にあったのです。ですから、神は存在しないという彼の信念が、父親的存在が存在しないことを願う彼の深い欲求から生じたと論じることも全く難しくはないのです。それとも、もしそのような存在がいたとしたならば、その存在は殺害され得るし、殺害された方がよい、ということになるのでしょうか。

さらに、フロイトは神についての人間の見解の複雑さを正当に評価できていません。結局のところ、神は愛であるということは啓示によって示されていることであり、人間が自然に知ったことではないのです。マルティン・ルターとジャン・カルヴァンがそろって主張しているように、人間は直観的には神を恐れるということの方がより自然なことなのです。そこでルイスは、願望充足と同時に恐怖充足という精神的なダイナミズムをフロイトは認識できていないと論じています。[7] 人には、神がいてほしいと願う理由と同時に、神がいないでほしいと願う理由もあるということです。したがって、ルイス自身も無神論者であった時には、はっきりと、会いたくない存在として神を捉えていました。「人当たりのいい不可知論者は『人間の神探究』といったことを朗らかに語るだろう。しかしそのときのわたしにとっては、それは『ネズミの猫探求』と言うにひとしかった[8]」。

より深刻なことは、フロイトの「議論」は、神への信仰は無神論と一貫しているという宣言以上の何でもないということです。しかし、神への信仰は別の考え方のシステムとも合致しています――特筆すべきは、神が私たちを天国への帰巣本能を持つ者として造られたというキリスト教信仰です。既に記した、ヒッポのアウグスティヌスの祈りの言葉から引用しましょう。「あなたは、わたしたちをあなたに向けて造られ、わたしたちの心は、あなたのうちに安らうまでは安んじない」。フロイトは、無神論が人間の神への信仰あるいは人間の神への憧れを説明することができると論じています。もしかしたらそうかもしれません。ただ、そのような主張は全体的に無理矢理であり、不自然であることは否めません。しかしキリスト教は、この神への信仰と憧れをはるかに一貫性をもって、説得力のある形で説明することができるのです。

しかし、このセクションは支え（松葉杖）のイメージに目を向けて終えることにしましょう。これは修辞学的な作戦であり、その言わんとするところは明白です。つまり、神とは感情的、そして知的に不自由な人のための

（7） 以下を参照。Armand Nicholi, *The Question of God: C. S. Lewis and Sigmund Freud Debate God, Love, Sex, and the Meaning of Life* (New York: Free Press, 2002).

（8） C. S. Lewis, *Surprised by Joy* (London: HarperCollins, 2002), 265.〔ルイス「不意なる喜び」二九七―八頁。〕

ものである、というのです。強くて健康な人々は、そのような偽の援助や怪しげな安らぎなど必要としていない。自分の世話は自分でできる。神とは弱くて愚かな人だけのものだ、ということです。これは、新無神論に見出されるメッセージと同じもので、新無神論はリチャード・ドーキンスやクリストファー・ヒッチェンズのような主要な導師の知的優秀さを誇りとしているのです。

そこで二つの重要な点を指摘する必要があります。第一に、問題の所在は「真理」にあるのであって、「必要」にあるのではないということです。キリスト教弁証学は、常にキリスト教の主張は真理の土台に固く立っていると断言してきました。歴史的にも、人格的関係性においても、実存的にも、そして知的にも、キリスト教信仰は物事を真の姿において語るのです。そのような現実の包括的なビジョンの一端に、人間は「神の像」として創造されたという大切な考え方があります。「神の像」として造られているがゆえに、人が好むと好まざると関係なく、人には神へと戻る道を見出そうとする、生まれつきの傾向があるのです。

第二に、もしあなたの足の骨が折れているなら、松葉杖が必要なのです。もしあなたが病気ならば、薬が必要なのです。それが現実です。それが現実です。キリスト教的な理解によれば、人の本性は罪によって傷つけられ、怪我を負わされ、不自由にされています。アウグスティヌスは、教会を病院に譬えたことがありました。彼によれば、その病院は癒してもらっている怪我人や病人で溢れかえっているのです。それに対してフロイトは、彼自身や他の無神論者たちは、ただただより優れた類の人間であり、いかなる助けも必要としていないのだと論じているようです。しかし、そのような考え方は自信過剰で現実逃避したナンセンスと言えるでしょう。そのような考え方は、人間の闇の部分を否定していますが、その存在は現代社会を見れば嫌になるほど明らかです。人々はセックス、権力、そして麻薬の中毒になっています。しかもこれらは、私たちに自らの自主自立を失わせ、それらの虜にしてしまう多くのものの中のたった三つを挙げたに過ぎません。

フロイトは認めたくはないかもしれませんが、人間の本性には何かひどくどうかしてしまっているものがあるのです。人間の本性は、その傷に包帯をし、患部を洗って、病気が癒され、罪が取り払われなければならないのです。松葉杖のイメージは、私たちには外からの介入が必要であることを示しており、その必要は、まず自分に助けが必要であることに気付くことに根差しているのです。たとえ私たちが、自らのプライドと独りよがりな態度によって、助けを求めることができずにいたとしても、です。フロイトは、人間の本性についての現実にそぐわない見解のほとんどを、第一次世界大戦が一九一八年に終わり、ドイツとオーストリアにナチスが出現してきた一九三〇年代前に書き記しました。多くの人が、もしフロイトがヒトラーの台頭を見ていたならば、人間の本性についての自身の理想主義的な考えを改めなければならなかっただろうと考えています。フロイトは、誰もまだアウシュヴィッツもナチスの絶滅収容所も知らない時代に亡くなったのです。

しかし、フロイト自身もこの問題に気付いていた節があります。一九一三年にまで遡って、フロイトは精神分析家は「彼ら自身、より良く、より高尚で、より強固な性格を持っているわけではない」[9]との懸念を表明しているのです。ここに、フロイトが提唱した人間の問題の解決策が、それを実践することに最も適しているとされた人々にすら役立たなかったことが暗に認められているのです。「医者よ、自らを癒しなさい」ということなのではないでしょうか。

（9）〔訳注〕原文ではこれは Freud, *The Future of an Illusion*, 35 よりの引用とされているが、この文言はフロイトの書簡に含まれているもので、Nathan G. Hale, Jr. ed., *James Jackson Putman and Psychoanalysis* (Harvard University Press, 1971), 163-4 に記されている。

工夫を凝らそう　ケース・スタディを実践する

これまでの二つの節では、キリスト教弁証学に関わる二つの古典的な問いとそれにまつわる諸問題を簡単に分析し、それらに秘められた信仰に関する見逃すことのできない不安にどう答えるか、いくつかの点を指摘してきました。しかし、弁証学とは科学であると同時に技術でもあります。弁証学では、議論を知ることだけが大切なのではなく、それらをどのように使うのかが問題となるのです。このことは、医師の譬えを用いると分かりやすいでしょう。医師は、医学に関する深い知識を持っており、人体にどのような不具合が起きる可能性があるかと、それを正すためには何をすることができるかを知っています。しかし、このように医学を科学的に知っていても、患者自身が自分にどのような問題があるのかを教えてくれなければあまり役に立ちません。

医学を実践している私の同僚たちがよくこぼしていることですが、患者たちは本当に何が問題なのかを伝えることを躊躇することが多いようです。もしかすると、患者たちは自分の症状を恥ずかしく思っているのかもしれませんし、あるいはその症状が何を意味しているのかを知るのが怖いのかもしれません。経験豊かな医師は皆、病床の傍らで絶妙にふるまう術を身に付ける重要性を知っています。つまり、注意深く良い聞き手となり、患者からの信頼を勝ち取り、彼らが自分の不安を打ち明けられるようにするということです。医師は、本当の問題が何であるかを知る必要があるのです。そしてそれを知る技術は、実践あるのみという、難しい道を通って身に付けるしかないのです。

弁証学も似たようなものです。弁証学的議論、思想、そしてアプローチを知るということは、有能な弁証家の仕事のほんの一部に過ぎません。最高の弁証家というのは、弁証学の厳密な科学的知識を、弁証学の技術の深い理解と融合させることができる人です。そして、ここに難しさがあるのです。思想などは本や講義から学ぶことができますが、技術とは練習や挑戦と失敗を通してしか習得することができないのです。つまり、弁証学を実践するしかないのです。弁証学とは、ケーキを焼いたり、レンガを積み上げたり、ピアノを弾いたりするのに似ているのです。つまり、実践によって学ぶのです。その場合でも、それぞれに理論的な要素は存在します。ただ、その理論は実践へと導き、また実践のための情報を与えるものなのです。

ですから、私のような人物が質問や反論に対する模範解答を示すということは、不可能であると同時に無責任でもあります。それは、弁証学をただ決まりきった答えを覚えるだけの作業に貶めてしまうだけではなく、それぞれの疑問が特有であり、それ自体として真剣に受け止められるべきものであるという事実を見過ごすことになるのです。私たちは、自分たちが答えるより前に、相手の言葉に注意深く耳を傾けなければなりません。例えば、苦しみの問題から直接生じてくる次のような質問や不安に目を向けてみてください。それらは皆、異なるところから生じてきていて、それぞれに応じた答えを必要としているのです。これらの問いを読んでみてください。そして、その問いを投げかけている人が、どのような状況に置かれているのかを考えてみてください。

1 「どうして善い神が苦しみの存在を許せるのかが分からない。どうしても納得することができないんだ。なぜなのか説明してもらえますか？」

2 「私の母が、長い闘病生活の末に先週亡くなりました。母が病気の間、私は何度も神に祈ったんです。こういう状況の中では、愛に溢れる神というものを信じるのはとても難しく感じます。どう考えればいいのか、助けてもらえますか？」

3 「若かったころに、C・S・ルイスの『痛みの問題』を読んで、とても役に立ちました。しかし、最近私の妻が病気になったのです。非常にショックでした。今の私にとっては、ルイスの言葉は整い過ぎているように感じます。私の世界がいろいろな出来事によって混乱の中に投げ込まれた時、ルイスの言葉は何の助けにもなりませんでした。これからどうしたらよいのでしょうか?」

4 「聖書は神が私たちを愛していると教えています。でも、そうなんだと分かりづらい時があります。どうして世界にはこんなにも苦しみがあるのでしょうか? どうして地震が起こったりするのでしょう? 神が愛に溢れているなら、こういう災難から助けてくれるはずだと思うのですが、どうでしょうか?」

これらの問いを一つずつ慎重に調べてみてください。第一に、どの質問でも、質問をしている人がキリスト者なのか、不可知論者なのか、無神論者なのかを知る手立ては少ないことに注意してください。これはよくある弁証学的なジレンマです。質問自体は、それが疑いや疑問に苛まれる信仰者によるものなのか、あなたの信用を貶めようと狙っている無神論者によるものなのかを、必ずしも明らかにはしてくれないのです。そこで、あなたはどのように応えるか判断をしなければならないのです。

第二に、既成の返事では、これらの問いに秘められた異なる問題に対応することはできないということも覚えておいてください。問いはそれぞれ、それ自体として扱われなければならないのです。そして、それらの問いの背後に何があるのかを解明しなければなりません。例えば、三つ目の質問を見てみましょう。これはC・S・ルイスが『痛みの問題』で用いた、苦しみとは神が「苦痛は耳の聞こえない世界を呼び覚まそうとしたもう神のメガホン」[10]であるという議論に対して、リアルで重要な疑問を呈するものです。ルイスの言わんとすることは、おかしくはありません。しかし、多くの人は、このアプローチが多少単純過ぎて、苦しみの残酷で厳しい現実を突きつけられた時に、それが不十分であるように感じるかもしれません。もちろん、ガンによって妻を亡くした後のルイスもそうだったのです。ルイスの著名な『悲しみを見つめて』は、彼自身の若い頃のアプローチに対する痛烈な批判なのです。しかし、それでもルイスは信仰を失くしはしませんでした。それどころか、彼の信仰はその悲劇を通して成熟し、成長したのです。ですから、この問いに答えるには、ルイスが苦しみに対する態度を変えた（より現実的で実存的になっていった）ことを語り、そこで彼がどのようにそれを信仰の中に位置づけていったかを話すことができるかもしれません。

弁証学の技術は、弁証学の科学の範囲を超えていくものです。弁証学の技術は、私たちと他の人々を結び合わせます。信仰についてのどのような問題——たった今扱った二つのような問題——に取り組む場合でも、でき合いの答えを差し出すことは避け、実際に投げかけられたその特有の問いに合った答えを出すようにしなければなりません。

1 なぜその問いが、誰かにとって問題となるのかを理解しようと努めましょう。それは、その人がその事柄についてキリスト教が何を教えているのかを理解していないからですか。それとも、その人自身の過去の経験がその事柄を特に重要な課題としているからですか（例えば、苦しみの問題は、最近友達を亡くした人にとっては特に重要になるかもしれません）。そして、その問い自体が本当の問いであるのか、それともその奥に別の何かがあるのかを突き止めようと努力しましょう。

2 次に、その問いにどう工夫して答えられるかを考えましょう。ケース・スタディの中で取り上げた、問いに答える際のポイントとなる事柄のどれが重要になるかを考えてみましょう。

3 次に、特定の聞き手に応じて答えを提示しましょう。どのような譬えを用いることができるか、どんな作家を引用することができるか、そしてどのような人生の実体験があなたの答えの枠組みとなることができるかを考えましょう。

---

(10) C. S. Lewis, *The Problem of Pain* (London: HarperCollins, 2002), 91.〔C・S・ルイス『C・S・ルイス宗教著作集3 痛みの問題』中村妙子訳（新教出版社、一九七六年）、一一八頁。一部翻訳を変更した。〕

4　次に、実際に何を言うかを考えましょう。

四つ目のステップが難しいところです。まず、私たちには言いたいことがたくさんあります。どうしたら、考えていることをすべて一つの答えに詰め込むことができるでしょうか。私が弁証家として活動し始めた頃は、私が重要だと思った質問に対しての答えをすべて書き出すということが役に立ちました。たびたびそれを声に出して読んでみて、より良く聞こえるように文章を整えました。書き言葉と話し言葉はだいぶ違うということは忘れないでください！　そしてその答えを読むのに九分かかったとします。そうすると、それを四分まで縮めるようにします。良い部分だけを残して、できるだけパンチが効いて的を射た答えにするのです。そして最後に、それを二分でまとめられるようにするのです。

なぜそのようなことをするのでしょうか。一つには、このような作業は自分が言いたいことではなくて、言わなければならないことに集中するように仕向けてくれるからということがあります。ただ、それ以上に、人々は長い答えには飽きてしまいますし、百科事典的な講義よりも簡潔で身の入った答えを大いに好むからです。あなたの話を聞いている人々が、退屈そうに眼を泳がせている様子が見えたなら、あなたは自分がまずい状況に置かれていることが分かるのです。

しかし多くの人にとっては、良い答えにどれだけの時間がかかるかということではなく、そもそもあなたがどれほど良い答えを考え出せたが問題になるのです。私が講演の後に質問に答える際には、すぐに決断して素早く答えを出さなければならない状況に置かれることがよくあります。しかし、二五年間これをやり続けてきたという実績が非常に役に立つのです。私は出される質問のほとんどと既に取り組んできて、相手の益になるためには何を言えばよいかを考えてきました。そこで一番の課題となるのは、そこで尋ねられている質問としっかり通じ合って、相手の益となるように、丁寧に応えるということなのです。これは、私が実践を通して身に付けなければばならなかった技術と言えます。

続いて、二つの心からの質問とそれぞれに対して私が出した答えを見ていきたいと思います。答えは比較的短くて、二、三分の長さです。そしてその後に、なぜ私がこの特定の仕方で答えたのかを説明したいと思います。皆さんも、それぞれの問いを読んで、皆さんなら何を言うかを考えてみるようにお勧めします。そしてそれから私が何を言ったかを読んで、私の答えを分析してみてください。なぜ私は、そのような答え方をしたのか。なぜ私は、多彩な弁証学のパレットから、特定の色を選んだのか。そしてそこから、質問と答えに関する私自身のコメントを読んでください。どちらのケースも、私が二〇〇七年にリチャード・ドーキンスの『神は妄想である』(二〇〇六年)への応答としてオックスフォードで行った講演の後に会場から寄せられた質問です。

質問その①

「私は神と世界の苦しみの問題についてとても納得できません。起こっていることを理解しがたいのです。神は私たちのことを本当に気にかけているとは思えません! どうして神は、ただ苦しみを取りのけてくれないのでしょうか?」

私の答え

「質問をありがとうございます。この会場には、同じような考えや関心を持っている人がいると思います。ここで、いくらか助けになりそうなことを言いたいと思います。第一に、私たちは皆、苦しみに納得できていません。苦しみは、誤りであり、場違いな感じがします。私たちには、このような状態はあるべき姿ではないという感覚が奥底にあるのです。しかし、キリスト教的な希望の一端として、私たちはいつの日か、苦しみも痛みもない場所に行くのだということがあります。今の世界のことはすべて過ぎ去るのです。苦しみも痛みもないその場所こそが、私たちが本当に属している場所なのです。この世界は、暗い悲しみの谷のようなものです。しかし、キリスト者はこの谷間の先に新しいエルサレムがあることを知っています。そこは平和な場所です。この希望こそが、私たちが聖書が『死の陰の谷』と呼ぶ場所を歩み続けることができるようにしてくれるのです」。

「また、二つ目のポイントもあります。神は確かに私たちのことを気にかけてくださっています。神は私たちの旅路に伴ってくださるのです。私はキリスト者として、私たちはイエス・キリストの内に神を見ることができると熱心に信じています。神はこの痛み、悲しい、そして死の世界に入って来てくださいました。受肉とはそういうことなのです。つまり、神は私たちのところへ来ることを選んでくださったのです。神は私たちの痛みと悲しみを共有することを選ばれたのです。神は誰か仲間を私たちのところへ送って、ご自分が私たちのことを気にかけていると伝えさせたのではありませんでした。神は私たちがいる場所まではるばるやって来てくださり、直接そのことを伝えてくださるのです。主イエスは、私たちがいつの日か苦しみのない場所に行くことができるために、十字架の上で苦しんでくださいました。このことについては、語らなければならないことはたくさんあります。しかし大切なことは、神が苦しみを通して、私たちを栄光へと導いてくださるということです。私たちは、独りではないのです」。

質問その②

「あなたは神は妄想ではないと言いました。でも、心理学について少しでも知っている人であれば誰でも、私たちは自分の必要に適したものを考え出すのだと言うでしょう。私たちは、思想を作り出すのであって、神も例外ではないと思います。このことを認めて、現実を見たらどうでしょうか?」

私の答え

「それはとても興味深い質問ですね。そして、たくさんの大切な問題につながるものです。ここではいくつかのことに的を絞って、あなたが質問してきたことの中心的な点にきちんと答えられるようにしたいと思います。あなたの近代心理学のまとめに同意できるかは分かりませんが、私たちがたびたび自分を安心させてくれるような考えを作り出す誘惑にかられることは本当だと思います。私がもう何年も前に無神論者だった頃、私も、神とはただ人生の苦難に向き合うことができない悲しい人々が作り出した、心を慰めるための思想だと考えていました。実際私は、無神論の厳しさというものを指摘することに喜びを感じていたのです。結局のところ、無神論とは人生に関するあまりにも暗い見解なので、こんなものを誰も好んで考え出しはしない、と私は論じていました」。

「では、今の素晴らしい質問について、二つのことを言いたいと思います。第一に、私の同僚には、まさに神に存在してほしくないという理由から無神論者であるという人々がいます。彼らは自分自身の世界を作り上げ、何が正しく何が間違っているかを自分で決めたいのです。神などがいては邪魔になりますし、物事を複雑にしてしまいます。彼らは、自分が何が真実であってほしいと思っているかを知っています。だから、それを真実であると宣言しているのです。ですから、この議論と言うのはもろ刃の剣であると思います。もしこの議論が正しければ——ちなみに、正しいかどうかは分かりませんが——、なぜ無神論者が神を信じず、有神論者が神を信じるかを説明できることになるのです」。

「第二に、私たちは証拠に基づいて真偽を確かめなければなりません。私がキリスト者になったのは、私が神の必要性を感じたからではありません。もし譬えるとすれば、私は、飲み物は濁った池の水しかないと信じていたのに、シャンパンを見つけ出した人のようなものだったのです！　私を信仰へと突き動かしたのは、この世界について深く考えた結果であり、私自身の何か実存的な弱さということではありませんでした。私は、もしそれが本当であるならば、人生についての暗い見解を受け入れることに全く異存はなかったのです。結局、私はこれこそが本当だと思ったからこそ、神を信じる信仰に入ったのです。さてこれが、とても知的な回心の話に聞こえることは分かっています。当時の私は、キリスト教には想像力を掻き立てる、感情に訴えかける深みがあること、また、物事に説明をつけることができるということをまだ知りませんでした。そのことは後で知ったのです。でも、それはまた別の話です」。

「ですから、あなたが私たちは現実を見て何が本当か確かめる必要があると言うのに、全く同意します。あなたも私も、明らかに二人とも批判的な思考の持ち主です。ただ大きな違いは、お互いその批判的思考という作業がどこに続くと信じているかなのです！」

ご理解いただきたいことは、これらはすべての状況に対応できるような模範解答ではないということです。これらは、その場の勢いの中で生み出されたリアルな答えであり、特定の質問が、特定の形で問われた際に適切だと思われた仕方で答えられたものなのです。なぜ私は質問に対してあえてこのような答え方をしたのでしょうか。これまでに扱ってきたことを見れば、これらの二つの問いに対して、他にも多くの点を指摘することができたのは明らかです。ではなぜ、そのパレットから特定の色だけを限定的に選んだのでしょうか。当然の理由としては、質問への答えは短くなければならないということが一つ挙げられます。ここで、どれだけの点を扱うことができるかは制限されます。私はただ、この上述した点のすべてをこれらの短い解答に詰め込むことはできなかったのです。

まず一つ目の応答に目を向けてみましょう。私は質問した人の話を聞きながら、問題は知的であるよりも実存的であると感じました。言葉としては、その質問には知的な要素があるように見えました。しかし彼の態度は、問題がより深いところにあることを示していたのです。私は、彼が神を信じることが非合理的である可能性について尋ねているのではなくて、この宇宙、さらには彼の人生が無意味である可能性について尋ねているのだと感じたのです。そこで私の答えは、暗闇と疑い、そして孤独の時に神が共にいてくださるというテーマに注目してから、神の私たちに対する献身について念押しするための受肉の教理の重要な役割を強調したのです。そして最後に一つのことを強調して終わりました。「私たちは独りではありません」。なぜなら、それこそが彼の聞くべき言葉であると感じたからです。

　私が、苦しみというテーマの中で神を擁護しようとはしなかったことに注目してください。私は、この人にはキリスト者がどのように苦しみと向き合い、いかに苦しみについて語るべき大切なことを持っているかを示すことが適切だと思ったのです。弁証家として、私がたびたび感じることは、キリスト教がある主題について何と言っているかを説明することが、キリスト教を擁護するために最も有効な手立ての一つだということです。

　二つ目の応答はどうでしょうか。私が質問者の言葉を聞いていると、彼が合理性と証拠というものに重きを置いていること、そして神への信仰というものは合理性にも証拠にも欠けていると考える傾向があることは明らかでした。彼の質問の密かな前提は、神への私の信仰は妄想であるということだったのです。私はまず初めに、私たちがしばしば自分の願いと共謀して自分の趣味に合った現実を作り上げてしまうことを指摘して答えることにしました。私がはっきりと示したように、神を信じない人も、自分の願いを世界観へと変化させてしまっている可能性があることを、質問者も知る必要があったのです。

　そして、そこから私はストーリー、それも自分のストーリーを短く簡単にではありますが語りました。私がそこで強調したかったことは、少なくとも私の視点からは、私の回心は合理性と証拠へと進む出来事であり、そこから離れていくことではなかったということです。私はまた、一つの種を蒔きたいと思っていました。つまり、実は無神論とは人生についての暗い見解であるという示唆、そしてその厳しさと苦しみこそがそれが真実であることを指し示していると愚かにも考えてしまう人がいるけれど、それは違う！　ということです。

これらは、私の「リアルタイム」の答えです。その時、その場所で、会場からの正直な疑問として挙げられた問いへの答えです。これらが役に立つとよいと思っています。ただ、もちろんあなたはこれらには改善の余地があるとお考えのことでしょうし、それはもっともなことです。その部分は、喜んであなたにお任せしたいと思います！

さらなる学びのために

Beckwith, Francis, William Lane Craig, and James Porter Moreland. *To Everyone an Answer: A Case for the Christian Worldview*. Downers Grove, IL: InterVarsity, 2004.

Craig, William Lane, and Chad V. Meister. *God Is Great, God Is Good: Why Believing in God Is Reasonable and Responsible*. Downers Grove, IL: InterVarsity, 2009.

Guinness, Os. *Unspeakable: Facing Up to Evil in an Age of Genocide and Terror*. San Francisco: HarperOne, 2005.

Kreeft, Peter, and Ronald K. Tacelli. *Handbook of Catholic Apologetics: Reasoned Answers to Questions of Faith*. San Francisco: Ignatius Press, 2009.

Lewis, C. S. *A Grief Observed*. London: HarperCollins, 1994.〔C・S・ルイス『C・S・ルイス宗教著作集６　悲しみをみつめて』西村徹訳（新教出版社、一九九四年）。〕

———. *The Problem of Pain*. London: Fount, 1977.〔C・S・ルイス『C・S・ルイス宗教著作集３　痛みの問題』中村妙子訳（新教出版社、二〇〇四年）。〕

Murray, Michael J., ed. *Reason for the Hope Within*. Grand Rapids: Eerdmans, 1999.

Nicholi, Armand. *The Question of God: C. S. Lewis and Sigmund Freud Debate God, Love, Sex, and the Meaning of Life*. New York: Free Press, 2002.

Sire, James R. *Why Good Arguments Often Fail: Making a More Persuasive Case for Christ*. Downers Grove, IL: InterVarsity, 2006.

Strobel, Lee. *The Case for Faith*. Grand Rapids: Zondervan, 2000.

第九章　結論——自分の弁証学的アプローチを構築する

さて、ここからどうしたらよいのかが問題です。この本は、あなたが自分の弁証学的アプローチを築き上げるのを助けることを目的として書かれました。信仰に関するすべての重大な問いへの形式的な答えを示すのではなくて、あなたが自分のアプローチを築くことを助けようと努めてきました。あなたは、自分自身が満足できるアプローチを用いて、答えを出さなければなりません。そうでなければ、どうやって他の人を説得したり、導いたりすることができるでしょうか。本書を通しての私の関心は、ただ単に弁証学的答えのリストを提供することではなくて、あなたが弁証学的方法を編み出す手助けをすることだったのです。ですから、あなたのユニークなアプローチをさらに構築するためにいくつかの提案をして本書を閉じるのがよいかと思います。

自分を知ろう

神は私たちをそれぞれにありのままの姿として造られました。そして私たちはその事実を受け入れて生きることを学ばねばなりません。私たちは自分の短所も長所も理解して、それらをどう最善に用いることができるかを考えなければならないのです。弁証学は四通りの仕方で実践することができます。

1　公の弁論

2　著作活動
3　個人的会話
4　私たちの生き方や態度を通して

ほとんどの弁証家は公の弁論の録音や録画を配信することを基盤としたミニストリーを展開しています。あなたが何をするのに一番適しているかを考え、自分に特有なアプローチを築き上げる努力をしましょう。何よりも、あなたの短所を指摘し、あなたの長所を伸ばしてくれる「批判的な友人」の重要性に気付いてください。

また、弁証学をするということは、知的にも霊的にも消耗する作業であることを理解しなければなりません。これは、キリスト教が弱いからではなく、キリスト教を擁護しまた勧める際に多大な感情的エネルギーを消費するからであり、その責任の重さを私たちが認識しているからなのです。C・S・ルイスはこの問題を鋭く感じ取り、それについてコメントしています。

私は、弁証家の業ほど自らの信仰に危険を及ぼすものはないと思います。私がたった今、公の討論において擁護するのに成功した信仰の教えほど、私にとって実体がなくうそ臭く感じられるものはないのです。(1)

弁証家がその仕事をうまくこなしたいと思うならば、援助が必要なのです。仲間と同伴者が必要です。孤独な弁証家は、疲れ切り弱ってしまいます。その理由の一端は、弁証学の作業の責任の重さです。その責任は、分散されることが一番よいのです。それはちょうど、人の著作や弁論の質が、批判的な友人との対話によって磨かれていくことと同じです。そして次にそのことについて触れたいと思います。

他者から学ぼう

他の弁証家から学ぶということは必要不可欠です。インターネットで、ウィリアム・レーン・クレイグ、ティム・ケラーやピーター・クリフトのような達人たちの弁論を聞くことができます。彼らの講演の録音を聞き、彼らの本を読み、そして彼らのアプローチを分析してみてください。ルイスやトールキンのように、物語を通して自分の弁証学的アプローチを構築する人もいます。例えば、フィクション部門でピューリッツァー賞を受賞したマリリン・ロビンソンの『ギレアド』(二〇〇四年)は、神学的テーマを探究する素晴らしい作品です。

これらの弁証家が、どのようにして聞き手を引き込んでいるかを考えてみてください。どのような物語が語られているか。どのような譬えが使われているか。どのようにして議論が組み立てられているか。それらのアプローチを、どのように発展させ、応用させることができるか。彼らの思想を理解できることと、それらを応用して自分の目的に合わせて適用できることとは別のことなのです。

「リバースエンジニアリング」の考え方がここで役に立ちます。この用語は、車のエンジンやマイクロチップのような製品を、それがどのような意図をもって作られたかを考えながら調べるプロセスを指すものです。なぜこれをデザインした人は、別の方法ではなく、この方法を選択したのか。このデザインは改善可能だろうか。有名な熟練者の弁証学的な講演をリバースエンジニアリングすることを試してみてください。その講演を準備するにあたり、その人がさまざまな選択をした理由は何であったかを考えてみましょう。例えば、なぜ彼は講演をあのように切り出したのか。そこで想定されているのはどのような聴衆なのか。主題を選ぶ際にどのような要素が

(1) C. S. Lewis, "Christian Apologetics," *C. S. Lewis: Essay Collection* (London: HarperCollins, 2000), 159.

働いたのか。どうして講演をあのような終わり方にしたのか。そして、何よりも大切なのは、それをあなたならどのように語るか、ということです。

重要なのは、あなたが自分の賜物に適し、あなたの聞き手に合わせた自分の弁証学的方法を作り出すということです。この作業には、他の弁証家の著作を読むことは必要不可欠です。しかし最終的には、あなたは信仰についての問いに対して、自分自身の答えを生み出さなければなりません。誰も、借り物の答えに人生をかけることはできないのです。あなたは、あなた自身が納得できる答えを作り上げなければならないのです。他の人の答えを用いることはできるかもしれませんが、最善の答えはいつでもあなた自身の答えなのです。なぜでしょう。それは、あなたはその答えに実際に取り組んだのであり、その答えがあなた自身を満足させることができるまで調整し続けたからです。私は、自分自身が満足できないような弁証学的アプローチや弁証学的答えを喜んで用いるなどできた試しがありません。たとえそれが、有名な弁証家の著作の中に見出されたものだとしても、です。

練習しよう

最後に、弁証学とは科学であると同時に技術でもあることを覚えていてください。弁証学は、キリスト教信仰をよく理解して、それとあなたが向き合っている聞き手をどのように結び合わせるかを考えることに尽きるのです。では、あなたがどれくらいうまく両者を結び合わせることができているか、どのようにしたら分かるのでしょうか。そこでフィードバックが必要となるのです。正直で、確かで、あなたの成長を促すような評価が必要となります。

オックスフォードのキリスト教弁証学センターでは、学生は弁証学の理論と実践の両方を教えられています。理論を知ることは、良い出発点ではありますが、それで十分なわけではありません。自分が探究してきた思想を、どのように用いることができるかを考えなければならないのです。そしてそれは、人々の疑問に対して短い演説を書くことを意味します――そして、それがどれほどのものか、評価してもらうのです。私たちの学生は、自分のアプローチをクラスメイトの前で発表し、クラスメイトはそれを評価して、さらに改善できるように助けます。この作業は、お互いに敬意をもって、支え合う精神で行われ、学生たちは恥ずかしい思いをすることなく自分の短所を見極めることができ、それらを最小限にするように努力するのです。そしてより重要なのは、この作業は彼らの長所を見出し、それをさらに伸ばす助けとなるのです。

あなたの長所は何でしょうか。分かりやすい例をいくつか見てみましょう。私の場合、私には独自の長所（強み）が二つあります。第一に、私は自分自身が無神論者でした。ですから、無神論者であるということはどういうことか、教えてもらう必要はないのです。私は実際にその状況にいたのですから。私には、リチャード・ドーキンスのような攻撃的な無神論の著作家たちの気持ちがよく分かるのです。そして、私はなぜ自分がそれを過去のものにしたかも分かっていて、それを他の人に説明することもできるのです。第二に、私は自分の学問的歩みを物理と生物の両方の自然科学から始め、科学の歴史と哲学も含めて現在に至るまで最新の情報を読み続けています。つまり、私は科学的方法を超えたところにある人生についての重要な問いを探究することに関心のある自然科学の研究者たちと、知識に基づいた、有益な対話をすることができるのです。

私たちはそれぞれに皆、自分の長所（強み）を把握して、それを最も有益に用いるにはどうしたらよいかを考えなければなりません。例えば、リー・ストロベル（一九五二年生まれ）は『シカゴ・トリビューン』のジャーナリストでした。彼はキリスト教に改宗してから、自分の文章力や分析力をキリスト教信仰を擁護する大衆向けで力強い著作（*The Case for Christ*〔一九八八年〕や *The Case for Faith*〔二〇〇〇年〕）の執筆に傾けたのです。考えてみれば、ナザレのイエスはガリラヤ湖畔にいた漁師たちを召し出し（マルコによる福音書一章一六―二〇節）、彼らに「人間をとる漁師」という新たな使命を与えられたのです。彼らがもともと持っていた技術は、新しい、神のための業に用いられるようになったのです！

結局、優れた弁証学とは練習がすべてなのです。実際に何かをする（それについて考えるだけではなくて）という意味でも、それを継続するという意味でも（それで上達するために）、練習が大切なのです。本を読んだり授業に出席したりするだけでは弁証学を身に付けることはできません。弁証学は技術なのです。ただ、何か情報を得るということではないのです。弁証学的な演説を書き出して、それを人々に届ける術を身に付けるには、その演説を書き出して、人々に届け、同僚からのフィードバックをもらうしかないのです。もしあなたがそのようなことを訓練の一つとして導入している授業を受けているのでなければ、あなたは友達を集めて同じような仕方で自分のアプローチを築き上げることができるようにしなければなりません。

インクリングズのことを知っていますか。これは、C・S・ルイスやJ・R・R・トールキンを含む何人かの作家たちの集まりで、一九三〇年代から一九四〇年代にオックスフォードで定期的に集まっていたグループです。彼らはお互いの作品に耳を傾け、建設的な批評をしていたのです。『指輪物語』も『痛みの問題』も、このようにして生まれたのでした。(2) 自分たちの演説や文章の技術を向上して、それを弁証学的に用いたいと思っているグループを見つけるか、作るかをしてみましょう。そうしたいと思っている人は、特にアメリカの神学校や大学にはたくさんいるのです。

最後に……

この短い本では、弁証学の科学と技術について皆さんにすべてをお教えすることは、とてもできません。これはほんのスタートに過ぎないのです。ただ、この本が皆さんがこの分野に関心を持ち、なぜ弁証学が興味深く重要なものであるかを理解する助けとなっていれば幸いです。もしここに記されている考え方を極めたり、応用したりすることが難しいと感じても、気を落とさないでください。この本は、たださまざまな分野の地図を描き出すだけのものなのです。ここから、詳細とその深みを探究するかどうかは、皆さんにかかっています。そして、それは驚くほど魅力的で有意義なことなのです。いったい人生の中でどれほどのことが、それほどに価値があるものと言えるでしょうか。

（2） 以下を参照。Humphrey Carpenter, *The Inklings: C. S. Lewis, J. R. R. Tolkien, Charles Williams, and Their Friends* (Boston: Allen and Unwin, 1978); Diana Glyer, *The Company They Keep: C. S. Lewis and J. R. R. Tolkien as Writers in Community* (Kent, OH: Kent State University Press, 2007).

訳者あとがき

本書は、日本のキリスト教界でも著名な神学者であられるアリスター・マクグラス教授の膨大な著作の一つ、*Mere Apologetics* (Grand Rapids: Baker Books, 2012) の邦訳です。著者ご自身が冒頭で述べておられる通り、本書は「弁証学」の入門書です。ただし、これは一部の人々だけを対象とした専門的・学術的な入門書ではなく、より広い読者層（すべてのキリスト者と言っても差支えはないでしょう）に向けて記されています。そのため本書の内容は、専門的な知識や経験がなくても理解しやすいものとなっています。したがって、翻訳に際しても、論文調ではなく、より親しみやすい文体を心掛けました。しかし、本書は当然ながらマクグラス教授の豊かな知識と経験とに裏打ちされたものとなっていますので、神学の他の分野の専門家や教職者も、本書から多くのことを学ぶことができます。

このような本書の性質を踏まえて、一つ読者の皆さまに注意をしていただきたいことがあります。本書において「弁証学」と訳されている単語は、英語の Apologetics であり、これはマクグラス教授ご自身も指摘しておられる通り、英語でも一般的に馴染みの薄い単語なのですが、日本語ではなおさらそうであると言えるでしょう。この Apologetics は通常「弁証学」と翻訳されます。しかし本書の中では、これはいつも厳密に学問の領域を指しているのではありません。日本語では「学」という語を付けざるを得ませんでしたが、本書をお読みいただいてお分かりの通り、マクグラス教授はすべてのキリスト者に「弁証学」という「学問」を修めるように勧めておられるのではなく、すべてのキリスト者にとってキリスト教を「弁証」する術を身に付けることが大切だと説いておられるのです。ですから、本書のなかで「弁証学」という言葉が用いられている場合、それは学問の領域ではなく、福音を弁証するキリスト者の営みを指していることを心に留めていただければと思います。キリスト者の一人一人は、その意味で「弁証家」として立つことを求められているのです。

Apologeticsという英語の翻訳に関してもう一つ記しておきたいことは、本書の原題が*Mere Apologetics*であるにもかかわらず、日本語のタイトルを『キリスト教の信じ方・伝え方――弁証学入門』としたことについてです。*Mere Apologetics*という原題は、英語圏では即座に、C・S・ルイスの*Mere Christianity*を想起させるもので、マクグラス教授ご自身もそのことを意図しておられます。しかし、ルイスの著作の日本語版は『キリスト教の精髄』となっており、これに倣って本書を『弁証学の精髄』としても、マクグラス教授が意図しておられるようなコネクションは日本語読者の中には生じにくいのではないかと考え、より本書の内容を表すようなタイトルを教文館の髙木誠一氏のご意見もうかがいつつ考えた次第です。

訳語の問題でさらにもう一つ記しておきたいことは、「世界観」と訳されている単語についてです。これはworldviewという英語の翻訳ですが、一般的に日本語の「世界観」という言葉は物語の世界の「雰囲気」のような意味で理解されることが多いかと思います。しかし、ここでの「世界観」の意味はそれとは異なります。ここで意図されているのは「世界観」の正式な意味、つまり、一つの立場や思想において、世界の意味や構造がどのように理解されているのかということです。この世界をどのように理解するのか、それが「世界観」なのです。日本の教会において「キリスト教神学」や「教理」という言葉の他に「キリスト教的世界観」という言葉を聞くことはあまり多くないように感じますが、本書は「キリスト教的世界観」とはどのようなものか、そしてそれが他の「世界観」とどのように異なり、その違いが考え方や生き方にどのような影響を及ぼすかを理解するために非常に有益であると思います。

また、本書には科学的な専門用語も多く用いられています。これは、マクグラス教授が自然科学の分野でも博士号を持っておられ、非常に優秀な科学者でもあるからですが、訳者は科学の分野に関しては全く無知なために翻訳には苦労しました。そこで、東京神学大学の特任常勤講師であられる矢田洋子先生に翻訳の一部をお読みいただき、科学的説明の文言や専門用語について適切にアドバイスしていただきました。矢田先生は、東京神学大学で旧約聖書神学をご専門に教えておられますが、東京都立大学理学研究科化学専攻の博士課程を修了された理学博士でもあられ、まさにマクグラス教授のような経歴をお持ちのお方です。矢田先生のお力添えに心より感謝をいたします。また、本書において翻訳に不適切な部分が残っているとすれば、それはすべて訳者自身の責任です。

本書の内容に関しましては、冒頭に述べましたように、これは一部の特定の読者に向けた学術書ではなく、すべてのキリスト者に向けた、弁証学への招きと言えるでしょう。そこで問題とされていることは、マクグラス教授も繰り返し記しておられる通り、弁証学的な知識や技術だけではなく、キリスト者の生き方、他者との接し方そのものでもあります。弁証学的知識によって相手を議論でねじ伏せようとするのではなく、キリスト者として、愛と忍耐を持って相手が福音を受け入れるための素地を整えていくことが、マクグラス教授の勧めておられるキリスト教弁証学です。そして、そのマクグラス教授ご自身の成熟したキリスト者としてのお姿に、訳者も触れさせていただく機会がありました。

これは訳者にとっては非常に光栄なことでしたが、本書の日本語版を出版するにあたり、直接マクグラス教授とメールでやり取りをして、日本語版への序文を書いていただいたのです。その際、丁寧にしかし迅速にすべてに対応していただき、教授が一流の学者であられるだけでなく、キリスト者として、見ず知らずの人物に対しても親切に接してくださる方であることを垣間見ることができました。日本語版への序文の執筆を快く引き受けてくださり、日本のキリスト者に向けての励ましの言葉をくださったマクグラス教授に感謝いたします。
本書の出版に際しては、教文館の高木誠一さんに大変お世話になりました。心より感謝いたします。また、いつも仕事や学びをサポートしてくれる主人や息子にもここで感謝の意を表したいと思います。

キリスト者人口が極めて少ない日本においては、キリスト教に対する誤解を解いたり、信仰への妨げを取り除いたりすることは、ある意味で欧米諸国におけるよりも重要であると言えるかもしれません。そこで本書が、牧師やキリスト教学校の教員の方々はもとより、孫や子供への信仰の継承に励む方々、キリスト教的ではない学校や職場の環境の中でキリスト者として立つべく奮闘しておられる方々の一助となり、日本において福音に続く道へのさまざまな障壁が取り除かれ、イエス・キリストを主と告白する人々が増し加えられることを願って止みません。

二〇二三年八月

田中従子

索　引

▶な行

▶は行

▶ま行

▶や行

▶ら行

《訳者紹介》

田中従子（たなか・よりこ）

2004年ムーディー聖書学院卒業。2009年東京神学大学大学院博士課程前期修了（MDiv.）。2012年トロント大学聖ミカエル・カレッジ修士課程修了（ThM.）。2022年東京神学大学より博士号取得（ThD.）。日本基督教団静岡草深教会伝道師、伊東教会牧師、自由が丘教会牧師を経て、現在無任所。

著書　『ナジアンゾスのグレゴリオスの聖霊論』（教文館、2024年）。

訳書　C. スティッド『古代キリスト教と哲学』（共訳、教文館、2015年）。

キリスト教の信じ方・伝え方――弁証学入門

2024年11月20日　初版発行

訳　者　田中従子

発行者　渡部　満

発行所　株式会社　教文館

〒104-0061　東京都中央区銀座4-5-1　電話03(3561)5549　FAX 03(5250)5107

URL　http://www.kyobunkwan.co.jp/publishing/

印刷所　モリモト印刷株式会社

配給元　日キ販　〒112-0014　東京都文京区関口1-44-4

電話03(3260)5670　FAX 03(3260)5637

ISBN978-4-7642-7491-4　Printed in Japan